“一聚三分”课题由

珠海仕高玛机械设备有限公司

提供赞助

1984 年—**1989** 年，江西云山企业集团子弟中学教师。

1990 年—**1991** 年，江西云山企业集团总裁秘书。

1992 年—**1994** 年，香港恒雅（深圳）公司市场部经理。

1995 年—**2000** 年，清华同方股份有限公司商务部副经理；泰豪科技股份有限公司市场总监、策划部经理。

2006 年—至今，北京中求细节管理咨询有限公司首席咨询师；南昌陆军学院客座教授；《中国经营报》专家顾问团高级顾问；国资委商务职业资格认证委员会主任委员。

2008 年—**2009** 年，北京大学民营经济研究院精细化管理研究中心主任。

2014 年—至今，中国精细化管理研究所所长，北京航天飞行控制中心客座教授。

2017 年—至今，《企业管理》杂志、《企业家》杂志特聘专家、专栏作者。

2019 年—至今，《人力资源》杂志策划顾问，茅台研究院特聘专家。

2020 年—至今，深圳腾讯高级顾问。

2020 年 **9** 月，以《精细化管理在南钢股份人力资源系统的实践和应用》获中国管理科学学会专项奖。

代表著作

《细节决定成败》《细节决定成败 Ⅱ》《精细化管理》《营销人的自我营销》《1750–1950 的中国》《契约精神》《谁能超越丰田》《浪费的都是利润》《零缺陷工作》《中国需要工业精神》《茅台是怎样酿成的》

企业可以做成一首诗

We can make an enterprise a poem

——聚三分话管理——

汪中求 著

企业管理出版社
ENTERPRISE MANAGEMENT PUBLISHING HOUSE

图书在版编目（CIP）数据

企业可以做成一首诗：一聚三分话管理 / 汪中求著

. -- 北京 : 企业管理出版社，2022.3

ISBN 978-7-5164-2561-9

Ⅰ．①企… Ⅱ．①汪… Ⅲ．①企业管理—文集 Ⅳ．

① F272-53

中国版本图书馆 CIP 数据核字（2022）第 032347 号

书　　名：企业可以做成一首诗：一聚三分话管理

书　　号：ISBN 978-7-5164-2561-9

作　　者：汪中求

策　　划：朱新月

责任编辑：尤　颖　刘　畅

出版发行：企业管理出版社

经　　销：新华书店

地　　址：北京市海淀区紫竹院南路 17 号　**邮　　编：**100048

网　　址：http://www.emph.cn　**电子信箱：**zbz159@vip.sina.com

电　　话：编辑部（010）68701661　发行部（010）68701816

印　　刷：河北宝昌佳彩印刷有限公司

版　　次：2022 年 4 月第 1 版

印　　次：2022 年 4 月第 1 次印刷

开　　本：710mm × 1000mm　1/16

印　　张：20.5 印张

字　　数：240 千字

定　　价：78.00 元

Foreword 前言

“一聚三分”课题为民营企业家量身定做。

本书适用的读者群：民营企业老板，民营企业管理第一责任人，有志于成为民营企业主的企业人，商学院学生。

中国进入工业化以来，企业管理者接触过大量的管理学教材，接受过非常多的管理培训，但教材基本来自欧美，培训师有实战经验的不多。本书作者积累自身 12 年的企业职业生涯的经验与教训，结合自己 18 年从事企业培训和管理咨询的阅历，化繁为简，总结出企业管理“一聚三分”的知识体系——聚能、分工、分权、分利。（**详见文后附图**）

本书正文一共分为 4 个部分，收录的文章大多数是《细节决定成败》出版以来作者为国内管理杂志提供的约稿，仅在《企业管理》杂志就开了 63 个月的专栏，成为该杂志目前唯一一位专栏文章每月不落的作者。还有一些文章是为其他管理学研究者专著写的序文。

这本书实际上可以看作一本管理文集。百余篇文章分别收录于“聚能、分工、分权、分利”章节下，虽然并不完全对应，但基本上照应了课题内容的一致性。比如，有关经济分析、行业研究、企业战略、公司文化、企业家精神的文章均收录在“聚能”章节下；比如，有关企业经营中的定价、价格竞争等则安排在“分利”章节下。当然，“一聚三分”知识体系涉及的很多内容，没有对应的文章，散见于其他主题的论述过程中，也有待日后再版时补充，逐渐使知识系统完整且努力论述到位。

建议读者先读开篇的《民企老板的“一聚三分”》和代后记的《企业可以做成一首诗》，然后在目录中根据标题选自己有兴趣的篇目阅读。兴趣才是动力，兴趣代表需求，有兴趣才有收益。任何参考读物，都是不必每一章节或每一篇文章都读完的。

买了这本书就是对我的点赞，打开了《企业可以做成一首诗》就是对我的观念的认同。谢谢你！

本书在出版过程中得到了企业管理出版社孙庆生社长、王仕斌副社长、陈静副总编、总编室各位老师、《企业管理》杂志各位编辑的大力支持，还有华阅分社编辑团队为本书出版付出的辛苦努力，在此表示衷心的感谢！也十分感谢窦婉嘉女士对本书初稿的辛苦校对！

2021 年 6 月 28 日

于莫干山青樾里度假酒店

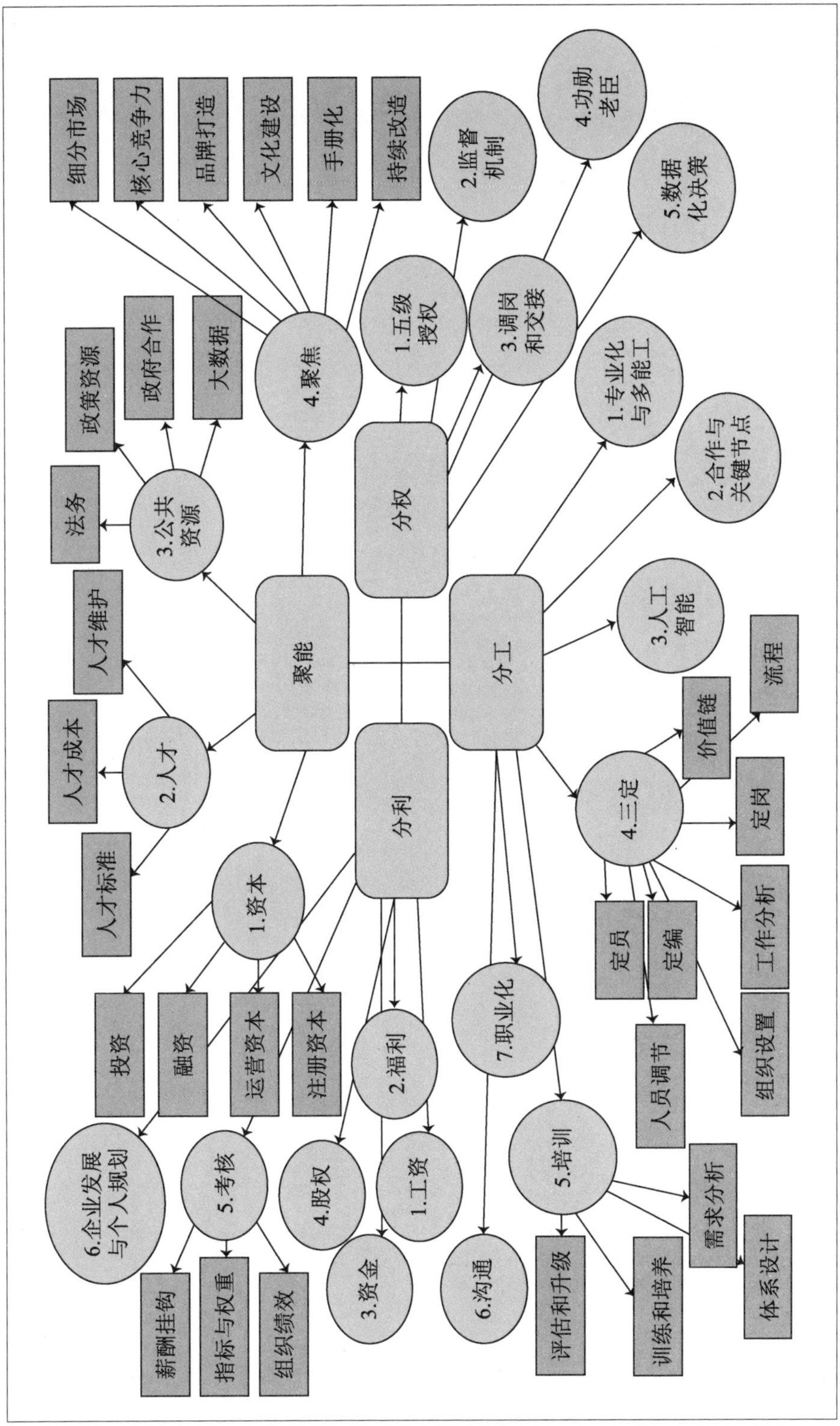
聚能
分权
分利
分工
1.资本
2.人才
3.公共资源
4.聚焦
投资
融资
运营资本
注册资本
人才标准
人才成本
人才维护
法务
政策资源
政府合作
大数据
细分市场
核心竞争力
品牌打造
文化建设
手册化
持续改造
1.五级授权
2.监督机制
3.调岗和交接
4.功勋老臣
5.数据化决策
1.专业化与多能工
2.合作与关键节点
3.人工智能
4.三定
价值链
流程
定岗
工作分析
定员
定编
组织设置
人员调节
5.培训
需求分析
体系设计
训练和培养
评估和升级
6.沟通
7.职业化
1.工资
2.福利
3.资金
4.股权
5.考核
薪酬挂钩
指标与权重
组织绩效
6.企业发展与个人规划

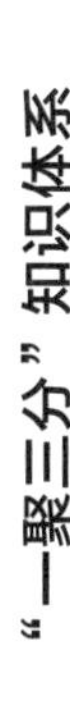

“一聚三分”知识体系

民企老板的“一聚三分”

在这非常时期，民营企业必须回归常识，扎扎实实地做，像特殊涂料的层层涂布那样做，像摆多米诺骨牌那样始终谨小慎微地做，不要动辄“卓越”“伟大”“超常规发展”“基业长青”……企业做成需积数十年之功，企业消亡往往在一夜之间。

一家民营企业的老板，特别是中小企业的投资人，需要掌握的经营管理常识甚多，“砖家”开列的阅读书目也很长，但往往既无系统性，又常常不具备针对性，更不用说可操作性。

我以自己的职业经理人经历和咨询顾问经验，整理出“一聚三分”的知识体系：“一聚”即聚能；“三分”包括分工、分权和分利（“一聚三分”知识体系，见前页附图）。

1. 聚能

企业老板要善于聚能，除了融资，更要聚集各类专业人才，还有包括信息和政策资源的开发利用。

聚能的前提，要求企业的所有经营管理活动都一定在法律的框架范围内，所涉法律主要是《公司法》、工商管理法规、与劳务相关的法律、契约类法规，部分企业需要高度关注环保和安全的相关法律。

企业融资除了企业的经营有投资人看得明白的美好前景，更要建立起一系列的保护股东利益和防范经营风险的管理机制，还要有清楚明白的财务管理模式（特别是税务的合规）。

真正的人才和有头脑的资本只关注具备以下三个特性的公司：法规风险极低，企业有愿景、老板有理想，产品和服务对消费者是充满善意的。

聚能必须聚焦业务，否则没有那么多能量可聚，也没有那么大力量聚集。民营企业往往先天不足，资源极为有限，只有聚焦于细分市场，才有聚能的机会。就像德国军事家克劳塞维茨说的："在没有取得绝对优势的地方，你必须根据已有的条件灵活地在关键之处创造相对优势。"企业在很不起眼的阶段，必须先将业务范围和细分市场界定得足够小，然后力争在这个"小池塘"中做"大鱼"。

兰契斯特战略法则指出：占有率为 26% 只是不稳定的"老大"，42% 达到相对的安定值，74% 才算稳定的独占。在尽可能小的"池塘"做"大鱼"，生存下去的难度就小了。从发展的角度看，归核化的能力强了，有利于未来的竞争和成长。

2. 分工

很多企业往往把业务、流程、岗位、组织的先后次序颠倒了。做企业（当然包括民营企业）首先是宗旨，简单说就是为什么办公司；然后就是定位，向社会、市场、消费者提供怎样的产品和服务；再然后是根据价值链梳理流程，根据流程确定岗位，根据岗位工作分析提出岗位数量需求；最后岗位合并同类项才出现分门别类的组织。

从来就不存在千篇一律的组织结构，无须寻找市场和客户的企业就不需要销售部，很多公司的财务完全可以外包。企业小，行政事务设一两个秘书就够了，若设定之初打算深度结合信息化、智能化，就需要更早布局信息化部门。我个人做企业和做职业经理人是从来不设副总的，总经理直接管到职能部门，根本不需要加个二传手带来信息递减和沟通成本增加。

分工除了基础的工作分析之外，难点在于岗位分工粗细度的把握和分工明确后合作的关键节点的处理。

分工太粗，岗位的专业程度低，人难招，更麻烦的是流失的熟练员工很容易成为竞争对手的骨干；分工过细，岗位设置过多，不仅管理难度加大，而且沟通压力增大。我早年的专著《营销人的自我营销》就提出过一个观点："人生最难掌握的规则是度，度源于素养。"个人如此，企业亦如此。

工业化的最为突出的特征是分工与合作，分工的细化带来合作的难度。企业内的岗位、部门的合作，解决方案无非三个：一是通过流程的精准设计减少沟通的环节，二是设计沟通流程和沟通标准形成良性沟通机制，三是倡导和培养团队文化使各岗位为他人着想从而减少沟通障碍。

分工也有一个前提条件，那就是要有具体的、全面的、可操作的规则体系。正如《佛教遗经》中的语录："佛在世时，以佛为师；佛灭度后，以戒为师。"道格拉斯实用飞行定律指出："当设计图纸与飞机等重，飞机就能飞行了。"同样的，当企业的规则能覆盖员工将要做的所有事情，各岗位才有做好它的可能。虽然管理规则也不可能覆盖企业活动的全部，但在法治阶段，企业活动的大多数内容是可控的，不可控的部分大多数也能够通过细化找到一般规律，形成"套筒扳手"。包括合作的一系列规则也需要设计，甚至沟通都需要有一定之规，合作中最常见的毛病是"我以为"。在拙作《精细化管理》中我认为，"每当人们把事情设计得很简单时，面临的问题总是很复杂。"

3. 分权

分权亦即授权，授权不仅因为老板个人能力、精力不足，还是人才培养、团队建设的必须，首先源于每一个人都需要体现存在感、价值感。

分权一般不讨论所有权，授权基本局限在经营权。所以，授权是指上级把自己的职权授给下属，使下属拥有完成工作所需的自主权和行动权。我们精细化管理研究团队提出过“五级授权管理”的思路，即授权分五个层级：指挥式，批准式，把关式，追踪式，委托式。指挥式是除了“工作说明书”之外，下属做任何事都需要上司布置、指示，包括做什么、怎么做；批准式则由上司明确做不做，不必具体指示怎么做；大部分工作由下属做出决定，在关键环节下属须请示上司获得批准后方可行动，我们称之为把关式；做什么、怎么做下属自主决定，但上司保留追溯、复盘和审查的权限，此为追踪式；委托式就是完全放手，上司让下属充分发挥主动性和创造性，按照自己的方式行动，上司不会在工作过程中干涉，只关注目标是否按时达成。

既然授权分层，就需要坚持一条原则：上级可以越级调查，但不可以越级指挥和越级决策；下级可以越级投诉，但不可以越级汇报和多头汇报。因为管理活动普遍存在“主任医师查房现象”，即资历较深医生的见解往往会主宰结论而形成“共识”，往往干扰了一线“主治医生”的正常判断。

在稳定系统中进行过量的调整会使情况恶化，这种做法被称为“干预”。只有数据点落在管理界限以外才有可能是一个特殊原因，需要正常干预。著名管理学家戴明的研究认为，大部分的企业中系统制度的问题占 94%，只有 6% 在本质上属于特殊问题。

干预是破坏性的，但监督是必需的制度设计。当然，自我检查、检讨是最好的监督模式。每天问一遍：是你解决了问题，还是你成了问题的一部分？

当然，授权不等于推责。老板毕竟是第一责任人，责任无可推卸。领导角色一般无从通过授权让他人操刀，一般理解，领导包括指挥、授权、激励和沟通，所以，要通过监督和执行评估发现问题，必要时可以收回或部分收回授权，也可以改变授权层级和被授权人。领导者的领导力是把握组织的使命及动员人们围绕这个使命奋斗的一种能力，这个老板必须自己培养自己。

至于授权后下属需要学会的知识工具可以另请高明，也可以外协解决。所谓知识工具是指与知识管理相关或支持企业经营管理的一系列格式化的非物质性的手段、方法、模板、文本等。

4. 分利

有一句名言：权力不可私有，财产不可公有。企业利益分配有多重要，自不待言。

近几年，一谈到利益分配，人们就想到时髦的股权激励。实际上并非一“股”就灵，如果企业前景看不清楚，没有多少人相信远期支票。股权激励的公平性也不是那么容易做到的，“不患寡而患不均”的意识使得推行股权激励之后，反而得罪了更多无从获得股权的人。还有，股权过于分散，会严重影响股东会决策，也让投资机构在企业开放融资大门时有更多顾虑。

分利首先是工资。工资是劳动者的应得回报，是企业必须付出的基础成本，同时工资也是正式员工赖以生存的基本保障。企业一旦录用某人，就必须保证此人至少能支撑起自己或家庭的基本生活，无论贡献大小，能力高低。不能让自己的员工活下来，企业就没有资格活下来。

分利其次是福利。理性分析，福利本不是一种分配，基本上是不分岗位差别的平均补偿。如果说工资的高低决定企业能招到怎样的人，那么福利的厚薄决定企业在外的口碑，毕竟福利好的企业更能给员工以安全感。

真正能较大拉开差距的是奖励，也只有奖励才真正属于激励。奖励机制设计完善、合理的企业，可以调动有贡献、有能力的骨干更具责任心，更加努力为企业付出。

激励机制的建立当然需要考核。我们主张企业推行精细化管理，但不主张精细化考核。第一，考核无论多精细化都不会让员工觉得公平；第二，优秀员工并不追求考核的公平；第三，复杂的考核浪费大量的管理资源。

我们企业管理顾问团队经过二十多年的实践得出结论：最理想的激励模式是企业发展与个人职业规划相统一。

Contents 目录

第一章 聚能

001 ——

第二章 分工

095 ——

第三章 分权 201

第四章 分利 233

1 第一章 聚能

企业可以做成一首诗

牛奶继续倒进大海？

管理学的普及使企业获益良多，随着理论研究的深入和社会实践的丰富，企业品质管控越来越成熟，成本控制不断提升竞争力，整体效率的提高常常让人始料未及。然而，有些企业始终没有解决行业整体的生产过剩问题，管理学的进步使得企业以极高的效率生产出大量合格的“废品”，有些产品刚领到“出生证”就被宣布“寿终正寝”。这才是最终的没有效率，是社会总成本的极大浪费，是行业管理的低品质。

“牛奶倒进大海”基本上成了批判资本主义的老套路，是在短缺经济年代出生的人上课时经常接收到的最初的经济学常识。

其实，生产过剩从来就没有停止过，跟“主义”没有关系，只要市场化了。我们每年都会收到不同品类过剩的新闻，只要“多收了三五斗”，就一定“谷贱伤农”。生产企业设计的售价当中，有很大一块就是为了摊销过期产品损失的。

重点说说德鲁克戏称为“工业中的工业”的汽车行业。

早在 1923 年，创造了“大批量生产”的福特汽车可以放心地“一口气”生产出 210 万辆 T 型车的底盘，而且牛气冲天地交给用户一份 64 页的《问答录》以指导车主解决可能存在的 140 个困惑；90 年过去了，代表“装在汽车轮子上的美国”的底特律大不如前，消费者早已不满足于“多胞胎”的 T 型车。福特的生产线上，装配工的平均工作周期时间从 515 分钟最终缩短到 1.19 分钟，那又怎么样？高效生产出来的性价比极高的车仍然没人要，至少不会是几百万人同时要你的车。福特只有一个选择：报废一部分。

全球范围内有超过一千个“新车”聚集地，专门用来堆积旧款车。这些卖不掉的汽车开进“废品露天库”就相当于进了“停尸房”。大量的“僵尸车”堆积好几层，任由风吹日晒，最终只能作为废铁处理掉。2017 年我国机动车整体销量约 2800 万辆，乘用车销量约 2400 万辆。但是，有些车企有的款式和车型根本没人要，有些从年头卖到年尾始终趴在那儿。目前全世界有 100 亿辆适合上路的汽车，但并非“地球人都知道”，更不是地球人都需要的。卖不出去，当然报废，报废的办法之一是拆解零部件转手给修配厂，报废办法之二是权当二手车卖掉。你看到二手车市场热卖的 0.1 万公里的准新车，就有相当一部分是库存车转给二手车渠道的。

其他行业，莫不如此。当然，茅台酒除外，酒是陈的香。

有人会问，为什么不降价处理？如果这些过气的“新车”降价了，其他的新车也必须跟着降，恶性循环，岂不市场大乱？这就是“牛奶倒进大海”的逻辑。因此，有些新车刚下生产线，甚至还没有到市场，就被运到废弃汽车的“太平间”。又有人会问，为什么不减少生产量呢？除了市场需求预测不准确以外，零部件和加工机床的高度标准化，导致汽车企业没有批量就控制不住成本，连一个操纵杆从驾驶室的右边移到左边的改造都需要很多年并要消耗数亿美元的开发成本；而且，整体减小生产量会迫使企业停产或半停产，导致员工下岗。这又是企业不敢轻易决策的。

这本是一个经济学问题，但管理学发展到今天，企业有能力合理地组织和配置人、财、物等要素，然后呢？难道就眼睁睁地看着以极高的效率生产出完全不需要的商品？

管理学当然研究定位，但更多是市场预测的角度，结合了企业自身的资源和优势的判断。有“定位之父”美称的杰克 · 特劳特的专著《定位》提出的思路，被称为“有史以来对美国营销影响最大的观念”，改观了人类“满足需求”的旧有营销认识，开创了“胜出竞争”的营销之道。恕我不敬，再知名的大家也只是教给了你，如何在细分市场精准的前提下超出对手；

至于更原始的“满足需求”，根本就没能做到“不忘初心”。需求，既包括渴望，又包括厌弃。中国字“即”就是代表看着食物很想吃，“既”就是吃饱了扭过头去，这就是原始需求的两个端点。特劳特并不能解决“既”，甚至也解决不好“即”，《定位》只是比较高超的“卖”的技巧。

管理学一旦关注营销就突出市场竞争手段的研究，当然也是需要的，竞争带来提升；但是，所有的营销层面的竞争并不考虑整体的需要，也考虑不了，都是信心满满地认定“我能卖”。但需求研究无法做到精确预测，更不用说针对某一个客户进行的精准预测。即使细分的消费群体的研究做得很好，也很难保证生产不过剩。今日消费者的审美飘忽不定，有了一点消费能力之后极易改变心思；企业间的激烈竞争带来的只是商品更新更快，但与供需平衡仍然没有任何关系。

汽车企业当然没有因为“牛奶倒进大海”而全面倒闭，显然是因为这些卖不出去的车带来的损失最后还是消费者承担了。企业管理的研究从泰勒的科学管理到今天，很多管理环节有了很大的突破，企业人日渐聪明；但是，企业所有的努力是为了满足消费者需求，为了适应消费者群体需求的集合产生的市场。任凭管理学如何先进，高效生产出来的汽车立即成为废铁，怎么说都是人类的悲哀，是管理学的羞愧。

日本企业比较早地关注到这个问题，他们率先提出了“零库存”的概念。虽然最初的意图并非为了解决终极问题——精确对应需求，但他们深切地感知到“大批量生产”车企的缓冲元素（额外的供应、额外的空间、额外的加工、额外的存储、额外的员工）以及因为这些元素带来的巨大浪费。他们痛下决心向库存宣战，包括供应库存、在线库存和销售库存。

以丰田汽车公司（以下简称丰田）为代表的日本企业提出了著名的“消灭一切浪费”的口号，并指出了“七大浪费”（搬运的浪费、库存的浪费、动作的浪费、等待的浪费、过量生产浪费、过度加工浪费、次品浪费），其中有三项属于“过犹不及”的范畴（库存、过量生产、过度加工）。日本管理专家谈及库存总是带着一种十恶不赦的口气，因为库存不只是占用资源，它会造成下游流程额外的移动和整理带来的时间损失，更主要的是它使整个生产系统的均衡化遭到破坏，生产的总时间长度超出生产节拍时间，导致无法在计划时间内快速交货，进而干扰新的订单。

丰田不仅自己“讨厌死了”不必要的冗余库存，还把自己的“零库存”理念往上推到了供应商那边。供应商显然不愿意接受生产厂商的各种要求，“我自己的事情怎么做是我自己的事情”，“只要我的性价比符合要求”；但是，丰田硬是插手了供应商的整个物流体系，包括在线物流，一步步倒逼整个行业走上精细化管理的轨道，共同科学地面对终端客户需求。

丰田对于下游的经销渠道也是共生共荣的。以丰田“花冠”品牌日本国内的渠道商为例，花冠渠道商体系是丰田的一个组成部分，往下展开有78个经销商，每个经销商有17个左右的销售点，统一进行含有60门课程的销售培训，包括产品、订单、财务、保险和数据调研等，最终必须能为车主系统解决问题。销售人员挨家挨户拜访客户，了解客户的家庭结构、用过几辆车，多少年、什么品牌和规格，家里有多大的停车空间，家中有几个孩子，所有家庭成员用这些车做什么事，什么时候需要更新汽车等。根据调查到的用户信息，销售人员向客户提出新车型的性能标准，供客户选择，待确定了下一轮拜访的时间，就会带去一辆样车给客户演示。如此细致的服务，目的是获得直接用户订单。丰田根据订单组合，交给工厂做生产计划，再将计划分享给零部件供应商。

仅仅是一手订单是远远不够的，丰田凭借准时化生产，可以做到两个星期交货（多数西方汽车企业则需6～17周才能拿到车），获取精准订单的能力再加上敏捷制造的能力，打出组合拳完美达成客户所需。让我们浏览一份1989年牛津大学纳菲尔德学院的博士论文（《战略二元论：工业社会的抉择》，作者为西口敏宏），其中有主要生产指标的对比表如下（从18组数据中节选其中的8组）。

表 主要生产指标对比表

每一地区平均值	日本企业	美国企业	欧洲企业
换模时间（分钟）	7.9	114.3	123.7
新磨具交货周期（周）	11.19	34.5	49
工种（种）	2.9	9.5	15.1
每个工人操作设备的数量（台）	7.4	2.5	2.7
库存量（天）	1.5	8.1	16.3
每天准时化交货次数	7.9	1.6	0.7
库存（天，8种零部件）	0.2	2.9	2
适时交货的零件比例	45%	14.8%	7.9%

尽管一系列精益生产的关键概念（拉式生产组织方式、柔性生产计划、均衡化生产、多能工、最低订货点、主动叫停、设备的快速转换与调整、小加工批量、缩短等待时间、U型生产线布置等）极大地消除了包括多余生产在内的浪费，大大提高了丰田生产商的及时交货能力；但丰田等日本企业仍然没有摆脱“牛奶倒进大海”的经济学困境，因为文化原因和社会合作基础因素，他们并不能在全球所有的生产基地完全实现按需生产，做不到新车的零报废。

以德国工业4.0为引领的智能制造成为精准生产的福音，定制生产的全面实施有利于生产企业与消费者的有效对接，借助智能制造不仅使生产过程能实现与人“对话”，甚至生产出来的产品也具备“记忆和思维”，产品在满足客户方面大大地进步了。

但是，工业4.0的难点在于批量定制，既具备批量的工业化条件又能满足定制的信息化标准。批量定制毕竟不是靠设备加信息就可以轻松实现的。无论多“聪明”的制造，最终还是难以完全满足“每一个”消费者的特定需要，因此还是有“作废”的合格品甚至优良品。何况，在中国对于没有细分市场的精准预测的企业，要想“做出什么就能卖掉什么”还有太长的路要走。

诸如农产品生产与市场的平衡，今日大数据技术的普及使之成为可能。过去几年某农产品的销售总量、不同区域的销售占比、不同时间段的销售节奏都可以统计出来，新的年份某农产品的种植面积可以及时调整计划。在这一点上，政府成为宏观市场管理的主体，需要有所作为，尤其在不同农产品的销售季，市场供应量的饱和度的信息披露尤为重要，而贵阳货车帮这些大数据的前卫物流企业也需要有所担当。

最终提出的思考是：必须承认今日为止管理学存在局限性或盲区。管理学研究的是效率，但最高的效率不是生产，而是适应消费者。企业必须花更大力气研究消费者的“见异思迁”，研究产品市场的容量和占比，研究借助现代技术使生产与消费者时时互通互联，尽一切可能把必须终止的生产活动提前，克服“牛奶倒进大海”的情况发生，降低社会的总成本，消灭终极的浪费。

“内循环”的佛山启示

1. 给世界创造新词“功夫”的李小龙出在佛山

佛山，在明清时期，已是岭南重镇，与湖北汉口、江西景德镇、河南朱仙镇并称中国“四大名镇”。今日佛山户籍人口不过 420 万，但下辖的五个区（禅城、南海、顺德、高明、三水）在经济圈都是响当当的，把当年的“同庚”远远甩在了后面。中国万亿 GDP 的城市，2019 年一共有 17 座，其中广东省有 3 座，除了深圳和广州，就是佛山。据中国社科院发布的《中国城市竞争力报告》，佛山综合经济竞争力在 670 座城市中位居第 11 位。

“佛山制造”享誉海内外。佛山如今拥有中国驰名商标 159 件，位居全国地级市首位。李宁运动服饰、健力宝饮料、海天调味品、东鹏陶瓷、格兰仕电器、志高空调、万家乐热水器、华润涂料、日丰管业、凤铝铝材等都是很牛的品牌，几乎家喻户晓。超百亿元规模的企业佛山已有 20 家，美的、碧桂园更是跻身福布斯“世界企业 500 强”。佛山上市公司 52 家，总市值 1.2 万亿元，超过省会城市南京、成都以及直辖市天津。

有 1390 年城市史的佛山，“隐形冠军”企业大批涌现。宜奥家居以 500 万张的年产量雄踞中国床垫企业的顶峰，迪奥比家具借助其专注高端复古沙发成为全球轻奢家具的领导者，维尚家具是首家创新提出“数码化全屋定制”概念的家居服务业，GMCC 美芝空调压缩机 2009 年起产销规模持续雄居全球第一，简一则是国内大理石瓷砖品类的开创者。我调查发现，仅南海区制造业“隐形冠军”企业就达 70 家。

穿行于佛山各区镇，让人很容易联想到美国的“128 公路”。修建于 1951 年位于美国波士顿市的这条半环形公路，政府积极规划和牵引，公路两侧聚集了数以千计的高技术公司，成为闻名全球的电子工业中心。虽然，60 多年来也有起伏，但“128 公路模式”光彩夺目。

唐宋以来广东出过 9 个状元，佛山一地占 5 个，真是人才辈出。难怪佛山出了武林宗师黄飞鸿和自创门派的叶问，难怪联合 1300 多名举人上万言书的康有为出自佛山，难怪佛山走出来的李小龙能够让世人掌握了中国词“功夫”。

2.“内循环”对于地方政府和企业意味着什么

“有家就有佛山制造”，广告依旧。但是，市场正在发生变化。来自广东省的统计，2020 年上半年佛山市的 GDP 同比下降了 7.5%，广东全省 GDP 总值仍然排全国第一，但同比下降了 2.5%。

因为新冠肺炎疫情等多重因素的叠加，尤其基于全球化背景下的外资企业和对外出口。2020 年上半年，我国进出口同比下降 7.1%，而一般公共预算收入更是下降 10.8%。

北京的甲级写字楼的空置率达到了 16%，比去年上升了 7 个百分点，对于“皇帝女儿不愁嫁”的北京，达到近 10 年空置率的最高值。风向标的 CBD 业主开始降价出租，报价低至每平方米 10 元 / 天，以前在 18 ～ 20 元之间，空置太久了。

美国、日本等在华投资甚众的国家，“你妈喊你回家吃饭了”，政府公开出钱补贴在华企业撤离。日本政府虽然口头上比较客气，但动作上却雷厉风行，它们将为第一轮回撤企业支付 700 亿日元。日方公布的第一批撤出企业有 87 家，迁回日本本土的 57 家，分布在飞机和汽车零部件制造、化肥、药物等行业，包括夏普、泰尔茂、盐野义制药和钟化等知名企业。

2020 年 7 月 30 日，中共中央政治局召开会议，在分析研究经济形势和经济工作时指出，“加快形成以国内大循环为主体、国内国际双循环相互促进的新发展格局”。敲黑板，“双循环”的重点是“内循环”。“内循环”当然是要将国内的消费增长、市场扩大和企业扩张作为中国主要的经济增长驱动因素。会议指出，“我们遇到的很多问题是中长期的，必须从持久战的角度加以认识”，那么“内循环”也将是一个较长的策略乃至战略。为此，8 月上旬黄奇帆的演讲刻意强调：任何一个发达国家内循环一定会占到 GDP 的 80%，而中国现在的外循环部分还有 32%。

然而，已进入全球化并从中受益甚巨的中国，“内循环”发展之路将面对深层次的挑战。

首先是加入 WTO 以来的外部依赖，包括进口和出口。以出口对 GDP 之比来衡量，中国的对外依存度是 17.4%（2019 年），美国是 12.2%（2018 年），日本是 14.7%（2019 年）。进口依赖突出的是芯片、石油、天然气、铜矿、铝矿、铁矿石、大豆、菜籽油、猪肉等。2019 年中国芯片进口约 3000 亿美元，进口量最大；紧追其后的是石油，约 2400 亿美元；还有自主优势明显而核心技术被国外公司把持的进口，如高铁列车部分齿轮传动系统、转向架、车轮、轴承等构件。

其次是内需在 2009 年的“四万亿元”时已经“驱动”了一轮，制造业投资、基建投资和房地产投资增速高峰达 20% ～ 30%，很快下滑到 10% 以下。如今有了 5G 等“新基建”，此类投资当然会带来新的增长点，但无法预测。

再次，国内居民消费拉动是根本，但就业压力前所未有地加大，收入下降不可能带来消费增加。没有“双循环”，就很难完全依赖“内循环”。

3. 走在前列的佛山面对“内循环”的应对之策

面对艰难，佛山提出了三大策略。

策略一，以地方政府现有能力，最大限度而有的放矢地投入若干建设项目；

策略二，整合产业资源，逆势做大、做优两个规模超万亿元的制造业产业集群；

策略三，评估已有的产业优势，提出“泛家居”概念，多产业群互动发展。

佛山提出的“泛家居”概念非常值得关注。“泛家居”并不是一个众所周知的产业分类，并未出现在《国民经济行业分类》中；但在理论上，符合 30 年前迈克尔 · 波特在《国家竞争优势》中提出的产业集群概念。佛山的产业群涉及铝材、五金、门窗、门业、橱柜、电缆电线、照明、吊顶、电工、木板业、家具、灯饰、家纺、门控、变压器、开关、电梯、管道、防水、陶瓷、涂料、燃气具、锁、卫浴、智能控制和家电等 26 个细分行业。迈克尔 · 波特的产业集群更多瞄准了上游，而“泛家居”特别关注下游，看重需求信息对关联企业的共享。

佛山泛家居产业本已具备规模，全市工业总产值超三成来自于此，2017 年工业产值就超过 7000 亿元，外贸出口占到一半。佛山一年制造出 3800 万台电风扇，国人购买灯泡，3 个人中就有 2 人选择佛山出品。而且，做房地产的碧桂园、生产地板的大自然家居和出产瓷砖的东鹏都尝试着涉足整装，整装就是泛家居的一个组合。

佛山在泛家居产业方面做了五件很有价值的事。

其一，政府引导关联行业就已有的产业重新做了一次排列组合。

佛山各区民营企业 51.25 万户，占全市企业总数的 83%。很多产业已形成规模，更大的产业集群呼之欲出。专说顺德区，户籍人口 145 万，2019 年全区生产总值 3500 亿元，连续 8 年位居全国综合实力百强区第一。顺德是中国家电之都，第一支柱产业的家电生产及配套企业超过 3000 家，家电授权发明专利居全国之首。顺德的龙江镇则拥有亚洲最大家具材料市场，不起眼的乐从镇有特别抢眼的十里长街家具市场并容纳了 3400 家海内外商户。

比“可怕的顺德人”名气稍逊的南海，2019 年全区实现地区生产总值 3176 亿元，在全国综合实力百强区排行榜上紧随顺德排名第二。南海区的大沥镇是中国铝材第一镇，有 8 家铝材品牌企业入选行业全国十强，兴发和凤铝不分伯仲并列第一，坚美获第三，正是“世界铝业看中国，中国铝业看大沥”。

其二，在“内循环”的主题下，努力对外做品牌和业务的拓展。

佛山政府提出：继续推进佛山泛家居品牌产品海外展示体验馆建设，着力打造世界“泛家居商品采购之都”，制定了《佛山泛家居品牌产品海外展示馆建设三年行动计划》，目前已在伊朗、匈牙利、澳大利亚、马来西亚、坦桑尼亚等国家设立泛家居展示馆。

国内将大量开设属于佛山泛家居的工业园和商业综合体。作为服务型政府的佛山及其各区，政府跟政府之间谈大合作比较方便，政府的顶层沟通为企业开拓市场铺平道路。

其三，就政府所能，加大区域投资力度，带动优势行业的“内循环”。

2017 年起，佛山启动实施“城市治理三年行动计划”，实现城市形态从一般的区域性城市向现代化国际化大城市转变。政府毕竟是拉动内需的“第一大消费者”。就三龙湾一小块地方，政府已梳理出基础设施、公共服务、生态环境、产业升级等领域的 101 个建设项目，总投资额 3571 亿元；其中在建项目 53 个，总投资额 2078 亿元，推进广佛全域同城化发展，推动核心技术、高端人才、重大科技基础设施等创新要素的聚集。

其四，以本地企业优先入围供应商，保护企业渡过难关。

本市建设实行有限招标，区内泛家居企业优先入围，尤其是区内第一批 109 家“隐形冠军”企业。外地入区企业如需受让土地，本地品牌无条件入群成为供应商主体。

有人会担心地方保护主义抬头，“内循环”的提出就国际背景而言已是全球化的变形，特定时期的特定认知吧。韩国一直在对民族产业加以各种保护，本国农产品售价一直高于进口，强调的是“身土不二”的文化，大企业同品质产品比日本产品贵 10% ～ 20%。三星以低价策略夺取国外市场，但在韩国本土因为政府支持其垄断地位，反而利润更高。

其五，指导企业在“内循环”条件下，学会更大范围的竞争与合作。

内部磨合，发现难点，着力解决问题，以利走出佛山。过去特长在代工、贴牌的企业，通过“内循环”快速建立起自有品牌，提高议价能力，增加企业盈利。区内各企业在“内循环”中锻炼出正确对待内部良性竞争的心态，行业组织也通过“内循环”的尝试学会把握业内竞争的公平问题。

必须承认，“内循环”模式并非积极策略，更多的是无奈的选择。佛山的做法，对于我们的其他城市和地区、企业和企业家，应该能带来很大的启示。

做“企业的企业家”

我在兰州大学讲课，课余应朋友盛邀去了一趟已经成为当地“网红”的“1898 咖啡馆”。据说，“1898 咖啡馆”是全国第一个校友创业主题的咖啡馆品牌，而且开创“中国式众筹”之先河。

“1898 咖啡馆”的品牌创始人在策划初期并没有详细的方案，只是确立了等额返卡、股份均等和三年不倒闭这三条基本规则。“等额返卡”自然可行，相当于股东是第一批消费者，而且可以有效引流。“三年不倒闭”则不可能成为原则，企业经营没人主观上想倒闭，但能否长久撑下去取决于持续努力的经营。

“股份均等”是很容易做到的，但这恰恰是“三年不倒闭”的首要障碍。数十人甚至上百人投资入股，投资额度小且等额返现了，多数股东并不关心咖啡馆的兴衰；没有主次就没有企业家，就没有人愿意为咖啡馆的衰亡承担责任。乾隆时期，法国经济学家理查德·坎博龙就提出来，“企业家是‘承担不确定性’的人，没有企业家的企业是不可能有未来的。”

“企业家”一词本来就是从法国传过来的，指在企业从事组织、管理并承担经营风险的人。中国人把所有当企业主的以及在规模企业做职业经理人的都称为“企业家”，看来也符合原产地的定义。如此，“企业家精神”就比较容易达成共识，一般认为是三个方面：奋斗、担当和创新。

企业家的担当存在不同的境界。有的企业家只是为资本担当，企业只是个人、家庭或小团体的牟利工具，或者是个人获得别人认可的道具。当然，不能指责这有什么不对，人各有志。本文被我们作为“企业家的企业”一类来讨论，但另有一类企业家，不仅为企业担当，而且引导和带领企业为社会担当，甚至为人类的福祉担当，为人类的文明进步担当。这就是，我们在本文中要展开讨论的“企业的企业家”。

1. 重新审视企业的意义

企业，当然是经济组织，以盈利为目的。但从人类文明进步的角度看，挣钱并不能看作企业的终极目的，一定还有超出解决生存问题的更高目标。特别是随着生产力的快速进步，作为人类社会的组织主体，企业的利他追求就成了必要的议题，如《易经·系辞》所言，“举而措之于天下之民，谓之事业。”

企业的事业有大小，“举而措之于天下之民”的形式各有不同。企业之于社会可以用四象限图来描述其价值。

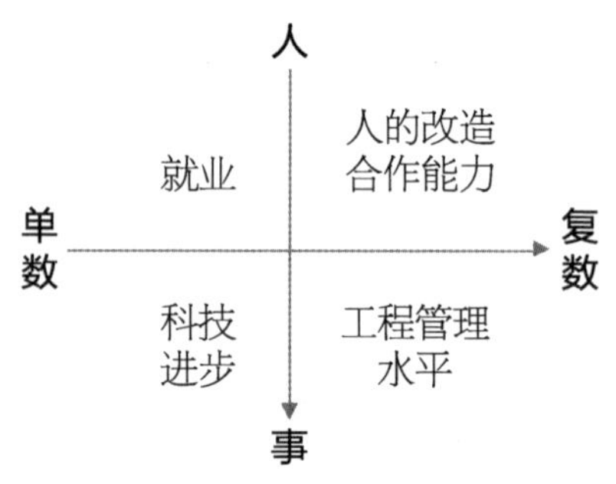

图　企业之于社会的价值

一个维度是“人”与“事”，另一维度是“单数”和“复数”。“复数”的“人”就是组织或团队，“复数”的“事”就是工程和系统。企业对个体的人提供的价值，主要指就业；企业更加聪明地找到了做事的办法，主要指科技进步；为人类团队和组织的建设提供了样板，主要指人的改造和高度合作能力的提升；为系统工程提供了方法论，主要指日渐宏大的工程管理水平。

十多年前我在日本考察，丰田研究专家河田信教授跟我谈到日本优秀的企业以人为本，“以人为本”并不只是关心员工，而是更加明确地把“天下之民”的幸福作为企业的追求。企业关注的对象依次是本企业员工、客户、供应链合作者、销售环节的下游、股东、所在社区、社会所有人。很显然，股东利益并没有被放在第一位，而有能力的企业应尽可能关注更多人的幸福。

谋求更多人的生活幸福，企业实现的手段有四：纳税，服务于社会的公共需要；就业，给更多人以及家庭解除后顾之忧；科学技术的创新，使人类的未来生活更美好；提升公民素养和推行先进文化，从而在精神层面贡献社会。

管理学家明茨伯格指出，一个健全的社会应该在领导力、社区精神和公民意识三者之间取得平衡。放到这个结构中来理解企业的“社区精神”，乃是一种更高的社会责任要求。走在前面的企业需要发挥其领导力，为社区精神增加正能量，同时努力提升企业相关者的公民素质。这些与日本专家河田信先生提出的“企业相关者的人生幸福”的追求是一致的。

企业是社会的“器官”，应该义不容辞地承担社会责任。广受中国企业家欢迎的管理导师德鲁克也非常强调“社会责任”，而且更进一步分析为解决社会问题所进行的“社会创新”同时也是商业机会，企业不必“毫不利己”地去尽责。德鲁克把社会责任分为保守责任和积极责任。保守责任就是不作恶；积极责任又有两种，“先赚钱后行善”和“通过行善来赚钱”。企业开发新技术、新产品或新服务，既解决了社会问题，又增加了企业利润，实现了理想的“社会创新”。

企业家充分认同以上分析的企业意义，才可以讨论清楚企业家在企业中的角色，以及如何对待资产。

2. 企业家的企业

当今世界，有些企业家的人生几近完美，但他创办和经营的企业几乎乏善可陈，哪怕已经成为商业帝国。

“我非常尊敬企业家李嘉诚，但我并不欣赏和记黄埔。”很多年前我就提出过这一看似矛盾的观点。李嘉诚驰骋商场，眼光独到，不失时机，左右逢源，每得头筹，不知激励了多少后进的奋斗者；更有他的为人处世，逆境求存，终身勤勉，待人周到，义举随行，更是几乎成了整个华人世界企业家的典范。正作此文时，我看到网络新闻“李嘉诚遇少儿舞蹈团，主动合影捐 200 万元”。不能不为李大善人点赞。

解剖李嘉诚的商战范例，企业人都只有佩服的份。回顾 1979 年收购英资老牌商行“和记黄埔”这一经典案例，李嘉诚用市价一半的 7.1 港元 / 股的价格，收购了 9000 万股“和记黄埔”，且只需支付 20% 的定金。换一个算法，李嘉诚用 2400 万美元定金，轻松换来“和记黄埔”大约 10 亿美金的资产。仅此一役，使李嘉诚成为首位收购英资商行的华人，从此奠定他在香港商界的地位。

每当我无限仰慕之际，再去翻检和记黄埔公司，竟然无可圈点。当然，这是一家香港交易所主版中最大的上市公司，下辖和记黄埔港口、和记黄埔地产、屈臣氏集团、长江基建与和记电讯，业务立足香港，横跨大中华区，遍布全球。但是，除了“华人首富”的金色顶戴，和记黄埔到底为香港、为中国、为人类做了什么，留下了什么？

著名企业家李嘉诚的企业和记黄埔原来只是一间平庸的公司，企业不过是企业家的一个硕大的钱柜。在前文提道的“社区精神”“社会责任”“社会创新”方面，一无建树。和记黄埔的所为，其他企业一样可以做，无非没有能力获得存在势力范围性质的经营权。

无法分辨真假的故事有李嘉诚的秘书和司机，紧跟有前瞻性战略思路的老板，借助房地产的高速增长挣钱，收益超过工资。但是，和记黄埔在内部人才培养上却没有多少故事传出，最多是老板的两个儿子都带出来了，而且兄弟分家没有吵架。

当然，人们没有权利去要求一家合法经营的企业必须做什么，更没有资格批评一家“没有公开的恶”的公司。但是，对于人类社会的优秀组织，人们习惯于给予更高的期望，期待这些优秀企业给社会提供更多股东利润以外的价值。

3. 企业的企业家

企业的企业家以“企业为社会服务”为终极目标，为个人和家族赢利是“小目标”。而这样的企业服务社会，往往具创新性，意义深远。

1955 年出生于小城市西雅图的比尔·盖茨几乎无人不知，他的全名是威廉·亨利·盖茨三世。人们只认识“首富”比尔·盖茨，有好事者曾经计算：比尔·盖茨每秒赚 67.5 美元，每天赚 583.2 万美元，一年赚 21.3 亿美元。但是，很多人不知道这位微软的创始人首先是一位天才的软件工程师，他 17 岁就以 4200 美元的价格卖出了第一个电脑编程作品（**一个时间表格系统**）；他还是一位有远大抱负的企业家，是世界上屈指可数的大慈善家。

比尔·盖茨创立的微软是世界 PC 机软件开发的先导，为电脑走进千家万户提供了基础技术，因而使普通老百姓可轻松操作电脑。短短 40 年，微软的 Windows 统治了电脑的桌面操作系统市场，Office 套装占据了办公软件的霸主地位，完成了比尔·盖茨的使命——“让每一个家庭，每一张桌子上都有一台计算机”。和记黄埔与之比较，根本没有可比性。

就连比尔·盖茨自家盖房子都有推进人类进步的切实用意，用他自己的话说这房子“是由原始木材和芯片组合而成的”。我曾写过文章《站在比尔·盖茨家的门前》，介绍了我到西雅图去比尔·盖茨位于麦地那（Medina）小镇上的家（**门牌号 7400**）的感悟。盖茨自己在《未来之路》（The Road Ahead）一书中指的“未来小屋”当然是一栋豪宅，1990 年动工，经过了 7 年的打造，直接投资超过 6000 万美金；但它更是一幅自然生态与先进科技完美结合的作品，它是人类社会最早有“大脑”的住宅，是比尔·盖茨为人类社会打造的智能建筑样板。

比尔·盖茨家也养“金鱼”，只不过他家的“金鱼缸”占据了整整一面内墙，由两位海洋生物学家在打理，完全是一种科学研究，与他家的一片养殖着鲑鱼的人工湖性质相同。

现在已经退出经营管理一线的比尔·盖茨对于人类社会进入信息时代的未来有非常清晰而准确的预见性，大量的预言记录在1995年连续七周名列《纽约时报》畅销书排行榜榜首的比尔·盖茨作品《未来之路》上。他的另一本书《未来时速》同样是人类进入信息时代的航标灯式的著作。

虽然钱多得不得了，但比尔·盖茨没有让女儿们继承财产，而是把绝大部分财产放进了“比尔及梅琳达·盖茨基金会”，致力于将人类的创新才能应用于减少健康和发展领域的不平等现象。这种对财产的态度获得了同样是世界顶级富豪的巴菲特的响应，后者把自己的全部财产捐给了这家以夫妻两人的名字命名的基金会。

在中国与比尔·盖茨和微软相似的有任正非和华为。两位企业家都是有人生理想的，有哲学头脑的，有科学技术追求的；两家公司都是对社会有贡献的，甚至对人类的文明有推动意义的。所不同的是，华为对国家、民族的责任担当更多，对人才的用心更多，对教育的思考更多。

如果说比尔·盖茨似乎先知先觉、起步极早，那么任正非是大器晚成、一路坎坷。华为公司显然比较年轻，刚过“而立”，但业务已遍及170多个国家和地区，是全球最大的电信设备和重要的智能手机制造商。华为的愿景与微软一样高远：“消除数字鸿沟，促进经济、社会、环境的和谐与可持续发展。”

就市场能力而言，世界各国很多企业超过华为远矣，但华为对科技、人才、教育的用心是很少有企业能与之比肩的。华为的资本积累在全球同类企业中没有绝对优势，但每年把收入的20%～30%投入到研发中。华为在基础研究上的投入引人注目，不仅如此，华为还对世界上300多所大学、900多个科研机构给予支持，以求在理论创新上做出贡献。华为公司走出了华为，中国企业走出了中国。

任正非没有把企业看成自己挣钱或发大财的机器，而是把企业利益分散给了企业、行业或国家需要的各类人才。以任正非为精神领袖的华为始终拒绝资本的进入，用任正非的话说，“资本贪婪的本性会破坏华为理想的实现”。华为为理想而奋斗，任正非不为金钱而拼搏。

任正非对中国的教育思考之深，也是远远超出企业家的责任范畴的。看看任正非发表或引用的教育观点：“一个国家的强盛，是在小学教师的讲台上完成的”，“教育是最廉价的国防”，“振兴教育不在房子，在于老师”，“用最优秀的人去培养更优秀的人”。

“企业家到了一定高度，自然而然就成了教育家，他除了能培养出企业家，还能够教化人心。”这是网络大腕连岳对任正非的歌颂，我深表赞同。

4. 现代化进程中的现代性

当然，不能要求所有企业都像微软、华为那样，主动承担那么大的社会责任，对人类进步做出重要贡献；也不能要求所有企业家都像任正非、比尔·盖茨那样，人生观和价值观达到那种境界，那么淡泊物质利益，对于财富如此超脱。但企业家在一己或一家满足衣食住行需求以后，完全可以为社会再做点什么，应该在非物质层面多一些思考，这与是否上富豪榜没有关系，与企业规模也关系不大。

中国出现了大量的不做守财奴的民营企业家，企业的股权高度分散，企业管理权力并不过于集中，推行轮值总裁制的企业不少。轮值 CEO 制度大约源起华为，作为创始人的任正非保留了对经营管理团队决议的最终否决权，但基本上担当的是华为头号“文化教员”的角色，对员工有超强的精神影响力。于是，轮值 CEO 制度先后在德邦物流、京东商城等推广开来。不过，华为又将自己独创的管理模式“升级”，开启了“轮值董事长制度”。

苏州有一家规模不大的企业，“轮值”都不需要，企业几乎高度“自治”

了：董事长根本不上班，总经理连办公桌都没有，即使是工程现场也只有项目总监是个“官”；若干工地的总头目叫工程总监，却是每年一次地由员工代表选举产生。这家公司叫德胜（苏州）洋楼有限公司（以下简称德胜），美式木结构洋楼别墅的建造企业。非同寻常的是，在这里工人上下班无须打卡，工地上的饮料和日常用餐一律自动投币（没有收银员），公车可以自主登记使用（包括私用），企业员工五星级酒店开会和聚餐都文质彬彬，全无不良习惯，企业内部的财务报账也用不着任何“领导签字批准”。员工从不赌博，保持良好的卫生习惯，包括理发、剪指甲和洗牙。员工之间不搞请客送礼的往来，但同事的任何困难都在小本子上记录下来，按时兑现帮助的承诺。公务活动如果收礼一律交公司拍卖，收入进入平民教育基金会。德胜成功地把千名农民工全面培养成现代社会的产业工人。

企业家在推动企业和社会的现代化进程中，普遍缺乏现代性意识及其思考。中国社会正在快速推进的现代化是在空间概念上的与传统农业社会相比的根本变化，包含了工业转向、科技发达、资本累积、对外扩张、法律自治、科层掌管、民主实现等变化状态。而“现代性”则主要是从哲学高度审视文明变迁的现代结果，虽然可以把它理解为现代社会或工业文明的缩略语，但它涉及制度层次、理念层次和态度层次，而理念层次主要包括理想与价值观。哈贝马斯指出：“人的现代观随着信念的不同而发生了变化，此信念由科学促成，它相信知识无限进步、社会和改良无限发展。”

这种发展模式逐渐呈现出“旗帜性”，虽然对旗帜性的表现很难有一致的定论，但一定是非传统因素的积累和充填，以企业论不可能始终是“企业家的企业”。全世界每 24 小时就有 5.1 万亿美元的货币交易，参与这些货币交易的企业获取了“阳光下的利润”，虽然并不一定存在某种“恶”，却也无法认定它对社会有什么促进流动性之外的贡献。

我国的国有企业，特别是具备一定垄断能力的大型国有企业应该更有现代性意识，更有条件和责任呈现社会发展的旗帜性；然而，受制于机制和文化，企业家的强权导致出现“家天下”现象，不仅没有把国有企业还原为一般意义上的企业放回同等的市场地位上，没有更多地思考推动科技、社会和文化的进步，更难以对人类文明做出显著贡献。

“企业是我的”与“我是企业的”实在有天壤之别，企业不是“每寸土地和每个子民都归皇上管的封建王朝”，而是“财产和资源皆归于国民，是真正意义上的共和国”。

契约精神是时代的刚需

这个世界有一些规则是硬性的、无可争辩的，如果加入太多柔性的东西，就会“差之毫厘，失之千里”。“协商”“让渡”“变更”必须通过更细化的契约来解决，而不是违背契约，更不是以丧失刚性原则为前提。世界上很多事情固然不可预期，但不能因此而放弃契约的刚性要求，更不能以“成王败冠”的逻辑来亵渎契约精神。

正确的做法应当是：一方面，“决策从容，执行坚决；一诺千金，说到做到”。如果难以做到，就要有所预期，不要信口开河，更不能轻易承诺。另一方面，即便因客观事由需要变更，必须双方协商在前，契约变更在后，而非单方决定，更非强势一方拿出措施逼迫弱势一方接受。利益不是永恒的，真诚是永恒的。

“成王败寇”逻辑下无契约精神。和信守“成王败寇”逻辑的人谈契约精神，完全是鸡同鸭讲。对那些不能遵守契约精神的企业或个人，其他国家的做法是建立“黑名单”。一个企业或个人在契约精神上有了瑕疵，就会被记入“黑名单”；如果一而再、再而三地违背契约，基本就不会有人与之合作了。这些被记入“黑名单”的企业或个人被称为“活着的死人”。

契约精神对商业的好处是明显的、长期的。坚持契约精神的企业经营、沟通、获取客户、维护客户的成本会大大降低，因而更具竞争力。

2008年的一天，德意志银行股份公司在美国“两房公司”上午宣布破产后，还在下午按照约定操作向该公司汇去一大笔钱。德意志银行股份公司虽然损失了一笔钱，却在业界赢得了良好的声誉，也赢得了更多的业务。良好的信誉来自契约底线的坚守。

日本森永乳业若干年前曾经发生过众多消费者中毒的事故。森永乳业主动承认错误，愿意赔偿所有受害者，而且一赔就是整整50年。现在的森永乳业活得很好很健康。诸多事实证明，坚守契约精神的企业，生命力会越来越旺盛。

经营建筑材料和施工的德胜，有一次承接了一片别墅的建筑业务，因对方未按时付款，德胜就在别墅区大门口做了一个很大的彩门，开来两台大型推土机，对着大批闻讯而来的记者宣布，如果中午12点前这笔款没到账，就用两台推土机把建好的别墅全部推掉。如果真的推掉，巨大的损失可想而知。但德胜认为，这笔钱可以损失，但不能放纵那些违背契约精神的人和事。最终，德胜如愿收到了该笔业务款。

总部设在张家港的澳洋顺昌科技材料有限公司（以下简称澳洋顺昌）也遇到过一件很考验契约精神的事。一次，澳洋顺昌卖给客户的钢板在生产线上刮花了，这种“不合格”材料对客户影响不大，因为客户还会在钢材表面进行喷涂。要不要告诉客户这批钢板的问题？澳洋顺昌内部出现了两派意见：营销部门认为不需要，而企业文化部门则坚决认为隐匿不报就伤害了企业文化。最终，老板决定告诉客户，坚守契约精神。客户知道后并没有要求退钱，反而和澳洋顺昌合作得更好了。

契约精神的坚守，既需要良好的商业和社会环境，又需要良好的法律和政策环境。仅仅依赖企业家的自律来维系契约精神，的确是一件勉为其难的事情。一个契约环境不够的社会，自律往往最不靠谱，相反，“鬼”道则经常大行其道。

德胜，你不想学

——在“德胜：中国企业管理模式高端论坛”上的主题演讲

各位专家，各位媒体朋友：

下午好！

我今天演讲的题目是——“德胜，你不想学”。

我想讲三个内容。

1. 德胜值得学

我跟德胜有很深的交情。我注意到《德胜员工守则·再版前言》的作者按他理解的顺序把我对德胜的参与排在第三位。

我第一次接触德胜是从《英国学人》杂志上，也就是从外国了解到中国有这么一家企业，几十页的手册可以“统治”一个一千人的企业。我觉得很奇怪，回来之后我就马上去调查它，那是2006年。

我调查的过程当中，当然首先关注的是它的细节，因为当时我正在做细节管理的研究。我到德胜之后，很快就在他们的员工读本（即今日出版《德胜员工守则》的雏形）中翻找到有关细节管理的内容，特别是关于《细节决定成败》的介绍。当然在再版的《德胜员工守则》中也有聂圣哲对《细节决定成败》的认识：“《细节决定成败》这本书只要识字的人都能看得懂，但德胜人会领悟到这里面的深刻道理。”当然，我的书里面没有什么深刻道理，也就是说，聂圣哲对于企业怎么做好细节，有他自己的认识。这是2004年聂圣哲在内部讲话当中提道的。后来，德胜准备给每个员工发书，等我2006年去德胜考察的时候，我发现绝大多数员工桌上都有这本书了，而且跟《德胜员工守则》放在一起。我没有觉得《德胜员工守则》有多了不起，但是很明显德胜是一个很注意细节的公司。

后来，我们组织了很多人对德胜做研究。我们的温德成老师写了一本《德胜管理》，从管理学的角度系统分析德胜的优劣。我因此认识到德胜不仅细节做得好，而且规则体系比较完善。用精细化管理的话来说，是通过系统化和细化的规则来对员工进行“理”的帮助而不仅是“管”的约束。我对德胜的认识又深刻了一点。

再后来，我更多地认识到德胜的文化理念。说企业文化的时候，很多人其实是不得要领的，只是口号，或者说只是老板某一个晚上很高兴想起来的一句话，或者是老板几次讲话的重点摘要，变成了挂在墙上的文化。我一开始没有太重视“企业文化”的提法。

随着我和德胜交往的加深，就感觉到每位员工身上表现出来的内在气质跟他们经常讲的四个单词非常接近，特别是我们现在社会很难看到的“诚实”。这个企业经营得很好，并不是他们成天去讨论文化。这个企业几乎没有业务员，我的第一本书《营销人的自我营销》中提到一个观点，“优秀的公司是没有或者说很少有推销员的”，而德胜做到了。

德胜的董事长、总经理也没有事做。大家可能觉得聂圣哲天天在琢磨德胜文化的问题，其实据我对德胜和聂圣哲的了解，聂圣哲根本用不着那么多时间来琢磨这个问题。我跟他交往有八年了，大家去关注聂圣哲会发现：第一，今天这个会议他没有来；第二，你看他的微信，最近他在忙一个黄梅戏——《徽州往事》。我不相信他的精力都在企业，也没有这个必要。所以，这个企业的高层管理者，连总经理程涛都没有多少事。文化方面的事是赵雷在抓，老总并没有多少事，这是很多企业家向往的境界。

这个企业由于管理费用非常低，利润很好。这两年我们没有太多从财务上了解，前几年他们的利润率可以达到21%，现在这个时代有多少企业可以做得到？因为管理成本很低，营销费用也很低。我要讲的第一个意思是，德胜值得学。

2. 德胜学不会

我从2005年到现在一直讲课，每年平均讲70堂课，每堂课平均参课人数500人，我在课中有一半的机会去讲德胜，以德胜作为案例，作为细节的案例、规则的案例、企业文化的案例。粗算我已经给14万人传播过德胜，得到的反馈是大多数人认为德胜是学不会的。

学不会的原因是什么呢？首先学员仅仅看到了现象。在座很多人第一次觉得很奇怪的是德胜报账不需要签字，很多人就会依据这个现象，往深处问为什么不需要签字呢，靠什么？当然，我们继续解释德胜怎么做。于是，人们开始进入到规则体系的层面，但进入之后发现这个体系不太复杂，也不是很严密，那又靠什么呢？后来人们才认识到，它的价值观在起作用。学的人再往下问这个价值观怎么来的，因为企业的价值观要每一个人都理解才行，否则不能作为企业共性的东西存在，德胜怎么得到这些价值观？德胜人怎么能坚持这些价值观？再往后大家会进一步考虑，为什么德胜人容易接受这种价值观？

最后学员都认为德胜是学不会的，讲了很多的理由。刚才有的老师就讲到，德胜员工有的是从小孩的时候就开始接受了德胜文化的教育。人们确实很难从现象到规则，到价值观，到人的来源去理解德胜，所以很多人认为德胜学不会。

3. 德胜不想学

其实，很多人不想学德胜。现在很多人、很多企业家在讨论德胜，但有多少人真心想学德胜呢？

杨壮老师对德胜有一个分析，德胜是人治、法制兼心治的产物。关于这个观点我以前也讲过，我原来不叫“心治”，叫“文治”，即文化治理。今天我特地看了一下再版的新书，杨壮老师画了一个图，德胜三种管理同时存在。德胜的领导者或者说灵魂人物起的作用暂时还无法取代，所以它的“人治”还是存在的，“法治”就更不用说。表面看德胜是不需要管理的，事实上它两条线同时在走，一个是思想境界方面的影响，另一个是“法治”那条线也从来没有放松过。

我在德胜都被他们的“纠察”纠正过。有一次我带太太去看一个 7 平方米的迷你型样板房，正要进去的时候，后面有人喊“停下”。我回头看是代波，德胜的督察官。其实我跟代波很熟悉，但他毫不留情地叫我停下来，说“请脱鞋”。出来之后，代波尴尬地对我笑，“汪老师，对不起，这是我的职责。”我同意。

德胜对规则体系一直没有放弃，但更高的境界是杨壮老师提出的“心治”。达到这种境界很多规则就可以做到自觉地执行，道家讲的“无为而治”，不需要刻意地去做。他们的“无为而治”表现在很多方面，比如说可以申请“因公睡眠”，比如说“公车私用”，比如说“报账不需要任何人签字”等。

问题是，我们很多人提出学德胜的时候，是不是内心深处真的想学呢？不是。像我们这些做研究的，其实也不是在学它，只是拿它作为一个“玩意儿”在“玩”。我们这些人并不对一个独立的企业负责任，在大学教书就根本用不着学，只是“玩”它而已。

人们不想学德胜的原因有三。

第一，不管什么企业首先存在使命问题：我为什么要办这家企业？世俗当中很多人办公司就是为了挣钱，就是为了让自己过得更富裕，当然也有“实业报国”等。中国很多企业家当初办公司，我相信未必有很高的使命。我记得日本专家河田信老师提道过，日本很多企业的使命是实现相关者的人生幸福。第一个相关者包括股东，聂圣哲还是挣钱的，他活得很好。第二个相关者是员工，很多企业花 20 万元捐个希望学校，拿 30 万元去做宣传，但自己的员工可能还要借钱交房租，企业主却并不知道。第三个相关者是客户，企业以合理性价比的产品和服务使客户获得幸福感。德胜如何认识质量？中国企业一直说“质量就是生命”，意思是有质量就有利润，就有市场，还是以“我”为中心。德胜认为，质量是道德，是修养。如果明天企业即将死掉，是不是今天就可以不讲质量呢？还有相关方供应商，德胜长期以来是直接从美国进口原材料，也有大量的中方合作方，比如闭路电视，德胜总是想办法影响供应商的价值观，虽然影响的速度和深度很有限。相关方的最后是社会，比如说做这本《德胜员工守则》，对于德胜本身的业务不重要。很多人会世俗地认为出书对德胜的业务有意义，其实德胜不需要主动接单，都是别人追着它去做单。德胜出书的目的也是为了实现企业的使命，使更多人从中获得某种幸福感。企业的使命是什么，如果使命过于世俗，用世俗的使命跟德胜的使命放在一起，就没有办法讨论。当然，你也不可能真的想学德胜。

第二个不想学的原因是共同价值不愿意承认。刚才有老师谈到，德胜不是传统意义上的中国文化造就的企业，我认为德胜既不是中国式的，又不是西方式的，德胜所表现出来的仅仅是共同价值而已。德胜价值观中的“诚实”“勤劳”“有爱心”，这是所有人都应该坚持的，只是我们有的老板不想坚持这些罢了。比如说，诚实他自己做不到，怎么叫员工去诚实。我一直在讲“宁讲错话，不讲假话”，我不保证所有真话都讲，但是我说出来的绝对不是假话，这也是我跟聂圣哲相同的地方。我邀聂圣哲参加一个论坛，他一定要分析跟哪些人一起，如果净是些扯淡的人他根本不去。

德胜你学不会，严格来说是你根本不想学。你只认同它的某些手段，这些手段很容易被理解为小聪明；而德胜是非常反对小聪明的，“不走捷径”就是反对小聪明。我在《契约精神》一书中提道，“一个善于把小聪明用到极致的民族，终将失去获取大智慧的机会。”

德胜并不追求大，也不追求未来一定做多久。刚才有老师在讨论德胜的持久性、普及性和国际性。我认为一个企业有没有普及性不重要，要看它什么东西可以普及。德胜最基本的共同价值可以普及，而且共同价值本身就有普及性。它是不是长寿呢？任何企业都会“死”的，企业也是一个生命，德胜“死”了也没有关系。我们知道日本最长寿的企业金刚组，1400 岁，这几年也快“死”了。现在中国 200 年以上的企业只有 16 家，未必所有企业都要追求长寿。没有做成一个长寿的企业未必它就不是一个高尚的企业，有的人生命很短暂却可以成为一个高尚的、有道德的人。国际性就更不需要考虑，本来就不需要一个种子在全世界都种下去。只学德胜报账不需要签字，而根本没有诚实的价值观，老板自己也不想这么做，怎么学呢？

第三个不愿意学的因素是很多人贪欲无限，受利益的驱使和环境的负影响太大。我注意到，聂圣哲的德胜这几年几乎没有发展，我说的是规模。其实，德胜是完全可以发展的，但聂圣哲不是那种纯粹为了挣更多钱的企业家，不愿意受挣更多钱的世俗影响。一个过于贪婪的企业家，一个贪欲过大的企业，是很难维持自己坚定的价值观的。德胜一直以来员工就 1000 人左右，有多少人能够这么理性呢？在一片“做大”的声浪中谈德胜，从内心深处就不想学，只要学德胜不做大就学不了，就不想学。很多说“学德胜”的企业家在用一种小聪明的思维，而德胜非常反对“走捷径”，这是问题的本质。

我曾经在国内企业家中组织过“神仙会”，就是可以胡扯的会谈，大家不需要有主题，也不需要有什么禁忌，不需要分主次，不需要排先后，没有什么主持人和嘉宾。有一次聂圣哲跟惠普上海公司的黎德光博士在一起，黎博士问了聂圣哲一个问题，“聂先生，我们两个人换一下位置，行不行？”聂圣哲回答说，“你做我的企业肯定不行，因为我的员工面对你的这种管理方式大部分会走掉。反过来，我做你的企业肯定做不到那么大，但我至少可以做得到员工一定很早到岗帮同事把水倒好，把桌子擦干净，这一点我坚持能做得到。”这就是德胜的回答。

很多人在讨论学德胜，其实不是简单的“学得会学不会”的问题，更多的是内心深处愿不愿意学的问题。

慢下来也是一种成长

交通的快捷，使人们节约了时间，却失去了从容；管理的提升，使人们提高了效率，却没有增加等同的幸福感。工业化以来，人们从未放弃过对管理的研究，管理的效能被持续放大。从“科学管理之父”泰勒的时代至今，管理学的研究仅仅百年。《科学管理原理》出版后，大批研究者跟进，研究范围不再是如何搬运铁锭，而是深入研究与经营相区分的一般管理、组织管理、人际关系学说、行为科学、知识管理、网络组织等，人类的工作效率得到极大提高。

在追求效率的路上，科技发展迅速，更促使人类社会发生巨变。1956 年 5MB 的硬盘需要用飞机运送；2005 年产生了容量为 128MB 的 SD 卡；再过 10 年，SD 卡的尺寸没变，但容量增长了一千倍；今天手机的计算能力，已经是当年阿波罗飞船的 1.2 亿倍。

“传播学之父”威尔伯·施拉姆（Wilbur Schramm）曾分析：“如果人类的历史只有一百万年，假设这等于一天。这一天的前 23 个小时几乎是空白，一切重大的发展都集中在这一天的最后 7 分钟。”若按此算法，从第一次工业革命至今，人类创造财富的加速度发生在距今最近的 20 秒钟内。但是，在这不断加速的时光里，人们的幸福感获得了同比例的提升吗？从 1978 年到 2017 年，中国的 GDP 从 3648 亿元上升到 82.71 万亿元，增加了约 227 倍，幸福感的提升速度与之完全同步了吗？

幸福感的提升速度并不一定与管理、科技、财富创造的发展速度保持一致。管理、效率、科技都在提高，人们越来越不仅仅满足于生存的需要。“经济”一词在古代指经世济民，即为普罗大众谋利益；如今，经济主要指物质生产的活动，简单说就是财富概念；民间也常用“经济”一词表示合算、节约。有一位经济学教授曾提道，在自然经济下财富就像杯里的水，你喝多了我就喝少了；商品经济社会的财富是井里的水，掘井的人可以给整个社会带来福利。先富起来的人并不瓜分财富，而是继续创造新的财富。这是对当下人们财富观的修正，也符合邓小平同志“先富带后富，走向共同富裕”的观点。

那么，是不是可以如此理解：社会进步不等于发展必须要越来越快，慢下来其实也是一种成长；科技的日新月异使社会创造财富的能力越来越强，接下来需要更多地去研究分配的公平性，或者说二次分配、三次分配的普惠性；企业管理的研究会引入越来越多的社会学成分，不单追求提升创造财富的组织效率，也延伸到创造者内心平衡和社会公平上来。

我们为什么研究战略？

曾经是全球电子通信领导者的摩托罗拉，自1928年创立以来，一直以尖端技术和卓越典范的代表傲立于世。其手机业务在中国市场占有率最高达60%（1995年），手机品牌竞争力也曾位列全球第一（2003年）。然而，荣登第一宝座之后仅仅五年，摩托罗拉手机即陷入万劫不复的深渊，2008年亏损额高达数十亿美元。到2014年，回天无力的摩托罗拉只好将其手机业务一卖了之。

摩托罗拉的失败源于战略失误。为了争夺世界移动通信市场主动权，保证用户在世界任何地方都能使用无线手机通信，摩托罗拉于1987年提出新一代卫星移动通信系统——“铱星计划”，即在铱星系统的卫星之间传送信息，用户可以不依赖地面网而直接通信。然而，铱星系统风险大，成本过高，整个卫星系统的维护费一年就需几亿美元。铱星手机价格每部高达3000美元，加上高昂的通话费用，开业的前两个季度在全球只发展了1万用户，亏损额很快达到10亿美元。尽管铱星手机后来降低了收费，但仍未能扭转颓势。产品开发战略失误，未能充分考虑手机的细分市场，长时间依赖单一机型；在市场无法迅速扩张的情况下，又选择价格跳水战略，自毁品牌形象，失去了用户对摩托罗拉品牌的信任；技术导向型企业的过于自信，导致研发部门很难真正倾听消费者的需求。

摩托罗拉的案例足以说明：区域规划也好，企业发展也罢，最大的危险是战略失败，最大的浪费是决策失误。

对于企业来说，战略是在激烈的市场竞争中求生存、求发展的谋划与对策，具有全局性、纲领性、长远性、竞争性、应变性等特点，是健康、持续发展应遵循的总的指导原则与工作方针。在市场经济的大背景下，一个没有战略的企业，就像大海中的航船找不到灯塔。一项统计资料显示，全球破产倒闭的企业中，85％的企业是因为缺乏战略管理和决策失误造成的。所以，发达国家的企业家花在战略思考、战略研究上的时间占到全部工作时间的60％以上。一个战略上没有准确定位的企业，是很难在日趋激烈的全球化市场竞争中取胜的。

既然制定和执行正确的战略是企业的制胜之道，那么持续深入的战略研究就是要务、急务，企业应该在任何时期都清楚自己该做什么，能做什么。

南京钢铁战略委员会也正是基于这样的情势得以成立的。

2016年10月，在黄一新董事长的推动下，南京钢铁战略委员会拟定的20个战略课题的研究工作正式启动。在战略运营部的精心组织下，由各事业部、子分公司、机关职能部门抽调精干力量组成课题组，根据各项课题的研究方向分别承担研究任务。作为南京钢铁长期的合作伙伴，我公司组织了专门力量对该项研究进行全程咨询式辅导。

这次战略课题研究的组织工作做得十分出色。朱金宝、楚觉非等公司高管领导及时听取汇报，了解各课题研究进展，对课题研究及时纠偏，对下一步如何开展研究工作做出指示，而且多次参加课题组的讨论，对多个课题提出了宝贵的意见。战略运营部作为此次战略课题研究的具体组织者，在与课题组的沟通、时间协调、场地安排、研究进度把控上功不可没。

各课题组在前期调研、资料收集等基础工作中发挥各自优势，整理和挖掘内部资料，安排外出调研，利用各种资源从外部获取资料，为课题研究的成功打下了坚实的基础。各课题组在研究上也都下足了功夫，资料的研读、工具的使用、战略方向的选择、实施举措的确定都经过反复讨论，认真研究。大多数课题组的研究报告都反复修改，数易其稿，有的甚至推倒重来。其中，高效率生产、中厚板、特钢、电商物流等课题组参与人数多，规模较大。各部门负责人分头出任各课题组负责人，主持课题的研究。

这次南京钢铁有史以来规模最大的战略课题研究，带动了南钢中层干部和基层管理者的战略思考，正面效应十分明显。战略选择和实施当然要由高层管理者来决策，但整个管理层关于企业发展战略的思考价值同样不可估量，尤其是在经济发展进入新常态、钢铁行业去产能、制造业转型升级的大环境下，中层和基层的管理者关于战略的思考、对企业的转型发展以及未来战略的实施都有着相当正面的意义。

此次战略课题全面展开之前，南京钢铁上下普遍认为战略研究是高层管理者考虑的事情，与其他人无关，持这一看法的中高层管理者也不在少数。这次战略课题的研究，由事业部以及各子分公司的主要负责人担任各子课题主持人，中基层的管理者都参与其中，从而促使他们必须认真深入地思考南京钢铁发展的战略问题。这些积极的思考反过来又提升了管理者们的战略意识，彻底改变了过去那种只管干活、不管方向的状态，客观上起到了提升管理水平的作用。深度参与其中的干部借此课题研究，比较系统地厘清了自己所处行业、领域、专业的背景，较为深入地理解了企业目前的位置和困境，通过长时间的、方向明确的思考找准了企业前进的路线图。课题研究客观上也加强了干部队伍的思维训练，提高了逻辑能力和系统表达能力。

经过将近 10 个月的辛勤努力，各课题的研究任务基本完成，并形成研究报告。在 2017 年 9 月召开的战略课题研究总结会议上，战略委员会和咨询团队对全部 20 个战略课题进行了共同的评审，《国际化战略研究》等 6 个课题被评为一类课题，《高效率低成本生产战略研究》等 9 个课题被评为二类课题，其余 5 个课题被评为三类课题。

各课题组提交的研究报告中，涌现了很多有价值的战略思想和观点。

《国际化战略研究》从全面分析南京钢铁国际化的优势、劣势、机会和挑战入手，提出南京钢铁国际化管理、供应链国际化、技术国际化、人才国际化、投资和品牌国际化等具体目标；从组织架构优化、提升产品和利润的市场占有率、产能国际合作等方面构造国际化策略，划定了“一极、双核、三支点”的国际化战略重点。

《钢铁行业发展态势研究》提出钢铁行业竞争格局已由当初的“企业对企业”逐渐拓展为“平台对平台”模式，钢铁企业的出路在于通过价值链整合实现多元化发展。

《南钢智能制造战略研究》提出在现有信息系统基础上，借助物联网、互联网＋、云计算、大数据以及智能优化模型等技术，面向钢铁产品全生命周期，以提质增效、高效协同为中心，构建集智能装备、智能工厂、智能决策、智能互联于一体的智能制造体系（CPS），实现产品规模化生产与定制式制造相融合的钢铁智能化制造，从而为未来的智能制造指明了发展方向。

《特殊钢长材品种发展战略》《中厚板品种战略研究》两个产品课题对南京钢铁在不同市场环境下产品总量和效益的关联做了精确的计算分析，并据此提出不同市场环境下的产品优化组合战略、产品研发战略、产线分工战略和工艺创新战略。

《南京钢铁人才培养战略研究》全面分析了目前南京钢铁人才队伍“两多三低不均衡”的现状，指出企业转型过程中高层次人才数量不足是南京钢铁未来发展的短板，并有针对性地提出了拥有一流的人才队伍、形成一流的人才管理模式、达到一流的人才效能水平的“三个一流”人才培养战略。

在此，我们精选 14 篇战略研究论文编印成册，意义有三。

第一，作为南京钢铁历史上第一次由基层管理者参与的战略课题研究活动，既有可圈可点之处，又有诸多不足，编印成册的研究报告为大家提供了总结、评点、借鉴的文本；

第二，编印成册的研究报告虽然只是一个阶段性研究成果，仍然可以起到提升管理者的战略认识、熟悉战略研究路径、习惯战略思维、学会战略表达的作用，使企业整体战略管理水平得到提高；

第三，编印成册的战略报告较好地呈现了此次战略课题研究活动，或许对其他企业的战略研究起到抛砖引玉的作用，这将是此次战略课题研究的另一重要成就。

战略选择还是战略圆场？

战略战术概念首先出自军队。军队对战略战术的权威解释应该是军事经典《战争论》的作者克劳塞维茨：“战术是在战斗中使用军队的学问，战略是为了战争目的运用战斗的学问。前者研究战斗的方式，后者研究战斗的运用。”换句话说，战略是打什么仗、为什么要打这一仗；战术是怎么打好这一仗。

企业管理引入了“战略”这一术语，显然也是指企业在一个时间段该做什么、为什么做这些。于是，我们选择了美国专家弗雷德·R·戴维的定义：“企业战略指的是组织为了实现长期的生存和发展，在综合分析组织内部条件和外部环境的基础上做出的一系列带有全局性和长远性的谋划。”换个方式表述，即战略，一个字：谋；两个字：谋划；一个词组：一系列带有全局性和长远性的谋划。谋划是在综合分析内外部利弊的基础上做出的，目的是实现企业成长的科学化。

当今，企业家们都认为自己很清楚自己的战略是什么，非常清楚自己该做什么，企业的职业经理人团队更是认为这些是自不待言的。但是，我在我的企业管理顾问生涯中，发现多数企业在这个问题上往往并不清楚。且不说战略决策中的机会主义、匆忙轻率，就是态度认真的团队，也往往论证不力、逻辑不顺，最终结论漂浮，既没有证“是”又没有证“非”，把严肃的战略论证过程变成了一个为领导的思考或想象打圆场的过程，把对未来影响极大的科学研究过程变成了照应领导情感的人际关系过程。

我们在辅导某大型钢铁集团的多元化发展战略研究时，非常无奈地看到，研究小组的全部工作简直是在为负责人写工作报告提供资料。研究小组首先完全认可了领导提出的能源、环保领域投资的方向，根本没想过要论证。能源分新能源和新技术带来的能源节约，环保又分水、气、固废，全部收入囊中。就一个固废又可以展开为若干类别，比如危废，即有危害的固废。而危废中也还有分类，比如医疗垃圾。全部涵盖，没有筛选。投资方式也是林林总总，控股呢，参股呢？简单地热炒一下就撤呢，还是养成“半大猪”出让呢？资金来源或资金组织格式还是不加区分，自有资金、借贷资金和联合资本怎么出资？为什么这样出资？更加惊讶的是在这种“十全十美”的基础上又添上了很时髦的平台概念，真是不知道自己能耐有多大。简直是“人有多大胆，地有多高产”，似乎任何地方都是风口，任何“猪”都会“飞”。

但是，我们没有办法责备研究小组的成员，因为他们一直在围绕着领导的“战略目标”来“论证”：把集团多元产业公司打造成能源和环保全产业链布局的平台型公司。整个战略论证过程根本就没有取舍的意愿，于是做了一个“百宝囊”。当然，已有的投资实践使研究小组占有了大量的素材，经过主观裁剪把它塞在有关的条目下，作为领导战略定位的注脚。一眼扫过去，材料翔实，鸿篇巨制。但把逻辑的“放大镜”拿出来，略略一照，根本不能“自圆其说”。

战略不只是决定“应该做什么”，更关键的是要分析“能够做什么”。如果农民也是这样，强调粮食总是人们需要的，面对任何一块地，不论大小，就断定什么作物都可以种，什么作物都会丰收，最终把手头已有的种子都扔下去，你相信这家农场不破产？

在最初的辅导中，我们就反复告诫研究小组的各位同仁，战略的本质是让企业自身的条件与所遇到的机会相适应。有些基本步骤是必须严肃对待的：分析并识别外部环境的机遇和威胁，充分剖析企业内部的优势和劣势，科学评估机遇与资源是否是最佳匹配，最后“自己”得出战略选择。

但是，最后“论证”的结果还是完全“失却自我”了，为什么呢？我决不相信是小组成员完全不懂战略，不懂逻辑，不懂论证；其中有名牌大学出来的，还有全日制硕士。我想其中问题大约有三：一是唯上的“官文化”作怪，领导确定的都是对的；二是严格论证是艰苦的，只是圆个场就轻松得多；三是中国企业长期以来其实并没有什么战略，即使一时战略风气吹动，也没人相信它是“一件实事”。

在一家酒业集团，我们遭遇另一家同行，他们为该集团制定自己的“十三五”规划。据说因为上级给了该企业一个很高的规模指标，做规划的就开始“乔老爷乱点鸳鸯谱”，指标总算“分解”下去了，靠什么来支撑就管不了啦。

现在，轮到我们尴尬了。我们在协助集团高层研究品牌战略，根据各种因素分析，认定品牌必须做减法。如果让谁放弃主品牌的使用，他们一定会高叫“指标怎么完成”，哪怕让他对产品品种、规格、型号等采取收缩措施，都会让“诸侯”们哭出声来。虽然在规划的宣传过程中，很多下属公司原本不把这些指标当一回事，反正完成不了。这个时候却把两难选题交给我们来做：要么放弃品牌整顿，要么否决战略规划指标，但二者都是战略决策的范畴。

企业战略研究无非是三部曲：总结历史、认识现状、把握未来。历史从未达到的增速，没有特别的机缘和条件，简单压指标，是对历史的歪曲；如果不能投入配套资源，接受指标的下级单位必然会抵制或者阳奉阴违，关照现状就是瞒天过海。简单为领导提出的观点和目标背书，真是误人不浅；如果是咨询团队所为更说不过去，专家立场哪去了？

企业复苏指南——战略重启

新冠肺炎疫情突袭而至，民营企业没有国有企业所拥有的资源优势，如何顽强地活下去，怎样才能“危中见机”呢？靠战略重启。

面对新冠肺炎疫情，消费需求变了，市场份额变了，制造供应链变了，行业生态系统变了，劳动力供需关系变了，员工和管理者心态变了，企业就只能改变战略。

战略是什么？就是企业想做什么、对谁做、想做到什么水平、怎么做才能赢等。以前，中小企业做战略一般是按以下步骤展开：先将老板的意愿理解清楚，然后努力将老板的思路进行分解，对各类目标提出可实现路径以供选择。当然，很多企业所有者和经营者是一体的，也就没有那么多复杂的程序，但有一点是肯定的，那就是企业战略就是老板的意图。

但是，现阶段不可以这么做战略。因为各种变化太大了，老板的认知未必符合形势的变化，企业资源与市场的关系需要重新评估。要做到克劳塞维茨所说的“在决定性的地点把尽可能多的军队投入战斗”，否则就不是成绩如何的问题，而是未来还有没有资格参与的问题。

战略重启讨论的不是企业“怎么做”，而是重新评估、分析企业“做什么”。这次新冠肺炎疫情过后，过去的市场还在吗？多年培养的客户还能保住多少？以前的产品和服务会不会被取代？如果降低之前的产品价格，企业还能获利吗？长期合作的上下游企业还活着吗？行业纵深涉及的“海外关系”还能维持吗？

巴诺公司（Barners & Noble）CEO 莱恩·雷吉奥（Len Riggio）指出“清空思想和遗忘，与减肥和节食一样”。战略重启不是一般性改善，有可能是推倒重来。战略重启，需要忘掉“我有”，思考“他要”。即使研究不足，战略假设也是必需的。新战略提出后，以下 10 个问题对新战略假设作论证，仍行之有效。

（1）获利性，即能保留多大的获利空间；

（2）企业效率，能否借助效率降低成本，以保证市场竞争优势；

（3）成长性，提出的产品、品类的未来发展趋势怎么样，能否保证总资产的增值；

（4）资源的可获得性，包括原材料供应、行业技术支持、核心技术的垄断状态、全球化扭曲后互相依存的机会；

（5）声誉保证或者商誉支撑，本企业过去的历史对新战略是加分还是减分，如何采取措施获得更多的加分；

（6）新定位对员工的影响有多大，包括员工的工资、福利、培训和职业规划；

（7）对社会的贡献能否被认可，比如纳税会不会大幅减少，新产品和服务是不是当今社会比较短缺的；

（8）测算本企业在新市场能获得多大的市场份额，市场占有率才是市场核心竞争力；

（9）考虑自身技术的领先性，评估开发基础的坚实程度和行业创新能力；

（10）风险防范，什么情形会遭遇重大挫折，哪些因素可能招致企业破产。

战略重启的首要问题是产品（服务）定位，通过产品的重新定位，来保证企业的差异化。拿美国一般消费品来分析，美国现有的商品高达 100 万个库存单位（SKU），平均每个超级市场有 4 万个库存单位。而一个普通家庭的 80% ～ 85% 的需求，150 个库存单位就可以满足。也就是说，每个商场里往往有 39850 样东西很容易被消费者忽略。在新冠肺炎疫情破坏经济的背景下，消费者购买力下降，商品被忽略的情况可能会更严重。

《定位》的作者艾·里斯和杰克·特劳特给产品的区隔定位提出了9个词组：产品特性、制作方法、成为第一、做到最新、成为老大、传统、流行、产品线的宽度、市场专长。

我根据自己多年的实践，结合中小企业的实际，提出以下六种策略。

（1）人无我有；

（2）针锋相对，比如大企业借助超大设备的大规模，小企业可依靠手工制作满足小众需求；

（3）拾遗补阙，小企业可以做大企业不做的补充产品；

（4）攻击漏洞，任何企业（竞争对手）都是有漏洞的；

（5）变换维度，比如，大企业在做系统配套，小企业就立足于做精一个部分或几个零件；

（6）突显核心，比如企业核心能力是响应及时、交货迅速、售后处理流程简化等，继续做强这些方面。

战略重启不可以靠简单的“灵机一动”，小聪明糊弄不了大市场。虽然任何行动都有策略，都存在操作技术，但“一招鲜，吃遍天”的日子将不复存在，因为竞争者的创新力很强，追随者的学习力也很强。产品创新不能一蹴而就，仅靠一点销售技巧对产品重新包装，给人以产品创新的假象是不成立的。各种没有严密逻辑的假设对市场开发起不到任何帮助，“在每个人身上挣一块钱”似乎是“小目标”，但让每个人都听到你的声音、看到你的身影，却是一个巨大的工程。

还有一些创新受到深层文化惯性的影响，仅靠勇气是幼稚的，战略重启不能做“堂·吉诃德斗风车”的事。比如，与北京、上海、广州相比，在甘肃、广西、黑龙江创立西服品牌是比较难的，即使产品的面料、工艺、质量基本相同，甚至更胜一筹，但消费者还是很难对你的产品产生认同感。千万不要“一不小心，发现蓝海”，就像美军士兵手册上说的，“在你攻击前进时，如果完全没有遭遇抵抗，最大的可能是你掉进了陷阱。”

微时代品牌长什么样？

——《创品牌：移动互联网时代的品牌转型、打造与传播》序

品牌定义，每人皆自成一说。

我接触“品牌”概念很晚，最早看菲利普·科特勒的《营销管理》是1996年，当时好像是第8版，现在应该第14版了吧。那时虽学到品牌部分，但根本没有记住，更没有多琢磨。菲利普·科特勒在营销学上很权威，但他是站在“卖方”角度谈品牌，认为品牌就是卖方向买方提供的具有长久性的、有特点的、优质的产品和服务。

戴维·阿诺德的《品牌管理手册》则立足从“买方”说品牌，“从消费者对产品有形和无形的特点的感知中演化而来的”。联合利华董事长麦克尔·佩里也是立足于消费者视角，他的名言是“品牌是消费者如何感受一个产品，这种感受过程也是消费者和产品的交流过程，只有那些在交流过程中让消费者感到温馨、舒畅和满意的产品才能成为畅销不衰的品牌。”

我营销学的启蒙老师应该算孔繁任先生，20年前初次接触他，除了人帅，就觉得他在专业方面“高大上”，其实后来成为朋友才知道他不过大我两三岁。他谈品牌，很幽默地一语中的：“品牌就是糊涂的爱。”也是消费者角度。

后来，我自己也走上了管理研究的路。

品牌到底是什么？我认为需要厘清以下几个概念和层次。

品牌一定依附在产品和服务上，而服务包括知识层面和精神层面。

品牌所有者可以是个人、企业、社团、地区和国家。中国改革开放前上海轻工产品已形成地区品牌了，只是没有维护到今天；日本地区品牌“大田”已经起来了。

品牌必须品质稳定，使消费者根本不必顾虑其质量。我近年在贵州茅台出任管理顾问，社会上经常有人遭遇假茅台，但从来不会有人认为假冒伪劣的酒是茅台厂自己弄出来的。当然，并不是所有的品牌非得品质上乘。

品牌必有特别价值，或品质异于同类，或设计独具匠心，或承载深厚文化，总之一定有其他人所不能。这些特点培养艰难，一般将坚持很久，不轻易改变。

品牌有其外在表现形式，名称、术语、记号、标识、象征、图案、设计或组合等。

品牌一旦被消费者接受和认定，将产生依赖性和专注力。

品牌虽为无形资产，但作为法律意义上的实体，可以购买、出售和转让。

然而今天，我们要讨论的是微时代的品牌。

微时代最早大约因微博而起。作为传播媒介，微博以短小精炼为特征，传播速度快，而且传播的内容更具冲击力和震撼力。人们猛然发现，不超过140个字就完全可以实现有效传播和交流，包括信息和情感。当然，现在微博放开了，但给时代带来的影响是深刻的。

微博给人们带来的思考是，社交和信息传播是否可以更简单，更快捷。现在的问题不是能否把话说得清清楚楚，而是有没有必要说得那么清楚，人们越来越习惯于更加细微的信息分享手段和管道。

微博之后是微信，它们本来并不搭界，但共用一个“微”字，于是各种微词语相继面世。

微民，我们生活在这个时代，每个人都可以争取被社会广泛认同，人们完全可能借助微不足道的小事和微小的声音脱颖而出，就是一个“歪果仁”说的，“任何人都可以出名 15 分钟”。

微动力，任何一点点正能量都是可以积聚起很值得珍惜的力量。特别是微民的力量在看似无组织状态下迅速集结，那将是一股洪流，可能推动事件令人惊讶地以极快的速度发展。

微生活，既然有微民就存在微生活。普通人的生活原本细微琐碎，但微民的微生活如果“不约而同”，势必带来广泛影响，甚至几百年、上千年不易撼动的生活方式一夜之间土崩瓦解。

微店，在微博上卖东西，借助微信开店搞经营。因为有了互联网，尤其带 APP 的移动互联网，厉害的人在微店上把产品卖到全国的所有角落，我的同行写的文章不用投稿却可以让人点读后给赏钱，月入三万多元。

微营销，包括微店在内的一种低成本、高性价比的现代营销手段。微营销与传统营销方式相比，明显以小博大、以轻博重。通过“虚拟”与“现实”的互动，使得研发、产品、渠道、市场、传播、促销、客户关系等全面实现，只是更轻巧、更高效。

这种微民造就的借助微传播、微动力过上微生活的时代就叫微时代吧。

那么，微时代，品牌长什么样？

微时代是“长尾理论”盛行的时代，品牌不一定都在前面冠以“大”字，很多小品牌纷纷登上时代新舞台。

微时代品牌受众可以很小众，你没听说过的在执着者眼里完全可能是情人般地喜爱，是不二品牌。

微时代服务也是产品，甚至体验过程也成为产品，至少成为产品的重要组成部分。一些有创意的服务成为品牌的速度极快，快得不可想象。

微时代因为“免费”的逻辑，品牌不再是高价的代名词，品牌也可能“求着你”接受赠送。

微时代去中心化，“高大上”的人物和重点事件将越来越少，至少越来越不被“待见”。很多大品牌不会有那么多“盲从者”。

微时代人成为品牌的机会大增，一个人一旦“被粉”，黏性高的粉丝“看人消费”的机会越来越多，在“粉丝”眼里，偶像才是品牌，“盲从”就是了。

微时代机会多了，持久性就弱了。无论人和产品，长久成为众多人认可的品牌极为困难。

最后强调一点，只要不丧失学习力，微时代“年纪再大也不老”。我希望自己成为带领微民持续学习的品牌。

“公事私办”是一种企业文化病

“陈哥，今晚我请你去喝一杯。最近招聘入职的大学生岗前培训结束了吧？中南科大的四个给我采购部，法律和经济专业的，也说得通。”

“小胡妹妹，上次带给你的大枣好吃吗？下周再给你带点。发山东菏泽的货，帮哥插一下队。”

“袁叔，你知道的，我那个车间苦脏累，手套磨损比人家快一倍不止。这次多给我一百双哈。三八节我们车间去白云农场采草莓，姐妹们一定要我邀请你同去。”

“公事私办”，恰恰是企业文化的一种病。它导致目前尚且健康的企业机理受到伤害，如果进一步恶化，会严重破坏企业的规范化管理，最终会使企业文化扭曲变形。对于企业文化而言，非常像“高血压”，表面看此人红光满面，实则心血管系统出现堵塞，血液的正常流通愈来愈困难。

“公事私办”首要的危害就是破坏企业管理的规则，使原本比较正常的企业离规范化越来越远。步入科学管理的企业，任何事都应该有规则，而规则相当于企业范围内的法律，包括正当的流程、明确的程序、清晰的标准和严明的制度；如果任由这些“灵光”的人走捷径，天长日久，有样学样，谁还会在乎什么规则？虽然出发点是为了自己的部门，似乎并非“自私”；但毕业生分配的公平性因此而遭受破坏，对毕业生自己的职业生涯规划也是一种不负责任。

当然，企业管理即使讲求科学，追求规范化，也可能不尽人意。但是，如果通过“公事私办”去谋求“便利”，企业运营和管理的矛盾长期被掩盖，逐渐使整个组织没有改善和变革的意愿，更没有永续精进的动力和激情。企业一旦放弃了持续改善的法宝，还怎样成长？找小胡妹妹插队发货，好像也是“好心”，但销售部门发货的正常流程因此遭受破坏，即使原有流程不尽合理，也应该通过建议、提案甚至投诉方式引发变革，让企业在规则层面日渐进步。

因为少数“公事私办”的人逢山有隧道、遇水有舟船，企业的拉帮结派逐渐成为“正常”风气，“小帮会”组织也很容易滋生。这对按部就班、遵守制度的员工，特别是对职业化有期待的新员工，破坏力和杀伤力是不言而喻的。韩国三星集团的企业文化就明确提出自己的主张，反对“三会”（同乡会、同学会、战友会）在企业内小范围山头式的活动。德胜则更详细地规定，员工互相请吃饭一年不得超过两次，就是为了员工间的同事关系简单化、正常化。那个承诺邀请袁叔去采草莓的人，区区百十双手套不足挂齿，但这种行为遇到更大利益的诱惑和刺激时，你能想象出其发展趋势吗？

必须指出的是，那些办事有方、左右逢源的人，他们的“公事私办”也是有一定“代价”的，小恩小惠也好，请吃送礼也好，设局活动也好，土特产也好，纪念品也好，都不是天上掉下来的，都有成本一说。那些人那么聪明，你相信他是个人掏腰包吗？或者他会长期自我牺牲吗？最终是“羊毛出在猪身上”，这头“猪”就是本企业。少数人维护关系的成本往往与企业的内部腐败紧密相连，而且因为表面的“做好人”也容易蒙骗那些心存善意和为人本分的员工。

有人会说，你太大惊小怪了。中国本就是人情社会，在一个组织中生存，哪一个人能没有一点亲疏的人际关系呢？当然，谁也不能避开人间烟火。同事中难免有一些人情往来，女生拿点不常见的零食给姐妹们尝尝，男性得到几包好烟让兄弟们“共产”一把，显然无可厚非。但是，一旦尺寸失准，操作过头，就是一种错误。更重要的是要看动机，分析目的性，反腐政策也是要判断所谓“关系”是否“获利”，拉关系成为一种损公肥私的交易手段，自然涉嫌违规甚至违法。即使暂时看只是一点很小的“方便畅通”和“蝇头小利”，仍然应该认定为对企业文化的破坏。

任何企业，只要追求良性发展，就需要守住文化的底线，需要认定企业管理规则的刚性，不允许少数人耍小聪明，在规则面前绕行或跨过制度走捷径，管理者也一样做“规定动作”，甚至包括了企业的主要领导者也当减少乃至去掉“自选动作”。“公事私办”一旦成为一种暗流甚至成为一种风尚，企业当猛然醒悟，当机立断，予以“围剿”；同时，勤修“篱笆”，加强制度建设，对规则体系不断梳理，使之日臻完善，保证企业的良性运行。

强化知识产权管理，才能保护创造创新

中国知识产权管理起步较晚，2005 年才成立国家知识产权战略制定工作领导小组，正式启动国家知识产权战略制定工作；但发展还算迅速，现已建立起符合国际标准的法律体系，由《著作权法》《专利法》《商标法》《反不正当竞争法》等若干法律行政法规或规章、司法解释、相关国际条约等共同构成。

以发明专利看知识产权管理。中国发明专利数量连续多年保持世界第一。但是，“万人发明专利拥有量”才是衡量一个国家科研产出质量和市场应用水平的综合指标，截至 2019 年年底，中国的万人发明专利拥有量是 13.3 件。

再试图做一点“质量”分析。国家知识产权局数据显示，截至 2018 年 6 月底，世界知识产权组织划分的 35 个技术领域中，国内维持 10 年以上的有效发明专利数量在 28 个领域少于国外，我们不算“厉害国”。特别是在六个重点领域（光学、电机电气装置、音像技术、医学技术、运输、计算机技术），国内与国外差距明显。

知识产权管理的实施涉及独占实施权、进口权、转让权、实施许可权、放弃权和标记权等一系列具体权利，实际执行时所有权人的权利常常被侵害，有些是在侵权者不自知的情况下侵权的，社会大众比较普遍地对知识产权相关法律不了解。

十几年前，我因为一本管理学的小册子《细节决定成败》而“蹿红”。但是，一时名利双收的我面对大面积的侵权徒呼奈何。但正因为畅销，盗版也像蝗虫一样泛滥，据出版社的保守估计，盗版书数量是正版的三倍。我自己在北京紫竹桥的立交桥上就遇到卖盗版《细节决定成败》的，但我向这个卖盗版书的小女孩发泄没有任何意义，她背后的利益链条长得很，而且力量非常强大，我对那些人连瞪一眼都做不到。于是，我拿出 10 元钱，买下一本盗版书作为“时代的纪念”，然后弱弱地提醒小姑娘不要再卖了。

对知识产权的保护不力，对知识产权的不尊重，相当程度上影响了中国企业家的形象，使得国外企业在与我们合作中产生了很大的戒备心理。

2014 年我带队去德国考察，空客的德国生产基地勉强答应了我们“中国精细化管理考察团”进厂参观的请求，但相机、手机、录音笔一概不许带入。德方的接待人员跟我们的交流非常谨慎，回答问题常常欲言又止。尽管如此，我还是贪婪地问、仔细地记，谁知德国帅哥悄悄地问翻译“你们的团长记这么多，都记些什么呀？他是飞机厂的工程师吗？”因为参观线路很长，团队中有三位女士穿着高跟鞋走不动，要找地方坐下来休息，不再随队继续参观。德方不同意三位自己找地方“随意”休息，一定要叫一辆车把她们仨送到工厂大门口去“认真休息”，并且派一个人陪着。

因为知识产权管理不力，使国家和民族受到文化层面的质疑，再也不是小事情了。卢梭在《日内瓦手稿》中指出，“使人聚集的方法可以有很多种，但是使人们结合的方法却只有一种。”这个“一种”就是尊重知识，尊重契约，遵守一致认同具有普适性的规则，知识产权保护是这些需要尊重和遵守的重点内容。

这个世界已经全球化了，但我们还有很多人在世界公认的规则上始终坚持自己的惯有思维。好在我国已经加强知识产权管理，更希望像治霾一样下大力气整治知识产权管理的乱象。因为，知识产权管理已不只是国内的经济秩序问题，而是事关国家的国际社会认同的大问题，如果整治无效将严重影响中国与外部世界的全面合作。

同时，国家大力提倡自主创新，如果知识产权保护不力，对创造者、创新者保护不力，谁还有动力“甘坐冷板凳”持续创新呢？对企业、对国家都必然是一种更大的伤害。

保护生态是人类对众生的承诺

“生态”一词时髦起来，因为提出了“生态文明”。似乎言必称“生态”，已然“文明”了。

然而，从读到的文字看，大多关于生态的议论围绕的还是“人”的生存或生活。减少排污，因为人快要无法呼吸；不要砍树，因为树可以留住人必需的水；不要给鸡喂激素，因为人吃了这种鸡不好；不要消灭麻雀，因为还不知它以后对人有什么用。人们对生态的重视还极其功利，因为担心地球的供给难以为继，害怕大自然的疯狂报复。

这些，恰恰是人的狭隘，是人类的可怜，是社会文明的浅薄。

当然，人既于世，就需要谋生存。如果能让人活下去甚至活得很好却并不伤害环境，当然我们就举双手赞成。人们都知道欧洲有个小国家瑞典，却不一定清楚瑞典所有垃圾中非再生垃圾的比例只有 1%，欧洲国家平均值是 38%。瑞典人的生活垃圾有 36% 得到循环利用，14% 再生成化肥，49% 焚烧发电，通过垃圾焚烧为瑞典人提供了 20% 的城市供暖和 25 万人的家庭用电。瑞典的斯德哥尔摩甚至向欧洲邻国“要垃圾”，挪威就是向瑞典“支援垃圾”的主要国家。

我们本来只需要一杯水，但人们往往要霸占一条河。人类社会的科学研究及其发现、发明，基本上是围绕着人如何活得更满足而努力的；人很少去思考如何克制自身的欲望。人的贪欲到了不在乎伤害或毁灭其他一切的程度，即使已经有了觉醒的声音，但多数还是因为这种伤害或毁灭威胁到人类自身。

对于科学（特别是自然科学，更不用说生态科学），我是绝对的无知。但常识告诉我，这个地球不是只给人类使用的，地球需要哺育所有的物种。我们总说“人与自然都是生态系统中不可或缺的重要组成部分”，如果能和万物谈判，未必所有物种都理解人的“不可或缺”。人类不能等到仅剩一汪清水时才流出泪水，不能都快灭绝时才呼唤“华南虎，你在哪里”。生态，看来不是指人类生存的环境状态，而是所有生命共生的形态。保护生态是人类对众生的承诺，是对地球平衡的欣赏。

当下主流媒体介绍“生态文明”，都提道“三统一”，即人与人、人与环境、人与社会的所谓“协调发展”，但言下之意还是不要因为伤它而害己。人类一直自认为是地球的主宰，人对于与自然长期形成的理念是统治与被统治、征服与被征服的关系。

一个关于共生的观点叫“盖亚”（Gaia），取名于希腊神话中的大地女神。它的核心观念是，由地球上所有的生命构成的生物圈与其环境构成一种稳定的共生关系。有一本引起激烈争议的书叫《重返狼群》，美女作者与狼成为亲密的伙伴，我信，并祝福她。和狼友好相处颇为困难，但有人对蚂蚁的偏爱使之对宇宙的玄妙保持敬畏之心，他就是哈佛大学的爱德华·威尔逊。他在研究的“大头蚁属”（Pheidole）包括2000多个蚁种。他说自己从这种“最佳消遣活动”中产生了一种“似乎看到了造物主的真面目的感觉”。

你会说，那只是对职业的爱。我想引用另一位科学家伍迪·艾伦的一段名言，“如果我可以重新活一世，我会活在熟食店里。”你可以把它理解为人和宇宙变幻莫测，奥秘无穷；我则愿意引此说明人类别为一己之私太折腾。现代人在折腾中越来越觉得自身伟大得地球都装不下了，殊不知，人类谋求生存的科学之岛越多，无知的海岸线便越长。机器人爱好者中流传着一句很值得玩味的话——“机器人，你能把自己拆开吗？”人啊，你能在这个地球上把自己折腾成非生物吗？

中国的道家最值得骄傲的哲学理念就是，对大自然的认识极为深刻。我在青年时期的一本笔记本的扉页上，曾很虔诚地抄录过一句道家的诗：“野菜连根煮，松枝带毛烧。”只是，现代人有多少人喜欢这种调子？

梁漱溟说人生就三种关系：人与物的关系，人与人的关系，人与内心的关系。人们绞尽脑汁地摆弄与物的关系，为了物在调整与人的关系，唯独不花精力矫正与内心的关系。现代社会的病是不认同地球上的其他部类，对人以外的众生不懂得诚敬，不反观人的内心，不承认人类的渺小。有一组数据：地球的生命 45 亿年，细胞产生于 37 亿年前，如果把地球的整个生命长度压缩成 24 小时，生命则出现在最后半小时内，类人猿是在最后 20 多秒前演化成人类的，而现代文明的存在还不到 0.1 秒。前人有诗云：“自家心病自家知，起念还当把念医。只是心生心作病，心安哪有病来时。”觉念偏差，病害丛生。

前些年，我读过《浮生六记》。作者沈复几乎算是一生没有作为的人，在父亲眼里没出息，在妻子身边难以担当，在朋友圈中常常被骗，在官场职场更是无可圈点。然而，就是这么一个不被功利主义者瞧上一眼的人，用自己的一生去品味诗情、爱情、友情以及山水情，人生的丰满度不输与同时代的达官显贵。请允许我用《浮生六记》的一段诗文作为本文的结尾：“逢时遇景，拾翠寻芳。约几个知心密友，到野外溪旁，或琴棋适性，或曲水流觞；或说些善因果报，或论些今古兴亡；看花枝堆锦绣，听鸟语弄笙簧。”

掌门人与企业管理风格

——以茅台集团前任负责人李保芳为例

企业文化，特别是管理风格受强势领导者的影响很大，这在企业文化的相关研究中早有结论，国有企业也是如此。

2015 年 8 月李保芳“空降”茅台集团，履职茅台集团党委书记兼总经理，并在此后转任党委书记兼董事长，直到 2020 年离任。满打满算，李保芳在茅台集团的任职时间只有 5 年。虽然与历任“掌门人”相比在位时间较短，但李保芳还是以其踏实的工作作风和科学的治理手段改造了茅台集团的管理风格，提升了茅台集团的管理水平，在茅台集团发展史上烙上深深的印记。

1. 企业快速发展就是最大的“讲政治”

茅台酒厂是一家有着很好传承性的老字号企业，它的产品品质首先取决于坚守工艺的工匠精神。即使到了智能化的今天，茅台酒厂无论制曲、制酒还都是百年前的传统工艺，下沙、出酒的日子几乎“一百年不动摇”，制曲也没有采用机械设备，而是坚持女工脚踩，更不用说集技术和艺术于一身的勾调了。相对已然成为“奢侈品”的产品，生产过程完全是一道古色古香的风景。

到任茅台集团之前，李保芳的个人职业生涯几乎与食品工业没有交集，在白酒行业更算不上什么“行家”。因此，上任之后的李保芳坚决不做“外行指挥内行”之事，虽然也经常下车间，常常在凌晨4点与上早班的工人泡在一起，但主要是向一线工人了解制酒基础工艺和技术，从不对生产指手画脚。

然而，生产经典产品的企业未必在各个方面都有资格成为范本。恰恰因为，茅台新出基酒还只是在制品，需要存放5年才能勾调、包装出厂，成为真正的产品，企业运营过程中很多问题都经得起“积压”，不容易暴露。加之茅台品牌已经拉升得很高，企业利润率让别的行业（包括酒业同行）望尘莫及，在控制成本、运行效率等方面的不足也就不是十分突出，管理者和员工对此也不敏感。

在茅台酒生产领域，初来乍到的“掌门人”的确有一定的“陌生感”，但对茅台集团这样大型国有企业的管理，从业经历丰富的李保芳完全可以称得上是“行家里手”。他以敏锐的洞察力迅速发现了茅台集团在管理上的诸多缺陷和不足，在职业感和责任心的驱使下，从不在乎自己是过渡性领导者的身份，毅然决然地选择了变革。

变革的目的当然是企业的快速发展。在与我的频繁交流中，李保芳多次表示：茅台的发展是硬道理，能快则快，不留后路。试想，贵州省凭目前的资源和条件能拿出多少钱投入发展？即使投入又能保证新项目有良好的回报吗？就算论证过的非常优秀的项目获得100亿元的销售额，投入多大、周期多长？而茅台集团每年增长100亿元的销售额却是“跳起来就能摘得到的桃子”，况且茅台的销售额带来的利税率多高啊，是没有多少企业能比的。

2. 管理变革从流程改造开始

“保芳书记”是公司上下对李保芳的习惯性称呼，听起来好像挺亲切，但并没有几个人敢主动找他，因为太严肃，而且稍有闪失和纰漏他就统统地指出来，没有多少情面可讲。保芳书记甫一上任，就让“两办”（公司办和党办）的同事们快要“凉拌”了，毕竟办公室跟他打交道特别多，避是避不开的。

最初的几个月，被指正最多的是文件的传递。办公室的文秘人员常常按照过去的习惯，下面送上来的报告、请示，抬头写了谁就送交谁，抬头写给公司的自然就给总经理。但是，保芳书记不接受这一套，经常把送上来的文件退回办公室，要文秘人员斟酌该怎么传送。

后来（特别是他接任董事长之后）才知道，保芳书记下决心改变集团高层长期以来的“个人包打天下”的局面，希望任何事都走正常程序，不要大小事全部摆到第一负责人案头，既是规范管理流程，也是减少个人决策、拍板的机会，从而保护干部。办公室这才开始研究领导分工、各种会议的决策范围、文件的格式和流转程序，还得重新培训以熟悉各类文件的分类和善于判断文件的性质，为高层决策者整理出文件要点。

我也有一次因此而“中枪”。我们团队协助茅台企管部策划“精进管理年”活动，咨询老师们按照服务对象的惯例起草关于精进管理年的“决定”，并同步提交“实施方案”。保芳书记拿到这两份文件后很不满意。次日，保芳书记与我和项目组组长不期而遇。他毫不客气地对项目组长说：“你们怎么出文件的！班子还没有认真研究，你们就制定实施方案？你是总经理还是我是总经理？就是我，也不能一个人说了算呀。”项目组长辩解说：“我们是按企管部的要求着手起草文件的。”保芳书记声音更大了：“你们是老师，我们的人不懂，你们老师也不懂？”他转头看了我一眼，继续对项目组长训斥道：“汪老师不常驻茅台，你们天天在茅台，你们得有责任心。”尽管保芳书记给了我一丁点面子，但我更加清醒地认识到，我们团队的努力与这位“领导”的要求还有不小的差距，而且这位“领导”绝对不讲情面。

其实，保芳书记只是希望我们的团队作为第三方不要助长茅台高层甚至中层擅自主张的工作习惯，作为指导老师必须引导管理层逐渐建立流程意识，减少个人简单判断和决策的风险，让茅台集团以后少犯错误。

3.“把小事做细，把细事做透”

管理者，特别是高层管理者，理论上自己一般不去做很具体的事，但偶尔沉到底做透一件事是非常有意义的，它会带来示范效应，会展示一种风格和取向。

茅台集团2016年秋天对内部职工子女的招工招考，就让人耳目一新。

茅台集团的招工从来就是热点，毕竟本科生进茅台集团当车间工人是很多学生及其家长认同的。之所以吸引人们的眼光，还有一个重要因素就是人们对公平公正的热切期望。

保芳书记提出，做好招工招考首先是系统制定规则，并辅之以一系列的措施保证规则的严格执行。要把可能出漏洞的地方先发掘出来，从前补锅的师傅先要把旧锅裂缝周边的腐烂部分都敲开。保芳书记还特别提出要防止“特殊情况下”出现的“灵活性”，只要一松动能飞进一只“蚊子”，就可能跟进几头“大象”。中国太多这种情况：规则中一旦出现“原则上”松动，就已经为破坏原则打开了缺口。比如体能测试，无论标准是否科学合理，一视同仁，硬指标。体能测试不合格者不得参加文化考试，招录资格自动失效。

招工第一步就是资格审查，然后办理报名手续。茅台集团对办理手续好像比较宽松，允许补办，也可以由政府户籍管理机构出具证明。但背后的动作却十分严谨，茅台集团党办专门向当地市政府呈文，强烈要求户籍部门严格配合，如弄虚作假追究法纪责任。在提交的材料中，本人备注上书面承诺，发现作假进到任何阶段一律无效，并记入在厂父母的档案。招录环节也是“铁板”一块，按计划数从高分到低分1:1录用，不预留指标，不增加计划，不扩大比例，这样做堵死了各种“关系户”的“绿色通道”。

在考试环节，异地委托第三方命题、阅卷；准备三套试题，全部按考生数印刷，现场由监督方任抽一份开考，另外两份即时作废；试卷全程监督押运。这一点，典型的细节管理，只是成本有点高。

监督当然有官方的监察室和厂务公开办，但保芳书记不满足于常规的组织监督。谁最关心这件事的公平？当然是应聘者的家长。于是，让员工成立“员工子女招录监督委员会”，15 名成员中 13 名是应聘者的家长，而且把他们的电话公开，便于其他员工提意见，包括举报。

由于工作做得很细很透，招录工作获得有史以来最好的评价。

这次招工，人事处长的儿子被挡在门外。出人意料，但反映出公平。

4.“风正”才能“人和”

最近两年的茅台集团，备受关注的是酒的价格扶摇直上和大批干部纷纷跌落，而干部的集中下滑与酒价的长期高位紧密相关。保芳书记调入茅台集团一开始并不是“一把手”，但作为党委书记在廉政建设方面必须做出表率。

许多人对他初入茅台集团不转工资关系表示不解，上市公司老总合法的年薪比政府厅局干部高出很多倍。试想，合法进入腰包的 200 万元年薪都不要，想拉关系的拿点钱“意思一下”，你认为可能吗？保芳书记一到茅台集团，就给了外人“不粘锅”的印象，确实也省去了很多利益纠缠。

我在茅台集团四五年，在工作上与保芳书记交往特别频繁，但没找他批过一瓶酒，更没有为任何经销商争取过指标。某年国庆节，我自购两瓶酒让他签名留作纪念，他总算表示了一下说，这是应该做的。

某年夏天的一个中午，已是茅台集团董事长的保芳书记让我帮他陪客。来客当年与李父一起从河北到贵州大山里谋生，是李保芳的长辈，两家关系十分密切。这位长辈的儿子在六盘水开了一间初具规模的酒店，这次也随父一同前来。席间，李保芳陪父子俩喝了几杯酒后，才“挤牙膏”一样把他们此行的目的挤了出来——想做茅台酒的经销商。开酒店的这位小老板出门前一定打过如意算盘：我爸跟他爸那是什么关系？煤矿的生死弟兄，那我跟他也算兄弟啊，现在咱哥当上了茅台的一把手，开间茅台专卖店还有什么问题？给谁卖不是卖。但保芳书记敬了小弟一杯酒说：茅台酒给你指标就是钱，我不能给你卖，也没这个权力。但是，我今天还是可以让人带你去买几箱酒，拿回去不能转卖，留作招待贵客或托人办事。

这就是我眼中的“保芳书记”：洞察力敏锐，大局意识强，工作作风严谨，管理思维先进，清正廉洁而又不失情义。虽然在茅台集团的工作时间只有短短的 5 年，但他的工作方法和工作能力，对茅台集团管理风格的改造，以及由此而产生的工作成果，在茅台集团的发展史上绝对是浓墨重彩的一页。

业、企业、企业传承

——写在刘靖民老师《家族企业传承》之后

刘靖民老师的《家族企业传承》一书将面市，适时地谈一个重要的话题。老刘的重点放在怎么传承上，极具指导意义。

读完全书，我倒想到书外的一个话题：传承什么？

业是什么？业有四解：职业，“努力打好这份工”说的就是职业；家业，老刘给出的方法主要是针对家业的，当然包括了这份使家业增长的载体——家族企业；行业，30 多年前读到比尔 · 盖茨的《未来之路》属于这一类的书，指出了人类社会信息化时代的行业方向；事业，《易经·系辞》：“举而措之于天下之民，谓之事业。”

企业不是“业”的一种？可以算，但很勉强。上面我说它只是家业的载体，积聚家业的一种工具。非家族企业呢？一样，一群人家业兴旺的外壳。有人会骂我说，你搞企业管理研究，竟然这样看待企业。

在刘老师的书同步再版的是我和王筱宇老师合著的《中国需要工业精神》，其中有一段话是这样的：“中国需要工业精神的呼喊，唤起了中国社会对企业竞争力、行业前景、民族实力、国家后劲、企业家境界、历史责任以及对人类贡献的思考。一个民族的工业化应该有一种担当，一个国家的企业家群体应该有一种信仰。”不知，看官能读到其中的丝丝凉意吗？

企业传承，除了财富和财富的器皿之外，还需要传承什么？刘老师可能会在下本书中讲吧。他先是在大学教书，后来做大学办的企业，现在做企业传承研究，厚积而薄发。我想，刘老师一定有思考。

手边正好有些资料，可以佐证我的心冷不是无病呻吟。此前《福布斯》发布的 2015 年全球家族企业 100 强榜单，中国大陆企业无一上榜。中国企业不是有 100 家都进入世界 500 强了吗？中国一向以家庭导向型文化著称，家族企业怎么会不强？中国企业都在做大，但历史排在第一名的日本企业金刚组，2005 年全年的销售额也不过 1 亿美元。研究还发现，全球最古老的 100 家长寿企业甚至知名度都非常低，并不“驰名世界”。

话说回来，家业也的确需要传承。我也一样希望有一大笔家业能从老爸那里转交给我，遗憾的是我家祖祖辈辈都是农民，而且到父亲一代没有土地，有什么可传承的？一间瓦房总算一份家业，准备兄弟俩过几年再分了，殊不知 1998 年一场大洪水冲了个无影无踪。

家业没有也罢，有家业我也未必能传承下来。《福布斯》2014 年年发布的《中国现代家族企业调查报告》显示，在所有 2528 家 A 股上市公司中，747 家是民营上市的家族企业，其中完成二代接班的只有 10%。

做案例不易，
管理哲学案例更难

海波教授又推出一套案例集了，也是蛮拼的。

结构上，分为案例推荐辞、案例正文和案例使用说明三个部分；具体内容大卸八块：教学目的与用途、启发思考题、分析思路、理论依据与分析、背景信息、关键要点、建议课堂计划和相关参考资料。这种做法大大强化了案例的实用性。毕竟给众多企业做咨询、当顾问，比只会“搬书”的老师当然不同。

其实案例是不容易写的。并不是案例不能给学习者以启发，恰恰是给予的启发太直接、太明显了。这个世界一共有两种案例，一种是包括哈佛案例和海波案例在内的编辑出来的案例，还有一种则发生在企业运行过程中。前者，层次清晰，结构明朗，逻辑严密，前因后果，不出所料；后者，除了时间层次是清楚的，结果盈亏是明朗的，其他一切都可能是混乱的，甚至资讯相互矛盾、观点互相对立、现象真假莫辨、结果匪夷所思。

小时候学算术和大一点学数学，一个习题，如果你还有给出的条件没用上，不用说题目肯定做错了，如果发现给出的条件不够，题目肯定也做不出来。企业管理则完全不会这么清清爽爽，每天太多的事情发生，情理之中的，意料之外的，加之环境的变幻无常，还有人心的深不可测，假信息是真的，好结果是坏的，看得见的模糊，摸得着的虚空。难的是你必须在混乱中抽丝剥茧，更难的是有时还不给你足够的分析时间。有些重要决

策完全可能是从一个细节中得到的启发，而这些细节显然不可能写到案例中去；企业管理高层从日常细节中分离出战略信息也并不少见，而案例根本不可能说得清楚这种细节捕捉的奥妙。《公司战略计划》一书提道，“从树木看到森林根本不是恰当的比喻，因为机会很可能埋藏于树叶下面。从空中看去，森林像一块普通的绿地毯，并不是本来的复杂生命系统。”整理出的案例，既要交代清楚森林，又要重点展示那棵树，已经很难，如果还不想放弃“必要的”树叶就难上加难了。

案例篇幅所限，不可能实时录像般地记录企业正在发生的一切。我突然想起一本似乎很搞笑的书，书名叫《魔鬼辞典》，但作者安布罗斯·皮尔斯提出过一个很严肃的观点，“教育：名词，向聪明人展示并向蠢人掩饰他们理解力的缺乏。”我不敢这样评价教育，也不能这样谈论案例，但案例实在不好写。案例只是个例子，但很难成为一个整体化的案子。在《管理者而非 MBA》一书中，亨利·明茨伯格说，“我并没有拿到工商管理硕士学位，倒的确教过 15 年 MBA 课程。我忍无可忍，要求院长减少我的教学任务，并相应降低我的工资。在我认识的管理实践和我认为意在培养管理者的课堂教学之间，存在着太多的脱节。”案例教学大约就是为了弥合这种脱节。企业管理是一种实践，它将大量的技巧（**经验**）、一定程度的艺术（**洞察力**）和一些科学（**分析**）结合在一起。案例来自企业的实践并希望补充学生的实践，但终究这些精心裁剪过的案例很难如实传导企业的实践。

偏偏海波老师的这套案例集讨论的是企业文化，或者说是管理哲学。不消说，更难。

书中的案例，要么是弟子规、阳明学，要么是中庸之道、仁本思想。本案例集中，有一案例主角经常提道“应用之妙，全在一心。”谁敢说，这个说法不对呢？不要说“怎么办”的应用，就是“是什么”的概念，都“在一心”。在管理学的框架下讨论文化和哲学，依我个人感受，经常有用斗量水的感觉，很难搞清楚子丑寅卯。大约中国擅于从长计议；而欧美倾向于立竿见影出成果。案例书对更多接受欧美舶来的管理学的读者，去深切感悟案例中带来的文化和哲学的思考不是轻而易举的事。如果案例写华为的制度让员工有危机感好像方便一些，比如可以写华为工作满 8 年的员工要辞职，如果还想在华为工作就要重新接受面试。这样写不仅容易懂，而且易于模仿。

有一个案例说的是中原地产的施永青先生悟出“无为而治”的管理哲学。理解老庄，实在吃力。当年曾任安徽大学校长的庄子研究者刘文典认为，中国懂庄子的就两个半：庄子自己是一个，他刘文典算一个，还有半个是谁不知道。难乎哉？难矣！就“无为而治”四字，真能理解的人怕是不多。老子说“我无为而民自化”，民到底是怎样被教化的呢？施老板说“上司无为，下属必有为”，到底上和下为的着力点在哪？上司不为的“低洼地”，下属的“水”一定会流进去而填满它？

施永青先生理解的“无为”是放下琐碎事务，抓好战略和用人。“无为”是这样的吗？这就是“无为”？施先生确实是这样“无为”的？重要的话，说三遍。我还是不能确定。前几天收到我的一位同事从某课堂抄来的一段话，“大企业家只做三件事：融资、用人、喝茶。”后面特别括号加上四个字“绝对精辟”。同事知道我不是大企业家，发来这样的“金句”，无非提醒我不用做细节。至今，我也没想清楚是不是企业的所有细节我都不该做或不用做，但我还是放心不下这位同事交给南京某客户的《项目建议书》，里面好几个错别字，连“坐飞机”都成了“做飞机”，真是“财大气粗”啊！终于明白，中国部分企业主怎么一夜之间在办公室里大板台、大转椅之外，都架上了很夸张的独木茶几，茶具也都精美绝伦，谈起茶道比对自己所在的行业更为精通。

翻阅施永青先生的博客，看到其中的举例，议论的是员工着装：女员工到底应该穿裤子、裙子还是裙裤？结果不重要了，“无为”的中原地产一定很好地解决了它。只是，我突然疑惑起来，坚持“无为而无不为”观点的施董事长，写文章琢磨裙与裤这个细节，是不是也像老和尚背女人过河，让小和尚心里放不下呢。在本案例集中，另一个案例的主人公是德胜洋楼的聂圣哲。他对谁出任工程总监都不管，完全由员工民主产生；公司聘请的职业总经理连办公桌都没有，不过分说算是“几无立锥之地”；任何员工可以申请“因公睡眠”，有权“公车私用”；对所有人的报账从不签字，也没有任何干部签字，会计都不审查；但是，马桶怎么洗刷，完整的流程文件硬是聂圣哲自己亲自“入卫”逐条写出来的。这个聂先生算“无为”呢，还是“有为”呢？施总提出了“自组织理论”，认为企业是自体生发系统，当然是非常理想的逻辑，但前提条件几何，我不得而知。施永青还认为，管理是在违反天道，管理在某种程度上是不道德的，这显然大大突破了管理学的根本价值观，任何组织都是需要管理的，德国都提出家庭管理，个人也至少存在物品的管理和时间的管理。天道一概否定这些，都可能违背道德?

我还真不具备能力评价施先生的价值观的高下，更无充足事实证明中原地产的管理思想是否正确，但以管理科学的逻辑来参悟哲学思考的案例实在太难啊。

另一个印象深刻的案例是晓芹公司的“孝营销”。我丝毫不怀疑王晓芹是一个“孝人”，就像我不怀疑“孝营销”的“孝”是为了“营销”一样。卖海参、鲍鱼和甲鱼的晓芹公司并非孝文化展览馆，而是以孝文化为包装、以销售效果为追求的高端水产贸易公司。这些也算名贵的食品，以孝的名义劝消费者去买，有助于释放消费者奢侈消费的道德压力，又因为“孝”是无价的也就减弱了价格偏高的谈判难度。

中国文字，“孝”和“销”是同样的发音，如同这家在海边大连长大的公司名称和老板名字完全相同。晓芹公司的业务已扩展到 26 个省市的 130 多个城市，渠道发展到 320 家，做得真不赖，“销”才是硬道理，王晓芹非常明白。所以，等到 2011 年发财了之后，王晓芹并没有“以孝文化为出发点”创立孝道基金会或慈善会，而是再次为了“营销”去开发胶原蛋白肽系列产品。我理解，深加工的产品不容易分析出真实的成本，利润可能比卖原汁原味的产品高一些。

孝，成了晓芹公司的管理哲学的一部分？也许，是吧。但更为普遍的现象是，很多企业一再对外捐赠，20 万元捐个希望学校，却拿了 30 万去做捐赠宣传，你相信他的管理哲学是“振兴教育”吗？自己的员工可能在借钱交房租，中餐不知选哪家的盒饭，企业主却根本不管，企业文化可以包含员工幸福吗？

某年夏天，“德胜：中国企业管理模式高端论坛”中我发表主题演讲——《德胜，你不想学》。有一段话是这样的：德胜你学不会，严格来说是你根本不想学。你只认同它的某些手段，这些手段很容易被理解为小聪明；而德胜是非常反对小聪明的，“不走捷径”就是反对小聪明。

为了培养未来企业管理人才的案例很难写，为了影响企业家树立正确的价值观，建立自己的管理哲学体系非常难。好在，海波不畏其难地开了头，总该值得鼓励；也许悟性好的读者，比我更用心地读，会化解其中管理哲学的深奥。

商学院课程或缺个人成长案例

——黄少车《商学院师兄》序

商学院（Business School）显然是舶来品，起源于美国。早在1819年，巴黎高等商学院（也就是现在的欧洲管理学院）已成立，但开时代先河的新式商学院普遍认为是1881年成立的宾夕法尼亚大学沃顿商学院。1900年达特茅斯大学塔克商学院成立了首个工商管理硕士研究所，给学生授予“商学硕士”（Master of Commercial Science）学位，商学院的整体声誉得到很大提高。但真正授予在职研究生“工商管理理学硕士”（Master of Science in Business Administration）学位的是美国约翰霍普金斯大学。今天广为人知的“MBA”学位则由哈佛商学院于1910年首次授予。

中国的商学院也不算晚，国立东南大学（后改名国立中央大学和南京大学）于1917年把商科从南京迁移到了上海，1921年组建成立上海商科大学（亦即今天的上海财经大学），开设了普通商业、会计、工商管理、银行理财、国际贸易、交通运输和保险7个系，开设的学程达54种（本科38种、预科8种、夜校8种），这便是中国首个专业性较强的商学院。也有人认为，真正意义的现代商学院，中国到1990年才出现。

我并不从事商学院史研究。虽然各类性质的学校很多都称商学院，但具体为能授予工商管理学位的高等教育学校开设学科一般有：会计、统计、国际贸易、财政、税务、财务、金融、市场营销、组织行为学、公共关系、企业管理、企业战略、人力资源等，近年信息系统、电子商务、物流、特许经营等更新颖的课程开始流行。

现在摆在读者面前的这本书，书名《商学院师兄》是我取的。作者黄少车毕业于湖南商学院，走出校门后一直在企业界历练，从小业务员做到中型企业的总监，他十年间出入“战壕”的经历和身披“硝烟”的感悟正是商学院的学生很难得到的，也是商学院老师很难给到的。当然，到目前为止，还没有人称本书作者为企业家，中国称“企业家”是要先评估其资产的，与是否懂得或精通企业管理无关；但绝大多数商学院的学生，毕业后做企业主的不会太多，更多人也当不了“土豪”，绝大多数同学的职业生涯规划是职业经理人，黄少车通过这本书反映出来的商学院学生的个人成长之路，对于师弟师妹们更是难得的现身说法。

我不是商学院毕业的，那时候也没有这么时髦的学院和专业，但就我商海沉浮的阅历和虚长的年岁而言，我可以算黄少车的师兄了，那么在读商学院的“童鞋”可以叫我大师兄。如果以大师兄自居，我还不能说这本《商学院师兄》是商学院学生的必读书，但就眼下这个时代的中国商学院而言，怕是少有与之价值接近而更接地气的课外读本了。

思想工作如何做？

设置专业思想工作者岗位，是中国包括企业在内的各类组织的一大特点，民营企业也差不多跟上来了。即使没有专职人员，中国文化认定的管理者必然身兼思想工作干部的责任。因此，企业思想工作就自然上升为重要工作。

1. 换我心，为你心，始知相忆深（顾敻《诉衷情·永夜抛人何处去》）

《曾国藩家书》大家都知道。但是，《曾国藩家书》中有一大半我不喜欢，最不喜欢的是曾国藩给儿子写的信。作为家长的曾国藩跟我们很多家长一样，喜欢把自己都做不到的对儿子提出要求。我当年考第二名，我爸还批评我，听说他自己当年都倒数第二。

曾国藩的家书当中，我特别喜欢的是他给弟弟们写的书信。他几个弟弟都比较厉害：九弟曾国荃，南京应该算他打下来的；似乎默默无闻的大弟弟澄弟，在家里维持着整个家族的大后方，照顾着父母；特别聪明的六弟温弟，后来在战场上轻敌，犯了严重的错误，曾国藩就让他隐姓埋名，从此在人间蒸发。曾国藩跟这几个弟弟写了很多信，后人把这些书信汇成一本集子叫《曾国藩与弟书》（钟叔河编），我就特别喜欢。给弟弟写信，真实。兄弟之间见识、阅历接近，不存在唯上和虚下的问题。

企业的思想工作，以家长的身份还是兄长的身份更恰当？现在人们习惯思想政治并称，或者把思想工作与思想教育混为一谈。但思想工作并不一定是政治工作，尤其在企业。教育的概念用在企业同事之间也不合适，教育的前提是施教者始终正确。

企业的思想工作与业务工作有很大的区别。业务是逻辑清晰的，思想却可以怀疑；业务更多可以是命令，而思想工作必须被理解；业务工作立竿见影，而思想工作潜移默化。

思想工作者的平等态度和本真诚恳是做好工作的基本前提。

2. 用我三生烟火，换你一世迷离（蒲松龄《聊斋志异》）

思想工作要以鼓励为主。思想工作者要带着爱去做工作，哪怕今天我要批评你，但我首先表扬你，尤其是被批评多的人，表扬难得他就更需要。做思想工作的目的是帮人，并不是把指责和发泄当作工作任务来完成。如果你批评我一顿，只是为了完成你的任务，或者是为了你的工作成绩，你是很自私的，人家根本就不相信你。

现在 90 后很多是独生子女，过去的 20 多年挨的骂、受到的指责都没有初入职场一个月获得的多。今日的家庭和学校都在强调赏识教育，到了企业却冰火两重天。员工上岗后习惯养成还没到位，非常容易出错。我经常讲，员工犯错，天经地义。没有人是为岗位而生的，进入企业也是来体验世界的，这个体验包括失败的体验，包括犯错的体验。管理的目的就是借助规则体系、培训教育和思想工作等使我们的下属犯错误的概率降低，直至趋近于零。

讲一个叶圣陶的故事。有一个学生打架了，叶圣陶把他叫到办公室。学生一进门叶老师就给了他一颗糖，说“我叫你来你就来了，很好，奖你一颗糖”。之后问他为什么打架，学生就把打架的过程说了出来，叶老师又给他一颗糖，说“你能真实地说出事实，很好，再奖你一颗糖”。再问他为什么要用打架的方式来解决矛盾，学生说，“我不服气，那个人在欺负女同学”，叶老师又给了他一颗糖，“你有正义感”。给了好几颗糖之后，叶老师说：“我认为你很多方面是好的，但你打架仍然是不对的。”这时，那个学生就完全接受了。叶圣陶的做法不仅是教育工作的技巧，也是思想工作的范本。

社会培训强调三个东西：态度，知识，技能。我们过去各类企业对态度强调得足够多，思想工作过多地强调态度，容易给人以错觉或误解，似乎任何一件事做得不够好，首先就是不认真，不用心，不服从，没有责任感。思维上，我们经常有一个漏洞，就是把一个主要条件等同于充分条件，过多地强调态度就很容易以偏概全，以态度问题掩盖了所有的其他问题。

一开始就对别人的态度进行指责，人家在心理上就被挫伤了，会认为你从根本上就把他否定了。你在这个基础上再去给他讲管理、讲规范性、讲知识、补技能，效果就很不好。当一个员工被领导指责态度不端正，特别是被高级别的领导训斥的时候，后面训什么已经听不见，不可能有心思去听。这个人已经掉入人格的自责当中，再认真听你分析问题已经没有价值了。而根据心理学的定律，人的记忆往往会逐渐减弱，对于一桩事物的认识，能深刻记住的也仅仅是开头的几句话。如果开头就是批评，开头的指责之挫伤比后来的苦口婆心之教育威力大得多。

有一种“画脑图”的工具。出现任何一件事，把各种因素画出来，在你面前会呈现出一个系统。态度只是系统中各因素中的一个。而且即使是态度因素，也得进一步分析态度形成的原因，其中有没有不可控因素，有没有公司自身的因素。思想工作者的工作，要对员工负责任。

3. 忆君心似西江水，日夜东流无歇时（鱼玄机《江陵愁望寄子安》）

做思想工作，从技术层面看首先是知识量。知识结构不同是很正常的，但知识量一定要比一般人大，否则你的资格就要被怀疑。不要认为思想工作者没有明确的、专业要求似乎就不需要学问和水平，反倒是无法完全靠以身作则就更需要学识为基础。我不属于智商很高的人，但我至少会选择一两个点下功夫，让自己知道得比别人多，理解得比别人深。短板是补不完的，但是竖长板是必要且可行的。你没有一块长板，别人没有仰视你的理由。

关于知识，存在一个常识的误区，那就是往往“知”与“识”不分。“知”和“识”是两个东西，“知”就是我们现在讲的知识，“识”是见识，包括你的观点、认知、悟性、境界。做思想工作的人对“识”理解不够，就会变成搬运工，贩卖知识，上级的，领导的，报纸的。

很多人所谓的思想工作，只是对人念文件，这就只是一个“二传手”，甚至只是一个收发员。如果是收发，怎么可以说是一个专业干部呢。这个岗位什么人都可以干，你的价值在哪里？可悲的是，当前思想工作者群体中，滥竽充数的太多了，与技术部门、工艺部门、财务部门比，几乎无法讨论专业性。

仅仅通过“知”拉不开距离。一块芯片就比上百人的“知”加起来都多，你能有多少的“知”呢；但是“识”就不同了，它除了基本的知识储备以外，还有一些逻辑能力起作用，有分析能力、推理能力、判断能力、综合能力，有把各种不相干的知识串联起来的能力，有能把一些表面的东西去掉之后深入的能力。做思想工作的人，如果永远只能给人唯一正确的答案，人家还需要你吗？

4．人生交契无老少，论交何必先同调（杜甫《徒步归行》）

思想工作必须去俗套，去格式化，不要什么都老一套，拾人牙慧。把所有东西都装在同一个“套子”里面，只能在那个“套子”里面拿东西，去掉这个“套子”就什么都没有了。甚至用词都得更新，全都老掉牙的话，了无新意，令人生厌。

思想工作当然得有思想，而且这思想不至于是搬来的思想，要有自己的认知，要再加工，至少要结合眼前的实际。一块牛排，切成一条一条，一块块地去消化，他会觉得这个牛排的味道很好；拿一个大牛排无从下口，再美味也不行。我们这些专业干部还是要有一个初级消化的过程，把思想进行二次加工。当然，今天这么创造性地做思想工作可能存在一定风险，你把握不准，可能会跑偏，尤其国有企业。但是，我相信，改革开放四十年了，我们的上级不会那么随便去指责下面的干部，我们凭自己的水平去理解，结合实际作分解，也不会错到离谱。再说，我们还有领导的指导、把关和纠正。

泪纵能干终有迹，语多难寄反无词（陈端生《寄外》）。思想工作的方法和注意事项千千万，不是一两篇短文能说清楚的，加之以管理科学的角度研究思想工作的人极少，如何展开都只能是蜻蜓点水。热情永远是第一位的，不喜爱的岗位是很难干得好的，何况无法标准化的思想工作岗位。李白的《把酒问月·故人贾淳令予问之》诗中有云“人攀明月不可得，月行却与人相随”，大约能达我意。

谁来破解互联网思维？

好多年没有通读过一本财经类杂志，这期《中欧商业评论》（2013 年第 12 期）却全部阅读，包括广告。我把这期杂志当作一本专题集中的书来读，如果给这期杂志确定一个题目，可以是《七嘴八舌说互联网思维》。

我们必须承认，中国社会已经进入或正在进入互联网时代；但是，互联网企业如何界定，互联网企业的特征有哪些，什么是互联网思维，互联网精神又是什么，非互联网企业有无必要和如何接近或发展成为互联网企业，什么样的社会才是互联网社会等问题都非常值得讨论。人们急切万分地想得到答案，媒体也当仁不让地就此热心地教育着读者。显然，目前各家媒体尽管火力颇为集中，但讨论实际上还只是停留在互联网企业特征（最多是互联网商业要素）上，还没有（也没来得及）更大范围地触及互联网社会、互联网城市、互联网政府、互联网教育以及互联网军事等。

本期《中欧商业评论》不仅以《新世界生存秘籍》《小米手机：让产品有爱》等 7 篇重头文章来衬托封面文章《互联网思维：传统企业的自救法则》，根据采访整理而成的陈明哲教授的文章《为何看不见、看不懂、看不起？》无疑也是围绕互联网思维来展开的，两篇短文《阿芙精油拒绝 KPI》和《韩都衣舍创新“买手制”》就是很精巧的互联网思维的案例文章，就连占篇幅最大的传统企业的人物专访《张瑞敏：全球化即本土化》也不忘掺和进来“拥抱创新，拥抱互联网”，而作为“罗辑思维”创始人的罗振宇在《组织转型，先“自毁三观”》中谈任何一个观点都不可能不是互联网思维。

但是，当我看到杂志内页的《胡润百富周年庆典》广告不禁哑然失笑，“中国最受尊敬年度人物”和“中国最受尊敬企业家”照片上展出了7位，其中5位是地产大亨，虽然我个人很欣赏其中颇具智慧的冯仑，但他却不具备互联网思维，可见互联网思维的讨论在中国任重而道远。

本期人物采访中，尽管大腕张瑞敏本不是互联网企业的“原著民”，但他说的“失败者建起的是一个带围墙的花园，成功者建设的是公共场所”，就很有互联网思维的味道。张瑞敏在接受另一家媒体访谈时说自己“关注最多的是互联网”，而且努力澄清社会上“海尔放弃制造业”的误读，纠正说他是在“换一种思维”，是“用互联网思维做制造业”。而且，海尔正在走向国际化，作为掌门人的张瑞敏特别强调“互联网思维不是互联网工具”的概念。张瑞敏的“互联网思维”包含两个层面：一是并行生产，即消费者、品牌商、工厂、渠道、上游供应商利用互联网技术全面参与；二是经营用户而非经营产品，通过产品找到用户，与用户互动，了解需求，确定开发方向和细节要求，周而复始。

在互联网企业特征等问题上，罗振宇先生给我的启发最大：“人类商业社会从机械模型切换到了生物模型”,“过去的产品社会是‘推’的时代，未来将是一个‘拉’的时代”，“未来社会的价值重心是‘魅力人格体’”，“未来消费者和生产者的界限是模糊的”，“整个社会正在碎裂，从过去的‘大陆’变成了‘群岛’”，“人与人之间的细微差别，其实都是通过社群来完成的”，“在群岛逻辑下，谁跟外界有最多的‘码头’、最多的来往、最多的连接，谁将活得最好”，“未来没有‘粉丝’的品牌全死”，“未来的商业，将是以传媒能力为价值核心的价值链重组”。难怪罗先生的社群电商似乎什么也没干就被坊间估值一个亿，我等现在还看不懂这种“罗辑思维”，只能理解他们组织了一群人，未来任何商业活动甚至非商业的个人需求都可以在志趣相投者之间实现，也可以“高价”对外。

基于互联网特性的组织管理，加里·哈默尔的《管理创新藏于“网”》一文中提出的 7 个关键原则还是很有价值的：实验精神、化大为小、自然层级、市场的力量、激情共同体、员工行动主义和开放性。其中提及的戈尔公司的确很有味道，公司刻意做“小”，当业务团队达到 200 人以上就非得“破坏”它,拆分出一个新组织,他们认为只有“小”才能做到沟通流畅，才能维护好产品的逻辑联系，而且“小”组才能正确评价同事，有助于组织内部的自由和控制的有效平衡。

对互联网思维的论述，还是项建标的《新世界生存秘籍》相对系统。项文首先认为，互联网思维的根本不同之处在于，它是一种商业民主化的思维。与传统的原子经济学不同，构成互联网的基本介质是无形的比特。互联网思维的核心内涵是“用户至上”，它不是一般意义上的口号，而是一种生态系统的硬性要求，追求用户体验的极致，为产品赋予情感而不只是品质指标。因为用户至上，所以互联网企业产品开发往往是迭代开发模式，先推出一个用户最需要的功能，在根据用户需要不断完善，因为用户的深度参与，使得产品几乎就是用户自己设计的一样。文章提出运用互联网思维的 5 项原则是：专注、无界、精益、媒体化和协作。这类企业的内部似乎已成为“无组织的组织”，平等、开放、扁平化。

我曾听过高级战略顾问曾鸣老师在长江商学院的演讲，他认为“互联网的未来就是任何人、任何物、任何时间、任何地点，永远在线、随时互动，而今天我们能连起来的东西还不到 1%”。这种理解既具体又直指互联网的本质。曾鸣的演讲进入了“互联网精神”的层面：平等、开放、互动、迭代和演化。曾老师认为，平等是互联网非常重要的基本原则；开放变成一种生存的必须，连接越广、连接越厚，价值越大；双向的互动才创造价值；通过一轮一轮的迭代来逼近真实的用户需求；不是借助计划而是通过演化来逐渐优化、接近更好的状态。因为这些行家对互联网做解读，这个世界会使一些人更茫然，同时使另一些人兴奋异常。

本期杂志有几个好案例，首先要说的是小米公司副总裁自己写的《小米手机：让产品有爱》。小米虽然是做手机的，但做法完全异样：它的销售方式中电商渠道占70%；产品定位为“活的手机”，从某种意义上说，小米手机的功能和特点是用户们自己免费为小米“设计”出来的，小米研发团队日日夜夜与几十万用户玩一样地互动，小米论坛每天新增12万个帖子，有实质内容的8000条左右，每个工程师回150个左右的帖子，用户免费贡献了自己的智慧，还会因为被认可而倍感骄傲；小米的微博与微信粉丝超过200万人，花钱的广告变得没有意义；小米公司的团队都是一帮极客，真的是“为发烧而生”，用户也是一大帮“玩”小米手机的，这群不分你我的极客才能把自己喜欢的事情做到极致。

编辑胡晓写的一个小案例《阿芙精油拒绝KPI》充分展示了互联网思维的魅力和价值。阿芙精油不搞什么KPI，绩效考核简直是“闹着玩”，甚至打赌式地确认指标和奖金。我称之为“好得一塌糊涂”或者叫作“完全错误的好”，因为员工喜欢，因为这群人高兴，办公室像游乐场，工作就像玩儿。严肃地讨论，企业的使命是什么？就是相关者的人生幸福嘛。幸福就够了，其余什么都是多余的。我都想让《中欧商业评论》的记者、编辑介绍我去结识一下这群好玩的年轻人，也许能写出比胡晓更详细的案例呢。

还有“发现旅行”的两位创始人王振华和阮红政写的体会文章，分别从懂互联网不懂旅游、精通旅游却是互联网的门外汉的两个不同角度谈传统行业如何借助互联网思维做一个新企业以及磨合中的痛。许多旅行社也有自己的网站，但这远算不上已经互联网思维了，更不能说企业进入了互联网时代。在传统旅游企业干得快要“退休”了的阮红政对新公司完全没有辈分观极不适应，这些年轻人不再看重资格和经验，经过了一段“打碎原来的自己”之后，阮红政开始拥抱年轻人、拥抱互联网了。因此，王振华坚信，“未来十年到二十年，很多传统行业依靠互联网会发生一个聚变和裂变的过程”。我都因之跃跃欲试，在考虑如何借助互联网思维把传统的咨询公司和精细化管理研究所改造成一个全新的闪耀着蓝色光芒的新企业。

杂志在一篇文章中作为小贴士的一段短文，无意中给了我一个很好的互联网思维的小案例。一家名为“Roseonly”的网络花店专售进口自法国、厄瓜多尔或叙利亚的玫瑰。这家花店不只是把鲜花做得高端，不只是把产品做到极致，而是牢牢抓住了爱情和浪漫的主题，任何客户在该花店买花，一辈子只能送一位佳人。

互联网思维现在还没有权威的定义，也没有人敢于承认自己的权威性。这期《中欧商业评论》给我们撕开了一个角，期待明年有更深入的研究文章能给我等这些“打酱油”的发蒙。

汪中求对话黄一新：让每一个人跳出“战壕”拼“刺刀”

人力资源管理直接影响企业的经营成败和持续发展。随着对外开放的扩大和全球化的加速，现代企业的国际化程度不断提升，加上以90后为主力的新生代员工大量进入企业，新时代的人力资源管理面临诸多新课题。

就“新时代企业人力资源管理”话题，中国精细化管理研究所所长汪中求与南京钢铁集团（以下简称南钢）党委书记、董事长黄一新进行对话，针对混合所有制企业如何选拔和培养人才、如何调动员工积极性、如何实现员工个人追求与企业目标相一致等核心问题进行深入沟通。

1．企业能够增加的资源只能是人力资源

汪中求：您是从基层成长起来的大型制造企业的领导人，您的企业家成长史就是很好的人才成长案例。

黄一新：大学毕业后分配到南钢，可以说，我一生的精力和仅有的才智全部献给了南钢。我从普通技术员做起，了解钢铁行业；带领技术小组公关，逐渐领悟团队的价值；进入销售部门，提高了“一切为了市场”的认知；成为班子成员后，开启带队伍的阶段；最后到全面负责企业的经营发展，这些需要我更多关注战略、文化、社会资源和管理哲学等方面的内容。

汪中求：有了自己的个人成长史，才懂得如何关注年轻人，培养后来者。

黄一新：彼得·德鲁克说过，“一个人取得成功的最佳方法就是服务于一位前途光明的上司。”我在努力经营好企业的同时，必须用心做好“让年轻人相信”的上司。

汪中求：我知道您经常跟年轻员工面对面交流，放下身份，像长辈、家长一样推心置腹地谈心，带动和鼓励他们成长。

黄一新：企业对人才的吸引力主要表现在三个方面——薪酬福利待遇、职业发展前景和企业文化。就具有中国特色的企业而言，还应该包括企业管理者的人格吸引力，这也被视为企业文化的一部分。

我跟年轻人提出必须培养“四个习惯”，即持续学习，终身学习；乐于助人，少贪便宜；积极做事，诚信做人；热爱运动，讲究卫生。

汪中求：请您用一句话概括人力资源管理的重点。

黄一新：如果让我用一句话概括人力资源管理的重点，那应该是“使员工个人的追求与企业的发展目标相一致。”

2.“以人为本”还是要回归企业绩效层面

汪中求：谈到企业的发展目标，华为早在 2005 年谈人力资源管理变革时就说过，“要建立一支强有力的、能英勇善战、不畏艰难困苦、能创造成功的战斗队列，而不是选拔一个英俊潇洒、健壮优美、动作灵活、整齐划一的团体操队。”您认同吗？

黄一新：当然认同。彼得·德鲁克谈“激励员工”时，同样以“创造最佳绩效”为目的，并且指出，“唯一有效的方法是加强员工的责任感，而非满意度。”

汪中求：“一切工业产品都是人类智慧创造的。华为没有可以依存的自然资源，唯有在人的头脑中挖掘出大油田、大森林、大煤矿……”这是华为的理念。彼得 · 德鲁克也明确提出过企业绩效的 5 个指标——市场地位、创新、生产效率、资产流动性和现金流、盈利能力。在这方面，南钢、华为和彼得·德鲁克的认知是一致的。

黄一新：企业最终要用绩效说话。企业的绩效是干出来的，是员工努力工作的结果。南钢的成绩也是包括我在内的全体员工干出来的。1988 年南钢员工近 3 万人，年产 30 多万吨普钢，人均 10 吨钢；如今，员工数量缩减到 1 万人，年产 1000 万吨，而且是特钢，这是明显的减员增效。南钢明确提出“双主业”战略，提出了“双千亿”的经营目标。

汪中求：您开始担任董事长的时间是 2014 年秋，担责的重点阶段是“十三五”规划时期。“十三五”规划是南钢发展史上极富挑战的阶段，面对行业大洗牌、大挑战，说南钢浴火重生、凤凰涅槃并不过分，用裂变、迭代、腾飞来形容也恰如其分。

黄一新：我对这一阶段的成绩还是满意的。“十三五”规划的五年时间，营收年复合增长率为 27.96%，利润总额连续打破历史纪录。南钢在中国企业 500 强排名中，五年跃进前 75 名。现在的南钢跻身江苏省十大企业，列第 7 位，在南京市制造业排名第一。

3. 人力资源管理的核心是激励机制设计

汪中求：彼得·德鲁克谈到“激励员工创造最佳绩效”时认为有四种方式——慎重安排员工职务，设定高绩效标准，提供员工自我控制所需的信息，提供员工参与的机会与培养管理者的愿景。您怎么看？

黄一新：彼得·德鲁克提出的四点都很必要，员工需要切实提高收入，首先要满足他们日益提高的物质生活的需要，因此，激励机制的设计是人力资源管理的核心。

汪中求：让员工享受到企业发展的红利。南钢除了提高员工工资标准之余，还有哪些设计？

黄一新：员工利益，薪酬是重点。员工薪酬不到位，所谓“享受红利”就是一句空话。南钢关于薪酬制度设计确定了五个原则：强调价值创造，鼓励勇挑重担，鼓励立足一线，鼓励能力提升，鼓励多元化发展。

在合理设计薪酬制度的基础上，我们尝试做了三件很重要的事：一是建立全员合伙人制度，二是股权激励，三是职位薪酬体系改革。

我们在探索具有南钢特色的员工激励模式，希望最大限度地激发企业和员工的内生动力，让每个人跳出“战壕”拼“刺刀”。

汪中求：上市公司员工持股是比较普遍的做法。

黄一新：薪酬体系改革也是很多企业经常挂在嘴上的老话题。南钢的职位薪酬体系改革从目前来看是比较成功的，有个专项调查，满意度达 99.1%。

汪中求：重点分享一下全员合伙人制度。

黄一新：在钢铁行业，南钢是首推“合伙人”制度的企业。南钢认为，“人人都是经营者”，企业要为员工的创新创业提供相应的平台，赋能员工成长，助推员工成才，释放员工能量，培养具有企业家精神的经营型人才。几年来的实践表明，南钢的“合伙人”制度是成功的。

汪中求：我从人力资源部了解到，南钢的“合伙人”分三类：核心合伙人，主要是高管；骨干合伙人，应当囊括了中层管理者、专家和高技能人才；基础合伙人，所有普通员工只要通过基本标准评价即可。这样，全体员工都纳入公司合伙人范围。

黄一新：对，既做到全员合伙，又实行分层合伙。一方面，让认同公司文化的员工通过合伙方式与公司利益捆绑，相当于共同创业、共担风险、共享发展成果；另一方面，根据岗位责任、贡献程度及未来潜质等因素将合伙人分类，让责任、压力、贡献有区别。在文化上需要有所创新，一是聚合思维，大家围绕一个共同目标聚合，遵守共同的规则，各自管理，共同发展和分享利益；二是跨界思维，不拘泥于产业分工，虽然各自工作，但你中有我，我中有你，在一个生态中界限是模糊的；三是共享思维，企业组织不再是雇佣与被雇佣关系，变成创新创业的平台，责任共担，利益共享。

汪中求：全员合伙人制度确实是很好的尝试，即“共创、共享、共担”模式的尝试。可是，毕竟把员工分成了有差别的三类，基层员工是否有意见？

黄一新：企业不能把激励做成福利。福利是雨露均沾的，但激励刺激人们努力。所以，我们特别重视员工培训，促进员工成长。

4. 激励的有效性在于方案设计的公平性

汪中求：如何保证激励机制的有效性？

黄一新：保证激励机制的有效性，取决于方案设计的公平性。既然采用分层合伙人制度，就必须进行分层考核，各个层级的 KPI 设计也存在差别，各个层级“合伙人”承担的职责和完成的指标体系也不尽相同。

汪中求：能否简单介绍一下南钢的考核指标体系？

黄一新：首先，列出企业当前最需要解决的问题，结合公司年度工作计划，形成公司层面的绩效指标库；然后，通过任务分工矩阵和目标分解鱼骨图将企业层面的 KPI 按企业—部门—班组—岗位层层分解。每年 12 月份，中高层管理人员根据公司战略指标、所在单位组织绩效指标和个人分工情况提出个人下一年度 KPI 意见，填写《绩效计划意向书》，经所在单位主要领导签字认可和人力资源部初审，再报公司主要领导批准，由人力资源部与中层管理人员制定《绩效计划书》，而基层管理人员和一般员工则由本单位与其签订《绩效计划书》。

汪中求：据我所知，大多数企业的绩效指标体系都比较完善，问题在于如何考核和评价。请您给介绍一下南钢在绩效考核和评价方面的具体做法。

黄一新：具体来说，南钢的绩效考核有以下几方面做法：一是采用 360 度评价方式，将评价主体拓展至上级、下级、同级；二是建立在线测评系统，提高评价的准确度和公正性；三是中高层管理人员增加职业素养和领导力素质评价指标，同样在线评价；四是在系统设计中根据不同岗位设置个性化的绩效评价因子；五是评价人皆设置为匿名，保证评价结果的有效和客观。

汪中求：我对您讲的中高层管理人员的领导力素质和职业素养考核很感兴趣，因为这在企业的绩效考核中向来都是一个难点。南钢在这两个方面的考核有哪些特点？

黄一新：南钢在中高层管理人员的绩效考核中增加了领导力素质和职业素养两个评价维度，基层管理人员和一般员工也有综合素养评价维度。每个维度相互独立，避免因某个评价维度的结果过高或过低而影响其他维度的评价。南钢没有用优秀、良好、一般、较差等模糊性字眼作为评价标准，而是借助国际顶级咨询公司（HAY）的能力素质模型分级词典，构建领导力素质和综合素养评估模型，对每一项素质指标都做了详细描述。在职业素养评价中，针对责任担当、主动意识、诚实守信、协同配合、学习发展等维度进行评价，每个维度设置 A、B、C 三个等级。领导力素质评价从战略思维、团队建设、组织协调、适度授权、培养梯队、开拓创新等方面衡量，评价结果分为 3 个等级，即行为榜样、优秀实践者、待提高者。评价结果实行强制分布，A 级人数不超过 20%，C 级人数不少于 10%。南钢人力资源部对各板块提交的绩效考核结果详细审核，对没有按照比例强制分布的绩效结果予以退回，责令在限定时间内按规定完成强制分布。此外，在中高层管理人员的绩效指标中，南钢还将廉洁作为一项否决指标，对于一般员工廉洁考核的意义不大，则把因个人过失造成公司重大损失作为否决指标。

5. 创新人力资源管理，支撑高质量发展

汪中求：对于一个企业来说，中层以上的管理干部是战略制定和实施的核心，是组织能级提升的主要力量。南钢在管理层的培养、选拔和使用上最为重要的标准是什么？

黄一新：南钢一直以来都以企业的核心价值观塑造管理队伍，所以在

培养和选拔管理干部时以是否认同企业的核心价值观为首要标准。首先，企业的管理者是企业文化传承的中转站，是企业文化价值观的布道者，要在企业中起到稳定剂的作用，不但自身要恪守企业的核心价值观，而且要担负起公司价值观传承的责任。其次，我们注重培养和提拔敢于担责、以大局为重、以实现组织目标为己任的管理干部。我们经常说，基层要有饥饿感，中层要有危机感，高层要有使命感，只有这样，企业才有凝聚力，才有战斗力。最后，才是管理能力方面的考量。

汪中求：对管理层的能力发展和培养是怎么把关的？

黄一新：南钢有一个“721 能力模式”，即 70% 的能力从工作实践中产生，20% 的能力通过指导培训他人得到，10% 的能力从课堂和书本学习中获得。根据这个能力模型，南钢建立了一整套管理干部能力的培养体系，主要就是在实践中发掘和培养管理干部的能力。

南钢要求管理层必须具备“三个五”：“五个能力”即学习能力、沟通协同能力、专业 + 复合能力、让内外部客户感动的能力、博采众长的能力；“五种意识”即战略意识、跨界意识、平台意识、危机意识、底线意识；“五项精神”即担当精神、工匠精神、主人翁精神、闯关精神、艰苦奋斗精神。

按照“三个五”的要求，严格动态管理，优秀者提拔重用，能力达不到要求的该降职的降职，该免职的免职。近三年，南钢调整中层干部 87 名，其中新提拔 80 后年轻干部 17 人。

汪中求：非常感谢黄董事长的分享。

黄一新：谢谢你的采访，让我对人力资源的思路进行了整理。人力资源是企业价值之源，企业的价值创造依靠的就是优质的人力资源。

“隐形冠军”仕高玛，“聚能”显现大智慧

珠海仕高玛机械设备有限公司（以下简称仕高玛），在有格力和董明珠的珠海，没多少人知道。公司总占地面积仅 10 万平方米，员工只有五六百人。与 2019 年签约销售金额 900 亿元、对应的签约销售面积 400 万平方米的珠海华发实业股份有限公司（以下简称华发）对照，没人知道是必然的。

然而，这家成立于世纪之交 2000 年的机械设备公司，在搅拌站乃至建设行业却如雷贯耳。就连名声显赫的同行三一重工、中联重工、徐州工程机械都敬畏三分，在细分领域都甘愿站在仕高玛身后。

“仕高玛”的名字取自合伙人意大利 SICOMA 公司的品牌名，最早把品牌引入中国大陆的是另一个大股东香港志豪公司，2014 年隶属于中国兵器集团的西北工业集团成为最大投资方，实力大增。

仕高玛的核心产品混凝土搅拌机，行业产销量和市场占有率持续稳居国内第一，连续 6 年占比不低于 50%。在北京奥运会、上海世博会、上海环球金融中心、阳江核电站、广州白云机场以及港珠澳大桥等国家重点工程项目中都有仕高玛的身影。在国际市场，仕高玛与欧美、非洲、东南亚等 20 多个国家和地区的业务发展也相当迅速，产品性能和品质得到高度评价，核心产品在全球市场占有率也稳居前列。“隐形冠军”，名副其实。

短短的 20 年内，一家新创的重型机械设备制造公司能在强手如林的

行业竞争中脱颖而出，靠的是什么？最关键的因素是一个字——聚。聚，即聚能。

仕高玛的聚能首先是市场方向上的战略聚焦，聚焦于中国混凝土搅拌主机市场。仕高玛的市场聚焦至少有三点思考：一是对中国经济的高速发展充满信心，看好中国经济发展的大好前景，尤其中国建设无论设计能力还是工程实施能力正在走向世界前列；二是珠海在中国改革开放的前沿地位，有着桥头堡的战略优势，与香港紧密联结，国际化更为便捷；三是仕高玛的创始人有着多年在搅拌机行业摸爬滚打的经历，对该行业有着十分透彻的理解，对行业发展前景的预测有较大把握。

颇为难得的是仕高玛瞄准建设领域、建筑市场、搅拌站行业做设备供应商，但并没有做全套设备，只做主机。一般企业的思路可能定位为给搅拌站提供系统解决方案，毕竟一条牛也是放，一群牛也是放；但仕高玛高人一筹的是集中把主机做好，所有搅拌站配套设备设施的供应商都希望与之建立合作，搅拌站的投资者也有机会实行最佳组合。100 米的战线推进 2 米，与 2 米的宽度打入 100 米，价值能一样吗？

于是，仕高玛在愿景架设上从一开始就立志成为全球混凝土搅拌机行业的引领者。创立之初，国内商品混凝土产业正如火如荼地大规模上马，搅拌主机市场也随之启动，市场表面一片繁荣。仕高玛创始人黄志辉在搅拌机行业深耕多年，深知在表面繁荣的背后，搅拌机的生产制造存在明显的短板，关键技术并不过关，与国外的搅拌主机相比还有较大差距，更不用说那些国内市场上匆忙上马的搅拌主机甚至是搅拌站生产企业自制的，根本不可能持续。黄志辉深信，仕高玛一定能够制造出品质优良的搅拌机，在国内完全可以处于行业的头部位置，在国际上也可以处于领先地位。

于是，仕高玛在市场定位上确定以最快的速度占领国内搅拌机的主要市场。当时，国外原装进口的搅拌主机与国内自制搅拌主机价差巨大，一台原装进口主机要比国产主机贵几十万元，这就为引进国外技术、合资生产搅拌主机开辟了广阔的市场空间与利润空间。仕高玛的搅拌主机引入了老牌意大利企业 SICOMA 的技术，产品以与进口产品相较有很大的价格优势投放市场，高性价比得到用户的广泛认可，随之而来的是市场爆发式增长，仕高玛借此一举确立了在行业中的领先优势。

于是，仕高玛在产品研发上持续发力，以快速开发新产品策略把竞争对手彻底抛在身后。专注于一个行业，然后将其做到极致，早已成为商业的精髓。20 年来仕高玛研发和制造的产品有双卧轴、行星式、涡桨式、连续式等多系列、多品种的商品混凝土搅拌机、水工专用搅拌机、砂浆搅拌机、沥青搅拌机、轻质混凝土搅拌机、UHPC 高性能混凝土搅拌机、稳定土搅拌机、飞灰固化搅拌机、陶瓷/人造石搅拌机、高速混合机、干粉搅拌机以及教学实验搅拌机等 14 个种类搅拌机和配套产品。“明星”产品首推双卧轴搅拌机，其中 10 立方双卧轴搅拌机普遍投产于环境治理项目；专为 PC 行业混凝土搅拌而研发的 APM 行星式搅拌机，凭借特有的结构设计、无死角的搅拌系统、全覆盖自清洗喷洒系统等优秀性能获得行业认可；节能高效绿色环保混凝土搅拌机率先通过国家环保部“十环认证”，广泛应用于垃圾焚烧飞灰固化、土壤处理、油污油泥处理、医疗垃圾处理、矿山回填处理等环保领域。

“专业造就品质，服务创造价值。”为了深度服务终端用户，为了巩固已经获得的市场，仕高玛付出巨大的代价致力于市场服务体系建设，组建完善服务网络，目前已建有 2 个子公司，13 个区域服务中心，66 个驻外办事处，300 多名专业工程师，百余台服务车辆，为客户提供 24 小时全天候服务，基本能够达到 15 分钟内提出解决方案。这些网点建设和零距离的“管家式”服务，保证了响应的速度和配件供应的时效，有效满足混凝土搅拌行业的特殊要求。

服务也是技术活。仕高玛的产品模块化设计，大大降低每次维护保养的时间和难度；通过数据库建设和不断完善工艺程序自动化的智能制造，保证定制产品的完成时间和反应速度；免费提供专业技术培训，定期免费检查设备运行状况，为客户提供专业的定期保养标准、指导操作人员维护保养等增值服务。售后服务已然成了仕高玛公司发展的软实力。

市场聚焦，企业才可能有目标地聚能。仕高玛的人才队伍聚能独具特色。仕高玛的经营理念就是“以人为本，以人才为本，人企共赢”。首先，仕高玛是混合所有制企业，有欧洲的血统，有香港因时而变的策略，有国有资本的高瞻远瞩和严谨运营。西北工业集团的军工质量管理人才，意大利 SICOMA 公司 70 余年的专业产品设计人才以及香港志豪公司的过程管理和成本控制人才在业内都具有十分明显的优势。仕高玛长期以来均保持与国内在搅拌机制造领域具有研发优势的长安大学、武汉理工大学、香港大学等著名院校的合作，充分利用高等院校、科研机构的人才资源和研发能力，深入开展一系列产学研合作，不断推出技术领先的搅拌机。到目前为止，仕高玛拥有近百项专利技术，连续多年获得“高新技术企业”称号以及“广东省工程技术研究中心”“珠海市重点企业中心”等资质认定。人才队伍建设和广泛的研究合作为仕高玛聚集了企业发展必需的技术能量。

德国军官克劳塞维茨说过：“在没有取得绝对优势的地方，必须根据已有的条件灵活地在关键之处创造相对优势。”企业也一样，在很不起眼的阶段，先将业务范围和细分市场界定得足够小，然后力争在这个“小池塘”中做“大鱼”。仕高玛牢牢地把握了行业的分工，只专注于自身的优势，全心全意地做好混凝土搅拌主机，精益求精，二十年如一日。这样，从来不提“卓越”“伟大”“超常规发展”“基业长青”等大而无当口号的仕高玛，倒有可能走向卓越。

2 第二章 分工

企业可以做成一首诗

总经理必须做的事

1. 总经理每天必须做的

（1）总结自己一天的任务完成情况；

（2）考虑明天应该做的主要工作；

（3）了解至少一个片区销售拓展情况或进行相应的指导；

（4）考虑一个公司的不足之处，并想出准备改善的方法与步骤；

（5）记住公司一名员工的名字和其特点；

（6）每天必须看的报表（产品进销存、银行存款等）；

（7）考虑自己一天工作失误的地方；

（8）自己一天工作完成的质量与效率是否还能提高；

（9）应该批复的文件；

（10）看一张有用的报纸。

2. 总经理每周必须做的

（1）召开一次中层干部例会；

（2）与一个主要职能部门进行一次座谈；

（3）与一个你认为现在或将来是公司业务骨干的人交流或沟通一次；

（4）向你的老板汇报一次工作；

（5）对各个片区的销售进展总结一次；

（6）召开一次与质量有关的办公会议；

（7）纠正公司内部一个细节上的不正确做法；

（8）检查上周纠正措施的落实情况；

（9）进行一次自我总结（非正式）；

（10）熟悉生产的一个环节；

（11）整理自己的文件或书柜；

（12）与一个非公司的朋友沟通；

（13）了解相应的财务指标的变化；

（14）与一个重要客户联络；

（15）每周必须看的报表；

（16）与一个经销商联系；

（17）看一本杂志；

（18）表扬一个你的骨干。

3. 总经理每月必须做的

（1）对各个片区的销售考核一次；

（2）拜会一个重要客户；

（3）自我考核一次；

（4）月财务报表；

（5）月生产情况；

（6）月总体销售情况；

（7）下月销售计划；

（8）月销售政策；

（9）下月销售价格；

（10）月质量改进情况；

（11）读一本书；

（12）了解职工的生活情况；

（13）安排一次培训；

（14）检查投诉处理情况；

（15）根据成本核算制订下月计划；

（16）考核经销商一次；

（17）对你的主要竞争对手研究一次；

（18）去一个在管理方面有特长，但与本公司没有关系的企业；

（19）有针对性地就一个管理财务指标做深入分析并提出建设性意见；

（20）与老板沟通一次。

4．总经理每季度必须做的

（1）季度项目的考核；

（2）组织一次体育比赛或活动；

（3）人事考核；

（4）应收账款的清理；

（5）库存的盘点；

（6）搜集全厂员工的建议；

（7）对劳动效率进行一次考核或比赛；

（8）表扬一批人员。

5．总经理每半年必须做的

（1）半年工作总结；

（2）适当奖励一批人员；

（3）对政策的有效性和执行情况考评一次。

6．总经理每年必须做的

（1）年终总结；

（2）兑现给销售人员的承诺；

（3）兑现给经销商的承诺；

（4）兑现给自己的承诺；

（5）下年度工作安排；

（6）厂庆活动；

（7）年度报表；

（8）推出一种新产品；

（9）召开一次职工大会；

（10）回家一次。

老板，第一客户

“老板”定义：持有一定量的社会资产，并以企业运行方式以之投入再生产的群体或个人。“职业经理人”定义：对一定量的社会资产，在有限调度其他社会资源的运作过程中，凭借自身和团队的管理能力，使之沿一定规则呈升值趋势的第一责任人。

不少企业老板开始起用职业经理人；但因为以下因素使得职业经理人的使用普遍不太理想。

（1）我国市场经济起步晚，没有职业经理人培养之环境；

（2）人才难得，德才兼备的人才更加难得；

（3）资本雇佣劳动依然是当今社会的主流，而资本所有者素质有待提高；

（4）尚未富裕起来的职业经理人风险承受力差；

（5）现有的职业经理人群体的职业道德目前还无法得到社会公认。

本文试图以我个人的职业经理人经历和在珠江三角洲地区的企业管理顾问案例为参照，从职业经理人的角度对其所在企业的老板应持的态度做一些分析，并提出几点建议。

1. 老板，买了更多的公司股权

职业经理人管理一家公司，当然应该把公司看成是自己的公司，努力去经营；但老板可以看成是出钱买你这个公司更多股权的人，他（她）是你接手这家公司后的第一位合作者。买公司产品和服务的都是客户，买了公司全部或大部的股权的就更应该是客户，老板是我们的第一客户。从劳动力商品的角度说，老板是职业经理人的购买者，那就更是客户了。

对于客户，职业经理人自然会给予极大的关注，而对于老板，则往往要求甚多、甚高，有些要求常常求全责备或不切实际。如果，你视之为客户，你就会在很多方面努力去适应他（她），“客户永远是对的”嘛。

我南下做职业经理人，第一站是给一个比我小五岁的女老板打工。这个女孩子只读了五年书，但这丝毫不影响她其他方面的能力。她控制了很多社会资源，可调控的资金就超一亿元。她是我最好的一个客户，因为她给我创造了一个管理的平台，为我提供了一个施展才能的舞台。学历并不能说明什么，只能证明你坐在教室里面的时间比人家多。我清楚地知道自己有很多方面不如她，投资决策能力我就远远不如她。比如，前期投资200万元做一件事情，她做不好甚至做砸了，没关系，她敢拍板啊；但我不敢，万一砸了的话，我承担不起。当时的我，财务意识和财务管理能力也不如她，因为她多年以来必须对自己已有的资产负责，资金调度、资金安全、资金效率等，天天都必须考虑呀。

作为职业经理人，一定要充分认识到已经是老板的那批人的优势所在，特别是要善于在那些低学历的老板身上找到比你强的地方，不要只看到他们的机遇和勇气。书生们掌握的知识大多是可以编程的，而大多数老板掌握的东西很多是不可以编程的，是我们这些人很难学到的。在你的老板身上找出若干项比你强的地方，如果你“没有找到”，那只能是你“存在问题”。因此，在此前出的一本书《营销人的自我营销》中，我针对职业经理人说过一句话，“得老板者得舞台，没市场者没地位”。

2. 经理，更多检讨自身的不足

职业经理人在工作中与老板产生分歧或冲突是常有的事，无非三种可能：职业经理人的错误、老板不对和一时很难判断对错。

职业经理人能意识到自己不对，不用说要纠正，必要时还要公开检讨或主动对自己做出惩罚。我在一家涂料厂做总经理，凌晨 2 点左右，树脂车间一个反应釜胶化，是一次生产事故，直接损失约 3 万元。值班工程师敲开我的宿舍门，汇报此事并希望我去现场看看。已经是既成事实，我亦无力回天，我没有去车间，只是做了几点口头安排。过了几天，始终觉得那晚没去车间现场不对。虽然说生产和技术我不懂，有总工程师把关，虽说我出差晚上 11 点才回厂，实在很疲惫，虽说值班工程师已经做出处理，我去现场也解决不了问题，但是，我毕竟是企业的第一责任人、最高管理者，我的态度和责任心对全厂影响很大。思考再三，我亲自出了一份通报，给自己以 500 元的罚款，张贴在工厂的公告栏。

此事经过分析和讨论，确定是老板不对，我们职业经理人也要多检讨自己，比如：事前我们同老板有没有充分地沟通；公司的管理团队的思路和做法，是否通过各种渠道让老板了解和理解；职业经理人的日常工作，未能得到老板和董事会的有效监督，以使老板受到误导，做出不利于公司经营管理的决定；明知老板的决定不对，是否在同意老板决定的前提下，尽所能使之损失最小；面对老板的错误决定，是否意识到公开的反对只会使老板更加固执。没有很好地去正面影响老板，也是职业经理人的一种过失。

企业的经营工作中，有太多事情是一时难以判断对错的，作为职业经理人此时可以参考以下观点。

- 许多事情从不同的方向看，做出的判断完全可能不一样。
- 职业经理人权力很大，但无权议论老板的过失和缺陷。
- 职业经理人无权声明对公司和老板已做出的公开决定持不同看法。
- 水塘无鱼，老板令渔，自有其道理。
- 经营和监督的角度常常有出入。
- 企业经营实际上由老板承担最终责任，职业经理人能负的责任非常有限。

也有很多情况是信息传递的误差造成的，企业每天都存在大大小小的事情因发布者和接受者理解不一致造成失误，上下级之间、部门之间、职业经理人和老板之间都存在。我和老板的工作沟通方式：填写《任务书》，多项任务则列表，有“序号”“工作事项”“完成时间”“责任人”“验收标准”等，相关人员签名；简单的事情，作了交代，接受者要复述一遍，以免走形。

3. 错误，老板当然无法避免

2003 年 5 月《福布斯》封面人物丹麦丹佛斯公司总裁雍根·柯劳森说，家族企业不必受各种报表的压力制定出短视的决策，家族企业讲究人情味。中国民营企业并不一定如此，但我知道多数民营企业普遍存在以下缺陷。

- 愿景不明确或缺乏战略规划。
- 社会责任意识淡薄。
- 老板对金钱或过于吝啬，或一掷千金。
- 不善于组织团队和依靠团队。
- “我说了算”的独断意识。
- 并不一定有能力的家族成员把持要害。
- 计划性差，随心所欲。

老板由于知识结构的差异、个人发迹的特殊历程、过去用人失当的教训等，对企业的认识与职业经理人往往存在不一致的地方，这是再自然不过的事。做老板的，就是认识到了自身的不足，才需要引入职业经理人啊。我们应当建议老板的主要任务尽可能放在三个方面：一是设置公司将来的成本与目标，二是检讨人员的配置和量才适用，三是查证主要管理人员是否达成额定标准与期望。

我与老板的合作，有如下经验。

（1）影响老板与影响市场同样重要；

（2）每周与老板沟通不少于 4 小时；

（3）请老板或财务总监尽可能参加每周一次的经理办公会；

（4）重大决策出台前 3 个月就与老板交流；

（5）提醒老板浏览公司文件；

（6）催促老板及时批复重要的请示文件；

（7）经理尽可能少地经手费用，如有则须财务手续特别规范；

（8）采购要管理和监督，但一般不用直接查到底；

（9）每月上报给老板的不只是财务报表，还应有月度工作总结；

（10）3 个月向老板做一次述职报告，多分析自身的失误。

作为职业经理人，遇到一个好的老板不易呀，就像老板们选用一位合格的职业经理人一样。以老板对经营管理者的态度方面论，“不管小事，促成大事，允许错事，防止坏事”的老板就是很好的啦。我一向本着“做事立足要低，做人境界要高”的原则同老板沟通和交流，以下观点是经常拿来影响老板的。

（1）企业收益不完全是老板个人收益；

（2）不只有老板自己干得最好；

（3）企业大了就是社会的，企业需要为社会、为客户、为员工负责；

（4）从不犯错误的员工是不存在的，而培养人的学费客观存在；

（5）用人是企业最大的风险投资之一；

（6）企业没有不合格的员工，只有不合格的干部；

（7）尽可能用最少的人；

（8）“急所”强于“大场”，急事先于要事；

（9）公司最多只有 20% 的工作需要老板关注；

（10）减少临时决定的事项，计划你的工作，工作你的计划；

（11）《岗位说明书》中所谓“上级交办的临时事务”不超过 5% 为宜；

（12）不要把观念落伍了的功臣用在要职上，功臣予以利；

（13）“不轻进人，即异日不轻退人之本，不妄亲人，即异日不妄疏人之本”（曾国藩语）；

（14）老板不要过多暴露个人秘密，包括享乐内容和生活方式。

4. 监督，经理主动提交方案

监督与授权同在。职业经理人到岗前与企业自然是签有协议的，协议中对人、财、物的授权自然是明确的，明确了的授权在执行中也自然或多或少是要走样的，其中重要原因之一是监督机制存在问题。

作为职业经理人，一味地去强调老板授权不到位是有失偏颇的。监督不力，授权必然难以到位。我们主动去设计好一系列的监督程序、制度，不是更能使老板放心、放手吗？授权以信任为前提，信任以监督为前提。

几乎所有的企业管理人员都知道，消费者购买产品，即便是完全陌生的产品，生产厂家都会在产品《使用说明书》之类的文件上注明产品特点、质量标准、本产品相关指标的符合情况、使用注意事项等。自古以来，商业活动“只有错买的，没有错卖的”，卖方总比买方更了解所出售的产品，卖方有义务主动提交所出售产品的质量资料和检验办法。同样的道理，职业经理人把自己作为劳动力商品出售给了企业老板，就必须主动提交老板对职业经理人及其管理团队的监督方案，而不能凭老板的知识结构和经验去摸索一套监督程序和制度。

现将我与曾服务的企业签订的《协议书》中关于监督的内容摘要如下。

公司决策机构为“经理办公会”，经理办公会由总经理主持。经理办公会对以下 1 ～ 7 的 7 项主要经济指标和 8 ～ 17 的 10 项非经济指标的达成负责。

（1）总产量；

（2）销售总额；

（3）税后利润总额；

（4）员工人均收入额；

（5）人均产销率；

（6）流动资金周转率；

（7）成品、半成品、原材料库存量；

（8）安全生产；

（9）资产安全；

（10）制造不良率；

（11）产品质量投诉率；

（12）退货总值；

（13）员工流动比；

（14）客户稳固率；

（15）购、产、销、储运、货款回笼周期；

（16）技术、市场、管理资料的保护、收集、整理；

（17）员工对公司的满意率。

公司的其他管理文件中还涉及如下内容。

（1）财务总监由董事会指定，财务总监在任何时间可向任何部门索取任何财务资料做调查分析；

（2）所有应收账款必须有规范的法律手续，否则由管理层全额承担；

（3）公司各类文件均须在文控中心存档（保护管理资料和公司无形资产）；

（4）每一部门均设立文员（使公司不会因为管理人员的流动而出现衔接困难）；

（5）客户关系公司化（保护公司市场资源）。

制度都有？哪有那么简单！

——以某企业集团董事会文件汇编为例

近十年，我深度调查过的企业不下 200 家。在做管理诊断的访谈时，领导者常常会说“我们制度都有”，言下之意“无奈下属执行不力”。果真如此吗？

这里，不妨以我和我的同事组成的四人工作小组近期在茅台集团的调研为例，就我们深度研讨过的“茅台集团”的全部董事会管理文件来解剖，看看是一种怎样的情形。

“茅台集团”是省国资委的重点企业，管理干部最高级别为正厅，中层干部中博士和硕士人数达两位数，秘书班子中有好几位当过中学老师（有语文老师，并非体育老师）。董事会管理制度除了《集团章程》外，有总纲性的《集团管理纲要》，有一系列会议的“议事规则”（包括党委会、董事会议、党政联席会、总经理协调会和专题办公会），有专文的《授权管理办法》和《子公司管理办法》《外派董监事管理办法》《对外投资管理办法》《重大事项报告管理办法》《领导班子副职人员考核评价及薪酬管理办法》《子公司负责人薪酬绩效考核管理办法》，还有各类直接冠以“制度”的文件（包括《董事会议案管理制度》《董事会决议跟踪督查制度》《董事会秘书工作制度》《经营层向董事会报告工作制度》），当然还制定了几个专业委员会的“工作细则”（包括战略委员会、风险管理委员会、审计委员会、提名和薪酬委员会）。凡22份文件，就文件名称分析应该全了，理所当然地作为“国企改革”之“规范董事会制度建设”试点成果被推广。

当我们花大力气对每一份文件逐条、逐句、逐字去研判、推敲、修订时，则发现所有制度文件都有值得商榷之处，有的条款不具可操作性，有些条款很空洞，正式文件中有一些应景的文字，至于表达含混不清甚至因用词用字不当因而产生歧义则并非少见。

制度都有？还真没有那么简单。

国家的制度就是法律，企业的法律就是制度。企业制度标准化后就成为一系列的文件，理论上整个团队就是依照这些文件展开活动和具体操作的。制度文件就必须“说你所想的，写你所说的，做你所写的”。然而，很遗憾，很多规模型企业的制度文件都存在诸多问题。提出要求和制定规范的人自己不理解或说不清，让下面的人怎么去“坚决贯彻执行”。

“茅台集团”的董事会系列文件存在的问题，首先是很多“正确的废话”，即制度条款讲了太多的大道理，缺乏可操作性，似乎忘记了文件拟定的目的。规范董事会建设目的当然是完善公司治理结构，而公司治理结构可以理解为企业参与者之间的一组以合约形式表达的制度安排。有效的公司治理结构首先要求剩余索取权与剩余控制权相对应，也可以理解为收益的归属权和国家法律和法规未尽明确规定的指挥权。一句话，这一系列的制度仍然是操作性文件，不是讲道理的文字，它们必须对决策、风控、授权、监督、分配、处罚等重要问题做出明确而清晰的规定，无论是“议事规则”还是“系列流程”都必须是很扎实的文字。但就从实用性来看，现实案例是过多地说理，有的甚至是刻意地讲政治。

现行体制下重要会议都会形成《会议纪要》，但《会议纪要》并不是执行细则，何况所涉内容形形色色，操作过程中根本无法以《会议纪要》来按图索骥。本来应该把《会议纪要》的决定条款及时并入相应的“工作计划”或拆解到相应的“分工表”“进度表”中，涉及规则性修正和调整的内容应当在相应的流程和岗位说明文件改版中反映出来。但很少有人往下落地了，文件就成为极少主体责任人时时自我提醒的闹钟，或者加开若干小会议消化大会议的《会议纪要》。

非常多见的另一困惑是，制度的制定者没有或难以厘清一系列概念之间的关系，文件表述就词不达意。“茅台集团”的《议事规则》作为最关键的决策流程性文件，若干会议的决策范围始终不清晰。制度制定者就很不容易把这些贯通吃透，文件表达自然含混不清，与董事会、监事会、党委会、职代会的议事范围以及与经营协调会、专题工作会的议题大小关系只能模糊处理。如果借助一张表格把几种议事会议的几种议事权限列出来，而且皆为穷举，一定很有意义，但国企是不习惯这种表格的。于是，实际执行很不方便。

“凡与集团公司党政联席会议相冲突的会议，必须小会服从大会”，这里的“大小”也没有明确界限，执行的混乱就难以避免。某企业就曾出现党政联席会已经决议的事项被董事长召集的一个专题会否决了。至于经过党政联席会议讨论形成的决定是否还要董事会讨论通过，以及党政联席会议是否要向董事会提出议案，党政联席会是否应该有明确的请求核准和报告备案程序，这些都不明确，势必让各类办公室人员“也是醉了”。

“茅台集团”有两份与“报告”有关的制度文件：《经营管理层向董事会报告工作制度》和《重大事项内部报告管理办法》。且不讨论“工作制度”和“管理办法”出现本不必要的差异，就“报告”而言没有具体的指向，操作起来还是颇为吃力的。是口头报告还是书面报告？报告与例行述职的制度有怎样的关系？如果可以改造为述职，则是否可以一年一次，副职向总经理述职，总经理向董事会述职，子公司向集团总经理述职（原则是谁任命向谁述职）。如果不是述职，是否属于专题报告？与专题会是什么关系？如果专题报告也不算，那么和日常沟通有几份接近？与正常地向直接上司汇报工作是否是一回事呢？《党政联席会议事规则》提出议题包括“讨论研究员工奖惩事宜”，没有加以界定就过于宽泛，此类现象并非少见。文件中“提案”与“议案”的概念区分不开，就更为常见了。

很多看似边缘性条款但事关重大，特别容易被忽视。授权管理就是很大的事，集团公司董事会对董事长授权和董事长代表董事会向总经理授权很清晰，但总经理对副总经理和“三师”（总工程师、总经济师、总会计师）授权就容易被忽视，忽视总经理授下去的权是否在自己已取得的权限范围内，包括经营层对各职能部门的授权也一样。集团公司党政联席会议原则上每个月召开一次，有紧急事由或其他特殊情况可以临时召集。党政联席会议的召集和主持看上去不是大事但却很重要，到底是党委书记召集还是总经理主持效力完全不同，如果是“董事长或董事长委托的高级管理人员召开”则更为复杂，不好操作。

关于列席会议人员的确定似乎更无关紧要，“其他列席人员由会议主持人根据会议需要讨论的内容确定”：列席会议人员应当严格界定，不宜任意扩大；常规的列席人员和根据议题的分项列席人员明文区分；列席人员的发言权、提议权、支持权和反对权也必须明确。“组织学习和贯彻落实党和国家的重大方针政策、法律法规，学习、研究有关公司治理、董监事行为规范、信息披露、内部控制等法律法规及规范性文件。”这些属于机关学习和干部培训的范畴，不应纳入决策会议议题。

“董事会会议分为定期会议和临时会议。每年至少召开两次定期会议，并可根据需要召开临时会议。”这种临时会议也是容易被忽视的，但往往就是一个关键节点。作为最高级别的董事会，定期会议应指定具体时间，形成例会，相关人员提前进入会前准备状态，不开无准备的会；临时会议则更应谨慎，“有下列情形之一的，应召开董事会临时会议：出资人认为必要时；董事长认为必要时；1/3 以上董事提议时；监事会提议时；1/2 以上的外部董事提议时……”这些符合法律和设计初衷，但“党委书记提议时或总经理建议时”则条件放得太宽，使董事会议题过于宽泛，也容易越位于党委会、总经理办公会。

“书面授权包括书面批复、会议决议、签发授权书等方式”，站在政府角度，领导者的批复往往比法律、法规更有效力，似乎司空见惯，但这已经不是法治模式，很容易造成任意授权、越位授权，本应受到限制。“董事长或总经理认为有必要对授权进行变更或者终止的”，这一类条款看似平常，但一旦被放大和滥用，就足以涵盖其他各条，使此前的若干条化为乌有。授权管理对董事长和总经理同样应该有必要的约束，对制度规定让出的授权必须给予保护，否则分工负责、集体决策、法人治理就形同虚设。

“茅台集团”在国有企业中是管理比较好的公司，有一大批具备较长职业生涯的管理者，传统意义上的舞文弄墨的高手也有的是，岗位设计上还有法律顾问，应该说大多数管理文件的质量在同行中还是有优势的。但是，“怕就怕‘认真’二字”，认真起来，问题不少，其他没有优势的企业就可想而知了。

一个中国人不认识的汉字

躾，这是一个中国人不认识的和制汉字。它是日本人新造的，这个“日本汉字”还是蛮懂汉字的会意造字法的，一人之身，尽显其美，故语义为素养，倒是很贴切。

前些天，看到一篇子女教育的短文，有两段话很有味道：“孩子，如果世界上仅剩两碗水，一碗用来喝，一碗要用来洗干净你的脸和内衣裤。”“就算是吃酱油拌饭，也要铺上干净的餐巾，优雅地坐着，把简陋的生活过得很讲究。”这种“贵族”气质我不具备，也没有对子女提出这么高的要求；但就一个人的素养而言，这种“派”却对我产生偌大魅力。印度圣雄甘地说过：“即使穷得只剩下一件衬衫，也需要把它浆洗得干干净净。”这确是我非常认同的。

说到职场和工作，又何尝不是同样的道理。显然，人在职场，事总要做得像个样子，既然是工作就必须认真对待。这不只是一个人对待薪水的正确态度，更是一个人素养的突出表现。

我平生特别看不起总是以工作的拖拉和草率来表达对公司或老板的不满的人。要知道，这不仅是一种恶劣的工作态度，还是一种低劣的人品反映。中毒般的抵触心或报复心，最终暴露出了可怜的素养。土豪对可怜的服务员吆三喝四，看起来是把服务员骂怂了，实际上是把自己骂矮了。把几个硬币随手摔给一个蹲在地上的乞儿，看起来是摔出了一种高贵，实际上是把自己的素养给摔到臭水沟了。

当然，素养问题也不全是认识问题，也有训练方面的问题。我曾经收藏了一篇文章，题目是《页码是一种态度》，说一位助手给上司送上一摞刚打印的文件，在过道上不小心洒落一地，因为没有设页码，半天整理不出来。如何全面训练，提升职业水平，对于进入工业化时间还很短的中国企业是一个大课题，是一个大任务。

从人生哲学的层面说，一个人能做什么或最终的职业是什么并不是那么重要，重要的是在做的事情能不能努力做到位。出人头地，光宗耀祖，名归利收，也许算不得没有人生境界，在文明社会，就人的素养而言，首先得俯下身子把手头的事情做好，让委托你的人放心。而且，以较高的素养去做等而下之的事情，可以获得人生内心的安宁和欢喜。

有个日本小孩叫宫泽贤治，六年级时父亲问他："你将来想干什么，可曾认真思考过？"宫泽贤治回答："我不想轻率勉强做一个了不起的人。"他又补充说："寒冷时，当个铁匠挺好的；炎热时，当个马车夫也不错。"这么小，就有这般境界，真是难得。当然，这位日本人认为的天才最终并没有做铁匠和马车夫，而是被时代拉进了诗人和农业科学家的队伍。据说，宫泽贤治读中学时，坏孩子打架他去居中调停，经常受牵连而挨揍，被殴打的宫泽贤治仍然笑嘻嘻地劝架，使当事者心生罪恶感而罢手。这样的素养，让人称奇。

我在以色列的特拉维夫认识一位加油站的中年男士，哈西德族人，哈西德人给我一种无欲无求的印象。他在这个加油站当加油工已经 20 多年了，我问起他是否会厌倦这个单调的工作，他神采飞扬地说："这个工作很好呀，每天可以遇见各种不同的人，我微笑着向他们问好，为他们加油，他们满意地离去，有时还可以和他们简短地聊聊天，我很满足。这不，今天还遇上了你这位不远万里而来的中国人，这是多么让人高兴的啊。"

在山西高速做培训，我就建议收费站的同仁们这样对待自己的工作，"我的这份工作每天能接触到形形色色的人，这是多么难得呀。如果有兴致，是不是可以学点相面之类，看看面对高速缴费的不同态度与面相有什么关联。偶有不够友善者，包括吝啬的、粗俗的，作为一个个标本，分析一下不同的类别是否有一些共性的特征。”工作过程，完全可以变成个人素养提升的过程，人生岂不顿然精彩了。

素养对于工作是重要的，素养对于人生则更重要。让我们一起来认识一下这个日本新造的和制汉字：躾。

“屁大”的事和“天大”的事

“差不多”“就这样”“拉倒”“大概其”“点到为止”“只可意会，不可言传”。这些词，我理解就是马马虎虎、大大咧咧和嘻嘻哈哈的组合。

《韩非子·二柄第七》的故事：韩昭候醉了，倒床便睡，手下人担心他着凉，就给他披了件衣服。他酒醒了看到身上的衣服很高兴，问左右：“谁给我加的衣服？”手下回答：“管您戴帽的官”。结果管戴帽和管穿衣的官都被处分了，理由是管穿衣的失职，但管戴帽的越位。从中可以看出中国的岗位管理并不落后于2000年后的现代企业。

会有人可能说，现在我们的经济总量都超过日本了，怎么企业仍然不行呢？我们理性地分析一下：日本土地面积是中国的1/26，人口是中国的1/10，而人均GDP中国是日本的1/10。我曾带队去日本考察，第一站是九州岛的福冈，福冈在日本不是经济最好的地区，140万人口，年GDP却达到120万亿日元，相当于一个阿根廷。

福冈之后，我参访了日本的安川电机。这是一家高科技公司，1977年生产出第一台工业机器人，1990年建立MOTOMAN中心（机器人制造机器人的车间），月产机器人2650台，产能全球第一，日本本土市场占有率达60%。让我们大跌眼镜的是安川电机没有彰显的大门，办公楼和会议室都几近寒酸，日本天皇夫妇来视察过也未见大幅宣传图片，只留下他们栽种的树木和一块小提示牌。但是，安川电机1984年获得日本质量管理最高奖戴明奖，他们之所以不需要那么炫耀，就是因为企业做得很扎实，产品有竞争力，真正自信。

还有一家，佐川急便。类似于中国宅急送这样的公司，员工63000人，拥有各类运输车辆26000台，年营业收入800亿美元。佐川急便为客户提供“门到门”的服务，甚至可以深夜用冷冻车为特别需要的客户送2支雪糕。“飞脚”是江户时代快递送信人的形象，类似于中文的“飞毛腿”，成为了佐川急便的商标。单看佐川急便的作业原则：搬送不出声，轻拿轻放；重物、液态物品垂直放置；打包需确认货标一致；包装带和包装纸不得破损；高处取物须用垫物或梯子。

近几年，因为学习丰田，我去日本比较多。如果要简单地描述日本在做事上的风格，一语中的：把“屁大”的事情当“天大”的事做。

就说企业组织内部人与人的沟通吧。日本人日常不起眼的沟通都有明确的设计规范。日本人都熟悉一种沟通细则叫HORENSO，日语“菠菜”的发音与之接近，故日本职员常说自己“吃菠菜长大”。HORENSO是三个词的合写，一是报告（日语Hohkoku），下级完成了的事即时反馈给直接上司，不用等上司来催问；二是联络（日语Renraku），平级间也需要通气，免得互不知情，妨碍配合；三是相谈（日语Sohclan），不仅要主动沟通，关联部门或岗位还须达成共识。就说人人都免不了的报告，日本人也给予了细节规定，必须按5点要求报告：项目、起止时间、验收标准、成本、问题及解决方案。而且在岗位说明书中明确告知，“有也只有一个汇报对象，那就是该岗位的直接上司”。报告时间是两个时间点：一是每天下班前，二是超过一个工作日的项目做完即报。

我在京接受几位年轻记者的采访，当时我手上正好有一杯服务员送来的茶，我对俊男美女记者说：“倒茶是一种活动，而这个活动是有细节要求的：第一，给杯子注水70%；第二，提着袋泡茶的纸片把茶叶袋放进水杯；第三，冲水时把茶叶袋抖动几下，使茶汁散发出来；第四，把茶叶袋的绳子绕在水杯的手把上，以防把纸片冲进去。”这就是“把小事做细，把细事做透”的意识。

这些年，因为讲学和给多家企业做管理顾问，我在全国各地飞来飞去，国内住过的酒店不下400家，其中不乏富丽堂皇的高级酒店，很多酒店也是在统一的大品牌下运营；但是，绝大多数酒店，当你抽出笔记本电脑的电源线时，就傻眼了，总是找不到电源插座。四处搜寻，终于顺着电视电源发现桌子底下有一孔插座，吃力爬到桌子底下却被一块背板给遮挡住了。酒店的管理者总是抱怨企业不好做，钱不好赚；但为什么不去听听消费者的抱怨和批评，他们会告诉我们怎么去经营企业。企业永远都是在消费者的批评、指责甚至谩骂声中成长起来的。

我们需要重新学习孙中山先生在《建国方略》中的提示：“知中国事向来之不振者，非坐于不能行也，实坐于不能知也”；“吾心信其可行，则移山填海之难，终有成功之日；吾心信其不可行，则反掌折枝之易，亦无收效之期也。”

透过细节看日本

某年夏天，我作为中国精细化管理考察团的一员，对日本的企业、大学和政府的招商机构进行了为期一周的考察。通过一周的所见所闻，我们对日本企业、机构的精细化管理有了深切的体会，更让我们感到震撼的是，这种精细化思想已经深深根植于这个国家的方方面面。

虽然时隔多年，但我觉得有必要将一些见闻记录下来。

1. 自觉遵守与相互督促

工作时间，日本男性白领最常见的装束是西装、衬衫加领带，即使夏天室外 40 多摄氏度的高温也是如此。大热天裹着这么正规的装束，因此业务员在街上中暑昏倒的事情也就不足为奇了。不仅是白领，连出租车司机也都西装革履，尽管热得不停擦汗，但就是不会把外套脱下来。事实上可能没有谁管，但这是他们的职业化习惯。

在日本街头，经常可以看到 60 多岁的警察或保安在跑步指挥车辆，专心致志。书店的工作人员趴在地上擦地，跪下来工作是再正常不过的事情了。我们去酒店用餐，进餐厅时把鞋子乱糟糟地脱在一起，出来时发现服务员都给我们摆好了，一律头朝外，一伸脚就可以穿上。

在任何单位，如果有人做事不努力或者把事做砸了，就会有好多“好管闲事”的人上来指责：“哎呀，纯子小姐，怎么这么做事啊？”“木村先生，你的失误，让我为你没面子啊！”我跟日本朋友总结说：“日本人是宁可自己付出更多，也必须要获得或保留干预和指责他人的权利。”朋友回答说：“真的是这样。这是一种氛围，逼着你提高。”

2. 忙工作忙得没时间做梦

如果工作的事情没有做完，日本人是不可能下班的，这是他们的一种习惯，很多根本没法一下做完工作的人就只好推迟下班。一天晚上 8 点来钟，我们路过世界 500 强之一的住友公司门口，大批员工那个时候才下班。我们很迷惑，是集体加班还是其他什么原因？晚上 11 点半，我们在地铁站看到人流如潮。不少人一天打两份工，一上车就睡着了，太累了。

在日本，男士平均结婚年龄是 35 岁，当父亲的平均年龄是 36 岁。很多人甚至都不敢结婚，不敢生孩子的人更多，特别是职业女性。因为女人一生孩子往往就意味着职业生涯的结束。女人不出来工作，主要原因是小孩没有办法给别人带。请一个人带孩子，比自己打一份工还贵，自己带孩子五六年，没办法再跟得上社会的发展，只好继续做家庭妇女。

日本人的所得税非常高，45%；遗产税更高，70%。不能让你把钱存在那里，为自己养老做准备。到 65 岁，才有可能靠政府的津贴来养活自己，这个时候才可以不拼。

国家给你的压力太大了，所以必须拼命地干。有位日本朋友跟我说，“日本人不做梦，哪有时间做梦！”听完，我莫名其妙地伤感。

3. 人际互信与秩序共守

尽管压力巨大，但日本人的生活却从容而有秩序。这点从东京市容的细节上就能感受得到，绿化率极高，几乎没有见到裸露的土地，即使偶尔有一个小角落空出来，都会种上一棵树或摆上几盆花。

东京的房子一般不装防盗门，很多门是非常薄的木板门和玻璃门。偶尔一楼有防盗网，二楼以上我从未看到防盗网。我们很惊讶，他们怎么不担心入室盗窃的问题？此外，多数自行车是不上锁的，连摩托车晚上也是丢在外面，根本不担心什么。

在火车上、在旅店、在会议室，甚至在餐厅，再值钱的包，放在那里根本没有人动。京都火车站人流如织，旁边的餐厅人来人往，餐桌上七八个包丢得零零散散，并不见一个人。

我们住过的几个酒店没有“查房”之说，你走了就走了，把牌子放在那里，把费用结清就可以。我们的一位老师在日本坐地铁，西装放在衣架上忘了取，而捡到的人帮他寄到下一站，等他来取，而且烫好、折好。

在商业闹市区，经常看见女士将翻盖手机放在牛仔裤后兜上逛街，就这么着，谁也不在乎。还见过一个女士，背一个很大的包，朝外的第一个口袋就是钱包，我在 1 米外都可以看得见，她就这么逛，没有觉得有什么危险。

我们总觉得贫富差距过大才会有抢劫盗窃，实际上不完全是这样。日本也有穷的，至少从各地去的人也有穷的，而且也有流浪者。我这次还找了一个街头艺术家给我画了一幅漫画像，标价 1600 日元。他画完以后，自己感觉画得不好，就只收了 1000 日元，还一个劲儿地道歉。

日本人很讲究秩序。排队是正常的，而且自觉保持 1 米距离。在自动扶梯上，人们都很谦和地站在左侧，让有急事的人从右侧快速通过。

在东京，我们见过几百人在一个路口等红灯，没有一个人乱闯的。车辆在通过路口时也没有减速的意思，因为所有的人都一定会遵守交通规则，不需要减速，也不可能出现意外。但是，在红灯转为绿灯的时候车辆反而慢下来，车可以通行，走到一半的行人也可以通行，只要有一个人还在穿越，车辆就会让人，这个时候就体现出了“以人为本”。

日本的路并不一定都很宽阔，很少看见单向超过四车道，甚至有主要公路还是双向单车道。有一次高速路堵车，但还不至于堵得不能行走，只是慢，绝对没有人插队，更没有人急着猛按喇叭。

我们的团队每到一家酒店，酒店都有人到前面的路口迎接，指挥车辆怎么开进去，停在什么地方。我们住过的几家酒店，都有一个牌子竖在大堂，写明“某某团队”什么时候出团，并按照时间顺序排好，这样可以避免若干团队一起出发造成拥挤。如果时间安排出现冲突，酒店会建议某些团队推迟五分钟或者十分钟出发。

4. 深刻的危机意识

日本的大小大概相当于我们一个四川省，但人口密度却比四川要大，地狭人多，又没什么资源，而且台风、海啸、地震非常频繁，正因为如此，日本人有深刻的危机意识。

日本的学校每月一次防火演习，每季度一次防震演习。每个家庭都备有压缩防灾包，里边有压缩饼干、纯净水、保暖衣、手电筒和雨披。日本全社会从上到下都只有一个信念：我自己要拼命，如果不拼命这个国家就完了。

我们去考察丰田，丰田做汽车之前整个日本是没有汽车工业的，那时的汽车他们叫“自动车”。造“自动车”最早也是由丰田第二代领导人提出来的。他去考察英国的汽车，回来就发奋自己做，把原本很挣钱的纺织放弃了。由于不分白天和黑夜地努力，这个人只活了 50 来岁。为了民族的发展和国家的进步，日本很多人都是甘愿做出自我牺牲。

日本虽然是汽车大国，但企业中层及以下员工几乎都不可能开车上班，因为停车费奇贵。东京的许多停车场，100 日元只能停车 15 分钟。多数日本人都买得起车，但是没多少人负担得起停车费！

在我们看来，日本这么发达的一个社会，一般人吃饭应该不成问题。但日本人正餐也吃得很少：菜只能遮住一个小碟子的底部，米饭也只有一小碗。我总怀疑日本人很少吃饱饭，至少我在日本工作的朋友哪天能开怀吃一次涮肉，会觉得幸福无比。真不懂日本人这样是为了健康保持七分饱呢，还是为了贯穿一种压力意识？

日本人住房压力非常大。

日本房价高是全球出了名的，东京的住房均价是每平方米 60 万日元（约合人民币 4 万元），一个人辛苦一辈子可能也只能买一个小房间，买得起的白领也不过买四五十平方米的小房子。

最奇怪的是日本的租房方式：不仅租金特别高，而且首付 5 个月租金。除了当月租金、押金（相当于两个月租金）、中介费，还有一笔感恩费要付给房东。很难理解，日本市场化程度那么高，房客反而要向房东支付感恩费？

日本学生上课并不完全在学校内，他们经常出去学习，到景点去参观，去看祖先怎么拼的；到企业去参观，看企业是怎么发展的。让学生去思考能否跟得上时代，能否适应社会需要。严格来讲，这是他们的公民意识教育和思想教育，或者叫德育。

他们对德育很重视，投入也非常大。我们去参观世界文化遗产清水寺，碰到很多中学生。学生不是由老师带队，而是由出租车司机领着。一个出租车司机带四个学生，他会把社会上很多事情讲给学生听，一两个小时不停地跟学生讲，这是司机必须做的。学生做笔记，回学校还要写感想。

日本整个民族忧患意识非常重，小学课本就告诉学生：这个国家生存是很艰难的；这个国家处境是非常危险的；外族强盛了，就一定会打进来，别人发达了日本的生存空间就相对萎缩了。

5. 日本国民的素质

日本社会流传一句话："管好自己，不给社会添麻烦。"每个人都是这么一个信念，整个社会公民素质普遍较高。

日本居民在街上如果一时找不着垃圾桶，就把垃圾带在身上，回家放进自家的垃圾桶。有一位陪同我们的女士，我们有人告诉她："小姐，你身上有两根头发。""很抱歉。"她一边说一边把头发取下来，用一张餐巾纸包好，放进自己的口袋。

在自助餐厅吃饭，人人用完餐都会自己收拾桌面，桌上洒的几滴汤会用纸巾擦去，杯盘碗筷收到集中存放的地方。

抽烟的人绝不会乱弹烟灰、乱扔烟头，在街边吸烟都会带上一个便携式的烟灰缸（我就特意从日本买回来两个便携式烟灰缸）。

在公共场所遛狗的人士，身上一定带着垃圾袋，狗一拉屎，马上小心翼翼地扫起来装到垃圾袋带走，再用纸巾把地面擦干净。

人类的文明和垃圾的处理紧密相关。垃圾的处理可分为四个文明阶段。

第一个阶段是“随地吐痰阶段”，既然随地吐痰就会随地甩垃圾；

第二个阶段是“集中堆放阶段”，垃圾开始集中堆放，不乱丢；

第三个阶段是“分类处理阶段”，日本把垃圾分成三类：可燃物、不可燃物、瓶罐器皿；

第四个阶段是“精细管理阶段”，就不只是三类分放了。比如，通常人们会在可乐喝完后把瓶子扔到垃圾桶了事，而日本人会把可乐瓶上的商标纸撕掉，丢进可燃物的垃圾桶，再把瓶子塞到装瓶罐的垃圾桶内（因为瓶罐回收后也需要工人把商标纸撕掉）。

同样，家里用完了的酱油瓶，日本人往往会用清水把瓶子先洗一洗，再放到垃圾桶里，因为回收后也需要清洗的。摩丝类产品的空瓶子，日本人在扔进垃圾桶之前会先给瓶身扎一个孔，以免存在安全隐患。

顺便提及，日本东京有若干大型垃圾处理厂，当然有很高的烟囱，只是烟囱并不冒烟，而且垃圾厂附近必有一个体育场，垃圾焚烧的余热可以供体育场的游泳池保持水温，还可以让大家健身的时候理解自己和垃圾的关系、人和环境的关系。

日本人出门都喜欢带一把伞，而且是长柄的伞（很多出门的人，旅行箱旁边也插一把长柄伞）。所有的公共场所都有一个机器，里面是塑料袋，把伞往里面一插，套一个袋子再拉出来，提着雨伞进屋内就不会有水滴出来。我们在日本那么多天，只有一天是晴天，但从未感到哪儿湿漉漉的。连公交车上也都有一个放置雨伞的桶。到一些名胜参观，进室内，得把雨伞和鞋子放在门外，等回来再取；如果不从原路返回，就用垃圾袋将鞋装着，提在手上，出口处必定会有一个箱子，用来收集装鞋的垃圾袋。

日本人非常彬彬有礼，一天到晚地鞠躬。我觉得，这种东西不只在表面，是从内心深处对社会的一种认同，知道自己的渺小。大公司的高层也总是低着头走路，微闭着眼睛，自我收缩，甘为渺小。这事实上是一种境界：把别人看得比较高大，把自己看得很卑微。

我们去参观了两所大学，没有围墙，也没有气派的门楼，不起眼的大门上只有很小的一块牌子，非常普通。就连丰田那么大的公司，总部大楼也并不奢华，牌子也是很小的一块，很低调，不那么嚣张。

一位在中国、美国、日本三地的大学都工作过很多年的中国教授曾跟我说："我们中国目前还是和日本国民素质有一定差距的。"

虽然我们不喜欢听，但是我能理解，确实国民素质是有差距的。

北海道雪游有感

我某年去北海道考察夕张市占冠村雪场，如果不是“雪源”也未必是游人纷至之所。这个山沟里的雪场距札幌市的千岁机场 107 公里，雪天车程一个半小时左右。滑雪的游客来自世界各地，当然还是中国人居多。训练场有初、中、高级很多班，还有自带专业器械的比较专业的选手。

一下飞机，就有预订酒店的工作人员接待，引导我上了他们的中巴车。我们一家人在陌生人的指引下上了陌生的车辆，没有问用车是否另外收费，或者说根本没有顾虑。

我们预订的酒店名为 Club Med（中文一般译为“地中海俱乐部”，为国际化的地中海集团之连锁酒店，国内的桂林和三亚也有），从营业执照看属于以农业立市的富良野管辖，客房 490 间，最大接待能力 1400 人。外表看酒店并不奢华，只是沾了雪山的恩惠。

一进大堂特别宽敞，摆放了很多沙发，让游客进店有座位轻松等待。我特别就近观察，大堂的前台则完全没有一张凳子。酒店的餐饮可圈可点，不同特色的厨房完全是开放性的，每一种菜品都非常讲究，无论配料和装盘。用餐时间过了，客人如仍未用餐，则可以去酒吧享用简餐。

酒店毕竟在经营滑雪场，当然有滑雪用具的经营商店，但是并不用必须经过商店才能进入游玩区。

酒店有很多细节我很喜欢：一家四口住一个大大的开间，中间把孩子和大人用落地帷幕隔开；楼梯底下富余的空间，摆上各种游乐设备，台球和牌桌等；水果即使没切出来，也剥了皮让你一目了然；孩子滑雪每每得到奖励，还颁发奖牌呢。毕竟该酒店最大的特色在“儿童俱乐部”及其“和善使者”，对孩子的关照极为周全。

酒店花了极多的心思取悦游客，每天晚上都有文艺表演。演出团队是雪场的工作人员，水准当然一般般，毕竟是不收费的，但啤酒、咖啡、鸡尾酒可以随便喝。某天，酒店还把游客的孩子们组织起来，下午滑完雪就分组紧急排练半小时，当晚就排出一场一个半小时的晚会，台下的家长们感觉比看大腕儿演出还开心。

不得不佩服酒店的创意，以及教练们的组织能力。

滑雪场分组配有教练，教练多数是欧美人，生来就喜欢这些运动，把工作当作玩乐。当然，游客也可以“自由练习”。

我跟小女儿“自由行”时就曾“误入白虎堂”了一次，坐缆车上山，上山后傻眼，根本没有把握滑下来。于是，通过缆车的值班人员呼叫山下来人救援。不到一刻钟，一辆雪地摩托上了山，把我们父女俩接下山。当然免费，我问都没问费用。

Club Med 酒店实行的是“一价全包制”：住宿、三餐、饮品、孩子托管、滑雪、教练、演出、酒吧、游泳、健身等，均不另外收费，除了租用的雪具。

很高的收费，生意却无比兴隆。

这家酒店旁边又建了四栋高楼，可以容纳更多客人。游客口碑好，人流就越来越大。

让我吃惊的是，这么繁荣的经营场所，一年只运营一个冬季，每年到四月必须关门，绝对是“靠雪吃雪”的企业。这给人力资源管理带来多大难度啊！

但酒店对工作人员要求极高，不仅必须懂两门以上的外语，并且还要有一技之长，比如舞蹈、滑雪、看孩子。

在酒店随时都能见到帅哥和美女，但他们的工作并非“高大上”。一帅哥专司滑雪工具的领用和归还，不仅蹲下身子给我试滑雪靴，还用滑雪板给我量身高，更让我感慨的是他一直微笑着，不断给我竖拇指感谢我的配合。偶见大美女一枚，正在整理垃圾箱，一丝不苟。前几分钟看到她从男洗手间出来，跟我微笑示意，我还以为她走错了门。这些明星一样的服务员，要多高的代价才能招聘进来呀。

所有工作人员见人都微笑、点头、问好，一小块烤牛肉也要添加辅料并小心地装盘，厕所墙面砖的拼缝都会仔细清洁，初学者连连摔跤都要放弃了，教练会走到身边“开小灶”，早餐的迎宾不是收餐票而是问安后引导你到合适的桌子，餐厅服务员频繁穿梭在各张餐桌之间从来没见一个人闲着，去前台问事语言不通，接待人员总是很着急地去找对口的人……

价格是靠品质做起来的；品质都是细节的串联或并联，要每个人无一例外、一丝不苟地做到位才行。

当然，任何技术及其标准都可以学，但全员的职业化根本不是靠急火烧肉式的短期培训能催生出来的；即使完全雇佣外面磨合过的专业团队，内部协调和对外合作很难说就不是一个问题。

一次典型的“阳光招聘”

招工招考之所以吸引人们的眼光，有一个重要因素就是人们对公平公正的热切期望。茅台集团作为有影响力的知名国有企业，组织并实施了一次全员瞩目的招工。

1．坚持按规则办事的原则性

依法治企主要表现为严肃制定并严格遵守规则，没有“特殊情况下”之类的“灵活性”，一旦出现“原则上”就为破坏原则打开了缺口。这次招工就有“招录男女比例按 1:1 执行”“内退顶替”等建议因其违背生产用工需要或不符合国家政策，均被拒绝。有一些合理的意见和建议，但不符合作为此次招工唯一依据的《公司员工子女招聘办法》，自然也不予接受，但可记录在案以提交下一年职代会审议修订。

根据茅台集团生产岗位的特点，设定了新聘人员的体能标准，体能测试不合格者不得参加文化考试，自动失去招录资格。此次招考，一概没有“例外”，按计划数从高分到低分 1:1 录用，不预留指标，不增加计划，不扩大比例，堵死了各种“关系户”的“绿色通道”。

2．在具体手续办理上体现灵活性

招工过程中应聘者一定会遇到一些实际问题，比如有人因各种原因未能及时办理证件的变更或登记手续，在此次招工办理手续过程中允许其补办手续，确实来不及办理的可由员工所在单位出具证明，本人做出书面承诺。这样，保证了那些符合条件的应聘者不至于因为手续问题而丧失难得的招工机会。

3. 突出流程设计的有效性

此次招工从报名到最后录用的每个环节都有精确的流程设计，注重各环节之间的衔接，保证了执行的有效性；全程设计了三个公示环节，分别是符合员工子女招录条件人员的资格公示、文化考试成绩公示和拟录取人员公示；充分考虑了各个流程环节的可操作性，如异地委托第三方命题和阅卷、三套试题随机选择、试卷在全程监督下的押运等。

环环相扣的设计，既满足了试题保密性的要求，又减少了程序上的复杂性。3 份备选试卷全部按考生数印刷出来，现场由监督委员任抽一份开考，另外两份即时作废。

4. 监督的广泛性

首先是茅台集团官方的监督，公司监察室和厂务公开办负责对整个招工过程进行监督。其次是利用公告、公示等环节接受社会的监督。

最具特色的是员工监督，茅台集团成立了“员工子女招录监督委员会”，在由 15 名成员组成的监督委员会中，有 13 名来自应聘者的家长。监督委员们在认真学习和掌握员工子女招录文件和各项规定的基础上，按分工参与员工子女招录全过程工作，一经发现员工子女招录过程中存在违规违纪行为，有权要求立即纠正，并向纪委监察室和公司工会报告。监督委员们的电话一律公开，以便于收集员工的意见和建议，接受举报。广泛的监督充分保证了招工过程的每个环节都在“阳光”下进行。

户籍政策松动对人才流动的影响

1. 选择了市场经济就必须让人才流动起来

人才市场化是市场经济发展的动力之一，就像资本必须畅顺流动一样。但我们因为户籍制度的限制，包括人才在内的全部人力资源形成了二元制，极大地限制了人才的市场化。虽然，实际上人力资源也大面积流动起来了，最典型的就是农民工进城，逐渐成为制造大国的产业大军的主力；但是，因为户籍的约束，这批浩浩荡荡的劳动力队伍离乡不离土，老人孩子甚至配偶都留在农村，住房更是在乡下自建或乡镇购买。他们常年生活和工作在城市，但从来就不认为自己是“城市里”的人。因此，“春运”构成了世界级的中国风景。

在迎接2020年到来之际，有一份重要的政策性文件出台了——《关于促进劳动力和人才社会性流动体制机制改革的意见》（以下简称《意见》），由中共中央办公厅、国务院办公厅联合印发。牵头起草的单位人力资源和社会保障部有关负责人对这份分6个部分、包含16条细则的《意见》进行解读，称之为“首次构建促进劳动力和人才社会性流动的政策体系框架”。

划重点，《意见》的核心政策变动是“全面取消城区常住人口300万以下的城市落户限制，全面放宽城区常住人口300万至500万的大城市落户条件。”简而言之，户籍政策大松动。

官媒对“社会性流动体制机制改革思路是什么”给出的答案如下。

“立足基本国情，把握发展规律，注重政府引导，强化市场引领，充分发挥劳动力、人才的主观能动性和社会性流动客观规律，充分尊重劳动力、人才为实现个人价值自由迁徙的权利。”

“社会性流动实现从计划到市场、从单一到多元的历史性转变。”

“要加速向劳动生产率高的地区集聚。”

“畅通流动渠道是形成社会性流动机会平等的基石。”

“聚焦妨碍劳动力、人才社会性流动的户籍、单位等关键问题。”

2. 改革开放以来的人才流动一直是“孔雀东南飞”

“孔雀东南飞”是我国人口、劳动力、人才流动的基本态势，这种流动趋势与中国西高东低的地理结构正好相反，“黑腾线”以西、以北地区基本上是净流出。我在沈阳做“振兴东北”专题调查了解到，辽宁省近年考出去的研究生以上学历者回到本土就业就职的极少，不超过10%。

当然，更大规模的流动还是农民工。2017年年末的数据，全国农民工总量达2.9亿人，其中外出农民工1.7亿人。接受农民工最多的地区显然在东南部，看看春节的“空城指数”就可以做出判断，指数最高的十大城市分别是深圳、东莞、北京、上海、苏州、广州、杭州、郑州、成都、佛山，其中郑州和成都主要是周边人口密度太大的溢出。

2019年常住流动人口数量最大的十大城市中，有970万常住流动人口的上海排名第一，然后是广州、深圳、北京、苏州、天津、杭州、成都、宁波、东莞，这与“空城指数”前十基本吻合。

不过，全国流动人口规模有一些变化，从此前的持续上升转为缓慢下降。2015年国家统计局公布全国流动人口总量为2.47亿人，比2014年下降了约600万人；2016年全国流动人口规模比上年减少了171万人，2017年继续减少了82万人。因为工作需要，西部、北部向东部、南部的流动量很大；又因为户籍因素产生的后顾之忧，使流动逐渐放慢。

3. 真正让人才流动起来的困难还很多

“稳妥促进劳动力、人才合理有序流动仍是一项长期而艰巨的任务，需要持续研究、逐步破解。”官媒同时也提道了作为生产力要素的人才和劳动力流动的难点。户籍政策松动乃至废除显然是大势所趋，但中国的国情似乎又不完全适应人才和一般劳动力彻底地大面积流动起来，尽管政府此前也做了大量的准备，包括各级成熟的劳动力市场管理组织、日渐规范的人力资源服务公司、加快进程的城镇化建设、建设速度很快的美丽乡村、部分实施的农地流转政策等。

新政策的出台，对于东南沿海的三四线城市是很大的利好，这些三四线城市就是新政策中提道的“常住人口 300 万以下的城市”。查阅《2017 中国城市统计年鉴》，城区常住人口 100 万～ 300 万的城市共有 59 个，包括苏州、汕头、无锡、常州、珠海、绍兴、温州、宁波、厦门、扬州、连云港、宿迁、盐城、绵阳、自贡等；多个省会城市也在列——太原、长沙、乌鲁木齐、石家庄、南宁、福州、南昌、合肥、太原、昆明、贵阳、兰州、福州、海口，其中的大多数城市在“城市人口吸引力指数”中的排序也比较靠前。当然，城市人口每天在变，尤其发达地区人口增长速度极快。据了解，苏州 2018 年城区人口已经突破 800 万，但它辖内的 4 个县级市（常熟市、张家港市、昆山市、太仓市）都可能成为热点。

利好包括几个方面：一是劳动力不至于短缺，人才更易于充足；二是人才稳定性好，转换成本低；三是拉动消费，尤其是房地产；四是城市公共资源和公共投入的使用效率大大提高；五是多地区人群的聚合促进了文化的多元化，从而使城市更具创造力。

但是，这样也将造成相对欠发达地区更难以“重振雄风”，“小镇上的将军”将越来越少，各项发展日渐萎缩。有良好工商业基础的县城相对受到的影响小一些，完全的农业乡镇影响极大，毕竟目前资本向农村流动的条件尚不成熟。

当然，前文提到的利好城市也将面临新的挑战，突出的是城市公共服务短板一时补不上，最为突出的是教育和医疗资源的严重短缺。村民向市民转变也有太多的培育工作要做。

4. 废除户籍制实现完全的人才流动指日可待

正因为现实条件尚不具备，国家在推进户籍制度改革中一直是走“小碎步”。对比 2014 年国务院发布新型城镇化规划时的相关表述：“有序放开城区人口 50 万～ 100 万的城市落户限制，合理放开城区人口 100 万～ 300 万的大城市落户限制，合理确定城区人口 300 万～ 500 万的大城市落户条件，严格控制城区人口 500 万以上的特大城市人口规模。”有序放开、合理放开、合理确定、严格控制：用词造句特别谨小慎微。

就城市而言，毕竟城市越大接纳人口的能力越有限，几乎所有城市的公共服务都很脆弱，非常担心暴涨造成混乱。而面向农村，土地真正流转可以刺激资本下乡，但又担心资本“割韭菜”不怀好意，农村更受不了。要防止各种力量下乡与民争地、与民争利，如果政策空子太大，一任资本对乡村疯狂掠夺，农村将更加“荒芜”。

当然，本地资本可以带动本土能人回乡，但走出去的农村人多数还得“消费”城市几十年再说。除非全国范围，以工补农、以城带乡、城乡统筹做得很彻底，新农村建设确实旧貌换新颜，乡村真正地完全振兴了。

推进县域治理也是非常紧迫的，着力解决好进入县城定居的人口面对的困难，包括公共服务供给和社会治理，更重要的是医疗、教育和养老。农民真正实现自由流动、自由迁徙、自由择业，超出一般劳动力概念的人才的流动就更加自如了。

探索“秘书”之“秘”

我用秘书向来都不用特别漂亮的，当然人都是爱漂亮的、虚荣的，但是从工作的角度来说，我不主张用太漂亮的秘书。我用秘书真正概括应该是两个字，一个是“严”，一个是“细”，因为我自己曾给一个副厅长当过秘书，深有体会。

实际上，秘书的所有事情都是琐碎的，因此她（他）必须严谨，不然上司就非常尴尬、非常麻烦。我当总经理时也曾礼节性地请我的秘书吃了一次饭，我说：“汪中求不重要，但是作为总经理我很重要，因为我是这个企业管理的核心，是这个企业管理的灵魂，你为我服务必须比别的岗位要更严谨、更到位。你可以算一下，企业每年为我付出的成本是你的 34 倍，企业花了更大的成本请我，细节上的事情，应该更多地让你去做。”

请秘书的目的是提升上司的时间效率，使上司的一些重复的、简单的事情尽可能让秘书为他做好。比如说，我八点上班准时到办公室，秘书要 7 点半到达。我的文件有一个详细的清单，分四类：必须马上批复的文件、必须看但不一定要回复的文件、可看可不看的文件、没必要看的文件。秘书帮我把它分为四类，详细的清单放在桌头上，我必须知道我要处理哪些文件，次序是什么；再一个，秘书要为我的笔记本电脑打开网络，上我们的局域网、外网，要把上一段时间网上的全部信息整理成一份文档，我会用计算机，但作为秘书必须给我准备好。跟部下谈事情，我在写字板上不断地写，不能写着写着笔没有墨水了，这也是秘书要准备好的。

有一个高效的秘书才有一个高效的总经理。在企业，总经理的岗位工作效率差，整个企业的效率就一定差。总经理是企业管理者，如果不去注意秘书的工作效率，要提高企业效率是痴人说梦。和经理打交道最多、跟经理工作最密切的人是秘书，同时秘书岗位又是一个什么信息都了解的岗位，因此我对秘书的要求是苛刻的。如果考虑自己还有很多事情，没有那么多的时间在班上，那就不适合做一个秘书。秘书做得好，也是可以迅速成为一个管理人才的。如果有这种志向，就要付出比大家更多的努力，所以必须严格地训练秘书。

续篇：再论秘书的难当

我当过 6 年总经理，用过 4 个秘书：第一个湖南小女孩，董事长配给我的；第二位湖北人，挺能干，去别人的公司高就了，祝贺她；第三位是男孩，不卑不亢，用得挺顺手，被一个当董事长的好朋友看上，送去给他当部长了，能往高处走，支持；第四位四川人，读书少一些，进修去了。

对秘书的使用，我觉得应该尊重、严格、保护。太多的故事，只讲一个：某日，我出差，秘书急忙从办公楼追出来，给我送来充电器，我真诚地向她道谢，但下车时结伴同行的另一家公司老总见我并没有把充电器放进行李箱，很奇怪地看着我，我于是解释说："我已经带有一个旅行充电器了，但秘书匆忙追上来，特意为我送来充电器，以为我忘了，这是工作用心的表现，应该肯定她。不必直说这个充电器不用。"我需要保护秘书服务的热情和主动的态度。

秘书很重要，秘书又很难当。

我当过 2 年秘书，在 1990 年和 1991 年，我的上司是副厅单位的正职，于是我也从一个中学老师，一下子就成了级别不高（副科）但权力不小的角色。文字的工作倒是没有多大问题，写的稿子、起草的文件、做的纪要经常是不用领导多改的，但我的秘书当得并不成功，对复杂的社会的适应速度太慢。于是，不久后我就下海了，给香港资本家打工，心甘情愿地受资本家“剥削”去了。

在企业，这方面就好得多了，至少我用秘书不希望这样，我要的是勤奋、得体、有序、精细、效率，当然，想做点事需要一些牺牲，尤其不可能完全按时上下班。

在此，作为曾经的“老男秘”和后来用过多位秘书的“过来人”，给正在或准备当秘书的同仁 20 点提示。

（1）必须有更多付出，不能太计较时间和报酬；

（2）不会摆弄文件夹，不宜当秘书；

（3）常用电话号码、重要客户和合作者的联系方式尽可能熟记；

（4）学会记录，只要在场能记录的别落下，说不定什么时候有用；

（5）开会少发言，勤记录，记住是列席；

（6）有调查研究和了解情况的权力，但绝对没有指令权；

（7）为了写东西，多做标准文本准备；

（8）对其他同事不可有骄娇之气；

（9）无论对上、对下，多用“请”和“谢谢”准没错；

（10）不要上网做与工作无关的事，也许别的同事可以；

（11）手机永远是振动，QQ 也不要有提示音；

（12）要细心，学会在小事情上为上司补缺；

（13）常规性的琐碎事务，不要让人有半点不放心；

（14）适时地提示，温和地提醒；

（15）不是上司问及，不议论同事的不好；

（16）如果一周以上都觉得没什么事情做，该考虑换岗或辞职；

（17）少喝酒，不能醉，如果上司老让你喝酒甚至不在意你醉酒，就已经不是真正的秘书了；

（18）穿衣服有工装最好；

（19）异性秘书，对上司的生活部分不宜太关心，对上司的家人彬彬有礼就够；

（20）切不可产生办公室恋情，如有萌芽立即走人。

90 后员工思想长什么样？

——60 后“老司机”给 90 后“童鞋”的回信

走糖：

最近还在和那位一米八“篮球男”谈着吗？

你的信，微信式、QQ 式、邮件式，甚至还有明信片式，很多封，我都妥妥地收下了。你说过“不用回”，加上忙，就真的一直没回你。当然，所有的“忙”都是借口，我也一样，不过是一个优先级的纠结，如果是总理来信我能不立马就回？但我确实是怕一写就太长，而你又不耐烦看绵长的“东东”。

先跟你讲一个准笑话。

一对夫妇手持头等舱船票登上了可以容纳数千人的豪华游轮，船上游泳池、豪华餐厅、电影院应有尽有。两口子惊喜无限，美中不足的是各项豪华设备的费用十分昂贵。终于，有一天服务生跟两位解释说：“这是头等舱的船票，航程中船上所有的消费项目，包括餐饮、唱歌以及其他活动，都已经包括在船票内。您二位每次消费只需出示船票，由我们在后面空格注明即可。”夫妇俩想起航程中每天所吃的方便面，不禁相对默然。

很显然，这对夫妇绝对不是 90 后，连 80 后、70 后都不可能是。应该是老两口，至少是我们 60 后这一代的，而且一定是长期接受非常正统教育下的“好人”“完人”。

我记得你曾经分析过70后、80后、90后三代人对钱的理念：70后谈存钱，“哎，基准利率又跌了”，“明天发国债，抢吗”；80后则忙着商量还钱，“车贷、房贷都是钱”，“在社会上混，人情也是要还的”；而90后只谈花钱，“玩呀，吃呀，衣服呀，化妆品呀”，“对了，看个电影还得70块呢”。我知道你“钱就是用来花的，不月光不是90后，花了是钱，不花是纸”的消费观念，再不可能像70后那样“能省就省”，甚至不会像80后那样“该花就花”。而且，你们这一批家伙，消费起来可以不讲品牌，甚至偶尔放弃关注品质，长得美就行，典型的“外貌协会”。

老实说，我一直在向你学习呢。哈佛大学费正清研究中心的学者正在研究一个课题——“如何与未来中国打交道”。该研究团队认为，30年后，人类历史将迎来一个由独生子女组成的国家，这个国家不是小国而是大国，他们将如何与世界相处？这是福音还是灾难？他们都在研究你，我更得紧跟着你哈。

你来信中的很多句子，我都认真摘录下来了。你没想到，我在做“读走糖笔记”吧？

“希望我能成为一个有趣和有钱的人。实在不行，光有钱也是可以的。”

“每个人都说拥有金钱不代表拥有幸福，但却没有人真的这么认为。”

“我负责快乐，食物负责制造快乐。”

“每个人心中都有一团火，路过的人只看到了烟。”

“看，当时的月光，曾经代表谁的心，结果都一样。”

“陪你酩酊大醉的人，最后是没法送你回家的。”

“走过很远的路才明白，理解远远比爱更奢侈。”

“不喜欢‘小鲜肉’，也不喜欢‘老司机’，但喜欢‘老司机小鲜肉’。”

“银行只贷款给有钱人，真正的爱情也只会降临在不缺爱的人身上。这是一个悲伤的事实。试过了，倒立的时候不妨碍流眼泪。”

“做一个成熟、周到、克己的人，真是没什么意思啊。”

“人的结局是既定的吗？怎么总是觉得，我不是探路者，而是结局在靠近我。”

你的这种立足现实的人生态度，我完全支持。记得林语堂说过，“我们对于人生可以抱着比较轻快随便的态度。我们不是这个尘世的永久房客，而是过路的旅客。”又说，“人生不过如此，且行且珍惜。自己永远是自己的主角，不要总在别人的戏剧里充当着配角。”

我自叹不如的是，我缺少你们这一代轻松愉快的生活派生出来的幽默感，我们这一代太刻板了。不过，能怪我吗？饭都吃不饱，幽默得起来么？

“看到你第一眼我就感觉我们将会有故事发生，果然你手里有我的快递，还要了我的签名。”

“失陪一下！中秋到了，我有一个月亮要奔一下。”

“我老了可怎么办？那些广场舞看起来好难。”

“这段时间比较消极，大概是很久没吃火锅了吧。”

“熬夜伤身体，不如通宵啊。”

“一懒众衫小。”

我真的很喜欢这些句子，人生应该添加一点趣味。如林语堂所言：“中国最崇高的理想，就是一个人不必逃避人类社会和人生，而本性仍能保持原有的快乐。”不过，60后就不寻求人类本性的快乐吗？“一般人不能领略这个尘世生活的乐趣，那是因为他们不深爱人生，把生活弄得平凡、刻板，而无聊。”林语堂的这个批评我是不接受的，我没有“不深爱人生”，只是没有来得及深爱。对吧？

我曾认真总结过你们这批人的特点，你看看我说得靠谱么。

- 有充分的条件获取海量信息，学知识几乎无局限；
- 思路开阔，创新力强，但因为条条框框少常突破边线；
- 自尊心普遍超强，极易受挫，受挫后还故作轻松；

- 拒绝讲大道理，尤其反对师长辈虚假空洞的说教；
- 建立起了现实主义人生观，并不接受虚无的未来；
- 基本没有照顾他人习惯，也从来不提倡牺牲精神；
- 依仗着较高的智商，不轻易欣赏他人包括领导；
- 平等意识和自由思想与生俱来，非常强调保护人权。

我这么提炼和总结，还真不是装酷；中国企业界，必须认真研究“90后现象”。必须我们适应你，不可能让你来迁就旧时代。你的来信中，不乏深刻的思考。我甚至认为，多读你的信，“学哲学，用哲学”就不必了。

“对自己知道的事情要忍住不说，多听别人的。社会从古至今都不大会喜欢一个知道太多又表现出来的人。”

“弱者群居，于是有了芸芸众生。”

“我需要，最狂的风，和最静的海。”

“寂寞不过是没学会和自己相处，没爱上丰富又有点疯癫的自己。”

“这是一个流行离开的世界，但是我们都不擅长告别。”

“自由和独立才是真正美妙的奢华。”

好了，不再写啦。你可能已经不耐烦了吧？本来，还想继续谈谈企业老板、高层管理者乃至整个现代社会应该如何与你们相处，如何与90后合作，就不一次性讨论完吧，何况也真的没有想好。

继续来信，保持沟通。尽管你说过，“从今以后保持低调和神秘，对自己的美丽与智慧只字不提”；但我还是希望，你对我例外。

此致

饶趣之（作者笔名）

2016年12月9日

学会欣赏，习惯鼓励

——汪中求致顶固员工的一封公开信

伴随广东顶固集创家居股份有限公司（以下简称顶固）的发展已经有七个年头了。

第一次认识顶固的林新达总经理是 2002 年佛山西樵山酒店的一次聚会上，那个时候的林总带着三个业务骨干参会，会上也并不活跃，甚至给人外表温柔、说话腼腆的印象。

第一次进入顶固公司则是在这次会议之后的一个夏天的傍晚，公司在一条狭窄的街道的一个院子里，楼下生产，楼上办公，总经理的办公室一半空间被一些货物挤占了。

后来呢？后来顶固在广州设营销中心，再后来顶固建了自己的厂房，再后来配套的生活区也起来了，而今新厂投入生产，几年工夫厂房完全不够用，只得在南海设分厂，在工厂附近增设仓库。最要紧的还不是这些，而是国内开始引进先进的设备，大批专利技术获得通过，顶固品牌在市场叫响（至少从不贱卖，不赊欠，还收品牌保证金）而显现牛气。

然而，这两年，特别是近一年来，却出现了企业氛围与发展形势的不对称，总觉得公司上下偏于沉闷，各级员工不够阳光，岗位沟通中缺少赞赏，各类会议上少了表扬。批评多了，责备多了，处罚成了家常便饭，扣工资也流行了起来。

这是很不得了的事情，比产品不合格，服务不到位，销量未完成计划，利润率下降可怕得多。人心沉重，环境压抑。于是不仅怕绩效考核，还怕参加沟通和会议；担心出现大大小小的失误，却偏偏失误不断；很难分清责任，却因为不得不有人承担责任而伤害同事感情；吸引人才困难、留住员工不易，流失率居高不下。一种阴沉的气氛，往往很快就感染了新来的同事，破坏了热情者的所有幻想和理想。

作为十分亲密的旁观者，我想说：顶固，必须学会欣赏；全员，必须习惯鼓励。

常识，我也是懂一些的。比如批评为了改正，有错必须纠正；比如严格产出人才，磨炼培养意志；比如不可能每个人都优秀，暂时企业并非一流。

但是，当一个学生或子女考试中得了 90 分，教师或家长就责骂他为什么扣了 10 分，殊不知，这扣去的 10 分，有 5 分是教师本就没有教过的，有 4 分是卷子上 8 个错别字的扣分。只有 1 分是疏忽，是分神，是不小心，是没学好。不过，无论如何，公司整体在提高，市场不断在扩展，利润仍然较稳定，那就是说，大部分或绝大部分的干部、员工是很不错的，至少是及格的，多数时候或绝大多数时候是尽心的，是不愿意犯错误的。

试想，你的下属那么多人不合格，不就是你首先不合格吗？整个公司太多人挨批评，那么高管就有问题！

因此，顶固公司，上上下下，从即日起，一定要重新学习：学习怎么去欣赏他人，欣赏同事，尤其要欣赏下属；学习怎么去赞扬身边的人，赞扬每一个人为你做出的努力，赞扬每一个岗位对集体贡献的那份力量。

如果开会不以表扬为主导，与人沟通不以欣赏为主线，就很容易培育出一种反常的文化。

真心期望，顶固，我的朋友，从明天起不再阴郁，不再沉闷；每天每处都充满欢喜，充满阳光，所有人都互相感恩，互相鼓励。

顶固的太阳，就在顶固人自己的手心里！

青春被手机撞了一下腰

“时间，让深的东西越来越深，让浅的东西越来越浅。”这句话不记得是谁说的，但我想补充的是，时间让智能手机严重侵占，青春因此增大了浅薄的机会。

我是国内用手机较早的一群人，那时手机不仅大还结实，当年这种蜂窝电话号称可以钉钉子。我在香港恒雅公司卖手机时经常宣传：有人手机从 8 楼掉落下来摔开了，但合上电池可以继续用。那时，电话打出去要加拨 0，打进来要总机转，俗称“二哥大”。

手机模拟机进化到数字机是一次飞跃，然后才有短信、彩信、图片以至短录音和微录像。我当年听说手机可以发短信都期待了大约两年，最早的彩信也只是超过一定字数的短信。手机和互联网衔接更是一次技术革命，人们以台式机或笔记本电脑作为接收器的习惯正在让路，智能手机成为信息时代的移动终端。以智能手机为标志的移动互联网经济来势凶猛，智能手机问世以来世界跑得很快，中国更显速度。

朋友一起吃饭只玩手机，夫妻之间不愿交流各自玩手机，人们一睁眼就摸手机。有人戏言：世界上最远的距离是，我在你身边而你却在玩手机。离开了手机就与世隔绝了，手机上升为唯一战胜孤独的工具。咖啡馆不得不用心良苦地提示：我没有无线网络，和你身边的人说说话吧！

我不算使用手机最频繁的，但花在手机上的时间逐年增多：特别核心的朋友圈每天转发名人名言的短信一条；对同事微信圈每天发一条《拾贝正能量》的为人处世的短信，特别好的微信文章收藏、下载和转发；浏览手机新闻，wifi 下收看不可多得的视频；跟老人分享孩子的照片，和孩子们视频聊天；每天发微博；还用高德地图导航，更借用手机当傻瓜相机。马化腾说，手机是“人的电子器官”，我会少一个器官吗？

频繁使用手机对人身体的伤害是显而易见的，尤其是视力和腰椎，但对人更大的伤害不是身体。某日，我数了一下一位“大 V 级”朋友的微博，一天 37 条，有转发，有点评，有原创。没有 300 分钟处理不了，专业“微博作家”！很多人因为手机智能了，自己就放弃所有的技能，就像我现在如果不翻看通讯录连 3 个以上的手机号都记不起来。这种过度的依赖导致负责记忆的大脑区域变得越来越懒，记忆功能得不到充分锻炼和激活，长此以往，这个区域就会处于一种懈怠状态，记忆力就会下降。

手机对人最深刻的伤害是它使人变得更轻率或盲目自满。手机几乎“万能”，但手机不能帮你建立思想，不能替你搭建体系，不能代替你思考。手机学习太碎片化了，而人们却认为在和无知告别，也就不再系统学习，不再看专著，更不再接触“大部头”。本来还没什么，偏偏以之自得，便真是无知了。借用一句流行语：“你上一下百度会死吗？会！”

在手机上“瞎逛”更是典型的浪费时间。虽然说手机“万能”，但用手机钻研一门学科或专业的人极少，大多是借助微信、微博浏览一些时政的和幽默的段子，或者讨论什么好吃、哪里好玩，要么就是一些健身和养生的办法和心得，当然还有大量的“不懂宽容，再多朋友也要离去”之类的心灵鸡汤。手机更具黏性在于社交价值和游戏功能。

我所谈的“放下”手机当然不是说要“放弃”手机，未来手机的使用范围更广，它可以代替钱包、身份证和钥匙。随着公共显示器的普及和云存储安全度的提高，特别是软体显示设备的出现，手机可以折叠或可缠绕（还不是目前所宣扬的可穿戴设备），人们连手提电脑也不需要了。到那时，手机并非手机，而是作为接收终端横行天下。

越是这样，智能手机的使用越要有所节制。

（1）不躺在床上看手机；

（2）坐在马桶上不刷手机；

（3）开会、会客、交流不摸手机；

（4）操作性强的岗位上班关闭手机；

（5）吃饭不拿手机；

（6）严格筛选微信群，非重大信息不群发；

（7）没有多少信息是需要紧急回复的；

（8）除少数有思想者外设置朋友圈权限“不看他的照片”；

（9）友谊并不靠在圈里频繁点赞；

（10）手机上收藏的文章大多数最终并不阅读；

（11）手机上的知识碎片永远不能取代系统的专著。

放下手机吧！我使用手机，而不让手机折磨我；手机功能再扩大，也不能“人为物奴”；破坏了内心的安宁，手机就走向了反面。

以宽度补长度，以空间换时间

——为《寻美足迹——细人游学记（上）》作序

微信收到杨耀防老师一篇又一篇游记，立马想到——什么是旅游，什么是游记？

我去过30来个国家，跑过国内400多个城市，但很少算得上是旅游的，总是一个出发追着上一个回程。事务繁杂的理由并不充分，可能是我“没有发现美的眼光”。

前些日子，我去东北的辽阳讲学，实实在在花费了半天，去参拜了市区中心的白塔和白塔寺。认真琢磨一下，启动“旅游”的原因却是因为白塔根本不“白”，而且怀疑接待方介绍的“白塔寺有2000余年的历史”。

白塔因其塔身以白灰粉刷而得名，但今日因环境恶化完全没有“白”相。但它确是东北地区最高砖塔，也是全国六大高塔之一。众说该寺保留了“五个世界之最”，经实地实物考察，除香炉有名无实之外，青石牌坊、宫灯、大雄宝殿和殿内木质贴金坐佛都确确实实世界最大。

新修的白塔寺今名广佑寺，但自古以来的佛寺必然因塔而建。民国初年的《辽阳县志》说白塔始建于汉，但查看明永乐二十一年（1423年）所立塔上铜碑（依据的是元代皇庆二年维修该塔的铭文），记载有：“该塔自辽所建，金及元时皆重修。”今时白塔没有留下登塔口，无法近观，不可详考。但根据塔的建筑风格、使用材料、砖雕手法及纹饰等，皆与有明确文字记载的沈阳塔湾无垢净光舍利塔、锦州大广济寺塔、北镇崇兴寺双塔一致，而那些佛塔都不早于辽代中期。白塔用砖、瓦当、斗拱及砖雕牡丹、双龙、胁侍及飞天等，也与辽代中晚期的同类建筑相类同。据此推断白塔建于辽代，而且是中晚期建成，故塔龄不足1100岁，而庙龄绝不高于塔寿。

这样说来，我的旅游主要是寻根问底，努力于知道自己的不知道。也许，这可以是旅游的一种。书上说：哲学始于惊讶，科学源于好奇。

但是，多数人的旅游似乎并不这么辛苦，出去走走，到处看看，虽说那也许是别人生活厌倦了的地方，而游者却兴奋得不得了，因为长见识开眼界了。

人的生存原本不过“时”“空”二字，历史中的人物记载从时空开始——“汪某某，19某某—19某某，江西某某人”。这是最常见的格式，前者记录时间，后者描述空间。人们追求健康长寿，无非是寻求时间的长度；追求见识眼界，无非是寻求空间的宽度。中文的“宇宙”二字为国人的人生观点了题：“宇”的本义是房子，引申为代表空间的无限；“宙”的本义是房梁，引申为舟车之所达，进一步喻为古往今来，代表时间的无穷。

“以宽度补长度，以空间换时间”或许是多数旅游人的真正目的，无限的长度人类目前还不敢奢求，但尽可能增加宽度还真是一种补充。

广义的旅游也许可以分为三种：观光、旅游和休闲。观光当然指走马观花一类，这样也很好，游者自己觉得开眼界了就好，同样获得了“宇”的满足感。休闲是旅游的变种，“旅”而不“游”，不愿到处看，身心轻松就行，这是对“宙”的另一种理解。

当然，更有一些人的旅游，不过借助游记来“发表重要讲话”。如公元1046年（当时叫“庆历六年”）的一篇受朋友所托的游记——《岳阳楼记》就是这一类型。

《岳阳楼记》并没记“楼”，因为“岳阳楼之大观也，前人之述备矣”；接着告知读者“巴陵胜状，在洞庭一湖”，那就好好写写湖景呗，但最终不过是“登斯楼也”，借题发表感叹：“不以物喜，不以己悲”，“先天下之忧而忧，后天下之乐而乐。”

当然了，作者范仲淹太大牌了，怎么写都对。有好事的后人，甚至发现范仲淹根本就没有去湖南，更没有上岳阳楼。当时，范仲淹在河南邓州做官，只是不太得志而已，于是，就在邓州为贬职到岳阳做官的朋友站台，借助滕子京赠送的《洞庭晚秋图》写就了这篇《岳阳楼记》。

看来，游记谈人生是根本。

现在，在我的母校九江学院当领导的杨耀防老师写的一系列游记《寻美足迹》到底是对于某一事物彻底明白个究竟，还是借旅游拓展自己的人生宽度，抑或像范仲淹一样感叹人生，我不敢给出答案，各位看官自己读书吧。

是为序。

对“工匠精神”热点的冷思考

——以日本企业为例

“工匠精神”一时成为热词。但是，很抱歉，工匠精神并非炒货，热炒“工匠精神”实际是对工匠精神的不尊重或不理解。恩格斯有过一句批评第二国际的伯恩斯坦的话，“运动就是一切，目的是没有的”。套用之，热炒就是一切，工匠精神的理解是没有的。就其实质看，工匠精神反倒是更加强调“板凳一坐十年冷”。

1．早先就有工匠，但并没有“工匠精神”概念

手工业时代没有“工匠精神”一说，就像吃不饱饭的时代很少讨论“孩子为什么不愿吃饭”一样。那个时期的工匠都是简单的“劳动人民”，一般自视为手艺人，比较容易过上中产阶级的生活。小时候，祖母总是跟我说，“大旱饿不死手艺人”。工匠们一生抓住一件事做透，也是自然而然的，多数工匠还以之传宗接代，当然那个时候也没有太多更好的行当。1980年之前，我们家就经常有工匠上门入户干活：裁缝、泥工、篾匠、木匠、油漆工、教书先生和郎中，包括剃头师傅，还有接生婆。几十年基本上一直是同一个师傅，最多五年八年收一个徒弟，前船后渡。

那个时代，工匠讲得最多也最为自豪的一句话是，“活干不好，丢不起人”。有时，雇主家木料不好，木匠都不愿做，“传出去是我做的，没脸

见人”。师傅们手艺当然有高有低，但粗制滥造几乎是不可想象的。乡村郎中总是随叫随到，半夜出诊、翻山越岭是家常便饭，上门服务动辄十多公里。我上小学靠的就是村里请来的一位教书先生，五年下来，根本没有语文老师、数学老师一说，体育、音乐、美术课更没有，二十几个年龄不同的孩子整天面对同一位老师。我写过一篇怀念性的感恩文章《我的老师没有姓》，老师姓吴，但我们从来不叫“吴老师”，就像我叫爸爸不可能叫“汪爸爸”一样自然而然。我的小学成绩很好，尤其自学能力很强。

工业时代到来，中国改革开放以后，“工匠”仍然存在，而且新增了各种“匠人”：电工、水工、车工、翻砂工、电焊工，技术高的就不称“工”而称“师”了，工程师、设计师、摄影师、化妆师、主治医师。工业化的特征是分工越来越细，合作越来越强。有一则幽默：汤姆被提拔为副主管，在妻子面前激动多日，妻子不得不提醒他给杂货店豌豆部的主管去个电话，谁知接电话的店员反问，是灌装豌豆部主管还是冷冻豌豆部主管？汤姆再也不炫耀了。工作岗位被不断细分，工匠类别在快速扩展。日本有家庭妇女琢磨家庭杂物的收捡而成就了收纳师的职业，其中一位收纳师因为对此出了研究成果而成为收纳咨询师，她叫山下英子，出版了专著《断舍离》，著作中的人生思考接近于哲学境界。

2. 如今工匠日增，但工匠精神却丢失了

工匠的类别在扩展，工匠的队伍在扩大，但同时工匠精神却逐渐被丢弃。

到底什么是工匠精神？我理解，工匠精神包括而不局限于以下信念：热爱自己的工作，决无高低贵贱之虑；每临工作现场，必有庄敬之意；长期探寻此业之精髓，力求达到更高之境界；产品和服务讲究品质，质量是生命，也是道德和人品；以业为生，但不为钱而放弃标准；一旦结识高手，必敬慕之，学习之；祈望自己的所为对后人的价值超出价格，作品能比自己的寿命更长。

首先，说说对自己、对所从事的工作的热爱。

全世界最长寿企业、超过 1400 岁的金刚组，从日本飞鸟时代（公元 600—710 年）世代传承下来，小川三夫的《长短木头的组合》记述了金刚组第 40 代当家人金刚正和说过的一段话：“等到两三百年以后，把这些建筑物拆开的时候，人家负责拆房子的木匠会想起我们这些匠人来的。他们会感叹说，瞧这活儿，干得真棒！”

同样的情感，400 年老店日本 HIGETA 酱油公司的常务董事山下启义则这样表达自己对职业的热爱：“我们有时还是会在工作中对微生物说话，比如会对那些小家伙们打招呼，‘好嘞！今天在这儿给你们加点儿空气，给你们搅拌搅拌怎么样啊？’我们不但重视微生物，而且对它们充满了敬意。”

其次，说说对工作的庄敬。

“一灯如豆下苦心，父子相揖背章文”说的是早年丧母、全仗父亲督促学业的于右任的故事。父亲要求于右任背书时，须先给父亲作一个揖以示严肃。儿子每背一课，父亲也同步背一课，父亲背书时将书本端正地放到桌案上，儿子站立一旁，父亲向书本恭恭敬敬地作一个揖，而后背诵。这种庄敬，当今时代，多数读书人和职人怕是没有感觉了。

日本有部影片《入殓师》，获得过奥斯卡奖。影片主人公原是一个大提琴师，下岗失业了，谋到葬仪师岗位。他没有嫌弃这份工作，而是努力提高自己的手艺，终于以他出神入化的化妆技艺，一具具遗体被打扮装饰得就像活人睡着了一样。他的成功感言是：“当你做某件事的时候，你就要跟它建立起一种难割难舍的情结，不要拒绝它，要把它看成一个有生命、有灵气的生命体，要用心跟它进行交流。”

公元 1560 年，一位名叫塔·布克的瑞士钟表匠在游览金字塔时做出了一个没人相信的推断：“金字塔这么浩大的工程，被建造得那么精细，各个环节被衔接得那么天衣无缝，建造者必定是一批怀有虔诚之心的自由人。难以想象，一群有懈怠行为和对抗思想的奴隶，绝不可能让金字塔的巨石之间连一片小小的刀片都插不进去。”此前，人们普遍认同古希腊大学者希罗多德在《历史》中的结论：金字塔由 30 万奴隶建造。

直到 2003 年，埃及最高文物委员会宣布：通过对吉萨附近 600 处墓葬的发掘考证，金字塔是由当地具有自由身份的农民和手工业者建造的。那么，塔·布克何以一眼就能洞穿金字塔与工匠的必然联系呢？

原来，塔·布克是钟表制作大师。公元 1536 年，作为天主教信徒的塔·布克因反对罗马教廷的教规，锒铛入狱，囚禁期间同样被安排制作钟表。塔·布克发现，在那个失去自由的地方，无论狱方采取什么高压手段，自己无论如何都不能制作出精美的手表，不可能保证钟表的日误差低于 1/10 秒的高标准；而在入狱之前，塔·布克在自己家里能轻松制造出误差低于 1/100 秒的钟表。塔·布克认为，真正影响钟表准确度的不是环境，而是制作钟表时的心情：“一个钟表匠在不满和愤懑中，要想圆满地完成制作钟表的 1200 道工序，是不可能的；在对抗和憎恨中，要精确地磨锉出一块钟表所需要的 254 个零件，更是比登天还难。”

再次，谈谈专注和追求完美。

“工匠”在日语中多称“职人”（Takumi），从词义上具有更多精神层面的含义。日本的许多行业存在大批匠人，他们对自己的工作有着近乎着魔般的追求。他们对自己的出品几近苛刻，对自己的手艺充满骄傲甚至自负，对自己的工作从无厌倦并追求尽善尽美。如果任凭质量不好的产品流通到市面上，这些日本工匠会将之看成一种耻辱，与收获多少金钱无关。

日本神户有一位工匠叫冈野信雄，30 多年来只做一件事：旧书修复。在别人看来，这件事实在枯燥无味，而冈野信雄乐此不疲，最后做出了奇迹：任何污损严重、破烂不堪的旧书，只要经过他的手即光复如新，就像施了魔法。在日本，竹艺、蓝染、铁器、金属网编等领域有无数的“冈野信雄”。

在中国已经很出名的是 80 多岁的小野二郎，数寄屋桥次郎的主厨，手握寿司 75 年。这位“寿司之神”连续两年获得《米其林指南》给予的三星最高品鉴，被誉为做出了“值得花一辈子排队等待的美味”。不过，他的 10 个寿司最高卖到 10 万日元。一成年人进店吃小野手握寿司，想吃饱喝足要花费 40 万日元～ 130 万日元。这么贵，不要问为什么。

千疋屋是一家专卖高档水果的水果店。卖甜瓜有说明书，写有几月几号几时吃能享受到最佳美味。当然价钱也贵得“吓死宝宝了”，一个甜瓜 1.3 万日元到 1.5 万日元。有人曾形容“千疋屋的水果，能让顾客们品尝到天国的味道”。于是，传说到千疋屋买水果的人会被吓到两次：第一次是因为价格，第二次是因为味道。

我和王筱宇先生合著的《中国需要工业精神》于去年再版。书中曾分析说：日本职场用得最多的一个词是“本分”，把手头正在做的事做透是应分的，必须的。在一些没有精神追求的企业看来，办公司和做产品都只是一笔生意，不过都是挣钱的手段而已，尽善尽美是不可能的，也是没有必要的。

3. 人说质量是生命，工匠认定质量还是道德和人品

“质量是生命”，很多企业都这么说。较起真来，认识还是不够的。如果，你不在乎寿命的长短，质量是否就可以不在意了呢？我们一直在跟踪并介绍过数千人去学习的苏州德胜洋楼公司，他们认为质量是道德，是修养，是对客户的尊重。一句话，他们把对质量的认识提高到了精神层面。我理解，这才是符合工匠精神的。

有一种流行的说法：“1956 年，美国人认识了给日本皇室供应酱油的龟甲万；第二年，他们看见了第一款日本丰田车皇冠；此后，他们才又看见了索尼电器。”龟甲万是日本的酱油厂，至今超过 350 岁。龟甲万在日本 1400 多家酱油厂中市场份额占 31%（第二名的雅玛山占 11%，然后是正田占 6%），龟甲万几乎成了酱油的代名词。每年龟甲万酱油的销售总额约 20 亿美元，2013 年在美国酱油市场的份额超过 55%。

“仁心应扩展至所有生物物种。”有此家训的龟甲万一直抵制生产化学合成酱油。龟甲万为了推广纯酿造酱油，将技术和专利都免费公开。没有精神概念的企业，无法理解。

4．追求极致的工匠并不要当富豪

人类已经进到后工业时代：客户精准需求、企业精密设备、技术精细标准、制造精致产品。如今超高标准的精密机床，人在它跟前连话都不敢说，因为会引起机器的振动；更有甚者就连人靠近都不行，因为人的体温会影响到机器的动作。作为工业社会的主力，工匠必须追求极致。但与是否有机会成为富豪，不是工匠思考的问题。“好工匠不留隔夜钱”，日本工匠界流行的这句话说明了他们十分相信自己的手艺，觉得任何时候都能挣到钱。有的师傅去茶楼狂喝猛饮，两三天都不出来，甚至有叫人给他送钱去的，算预支工资，从明天开始好好干活。哄着工匠开心的人不得不认了，“偏偏这样的人，手艺都很高啊。”由此想到唐朝著名文学家张说的《钱本草》：“钱，味甘，太热，有毒。”日本工匠学到位了，人生也因此而精彩和洒脱。

我并非工匠出身，虽然做过几年制造业的总经理，但仍然对工匠的极致认识不深刻。据说，技术高超的木匠涂刷的香蕉水厚度仅有 5 微米，用这样处理过的木材来建造房屋，1000 年都不会腐烂。机械加工中，技术高超的匠人能比机械精度更高，在匠人领域被誉为“蒙骗机械”。技术高超的匠人加工的模具，手感妙不可言，高级的磨具师傅能够感觉到千分之一毫米到千分之二毫米的误差。

日本名牌西阵和服，腰带上用的金箔加白银，非常有高档感。金和银混合比例控制在 70:30 就不会氧化，如果是 69:31 就会氧化。但是，过去还没有化学啊，70:30 的比例是怎么想出来的，不是匪夷所思吗？只能对那个时代的工匠如此高超的技艺顶礼膜拜。

铸造工艺上有两样不好控制：温度和时间。这些，靠电脑也很难处理到位。铸造用户画给工匠们的图里面必定有其意图，计算机不大可能读懂这些用户意图。这正是掌握高铸造技术工匠的生存之道，这也可能是充分领会工匠精神的日本制造业的生存之道。全球出名的日本刀，淬火加热阶段因金属工具会收缩，刀刃侧面和背面金属的不同厚度导致不同的收缩程度，从而产生“反”。日本刀的价值就取决于这个“反”，“反”越漂亮，刀的价格就越高。制刀的工匠淬火的工序很见功力，金属工具的颜色会随温度而变，匠人通过颜色区分，在金属工具加热至结晶排列整齐时立即进行冷却，从而提高金属工具的硬度。如果没有把握好，金属工具会像玻璃一样脆弱。所以，必须承认，以科学理论为基础的技术很容易拷贝，唯工匠的绝无仅有的技艺无法被轻易复制。

一家企业的技术实力达到一定程度，也将使竞争对手无法跟进。1 克纯金拉成 0.05 毫米粗的细线，能拉多长？标准答案：3000 米。什么概念？目前工业需要的超细金线，直径为 10 微米，即百分之一毫米。人的头发一般为 80 微米左右。这样的超细金线，目前多由日本的田中贵金属制造。手机用于折叠弯曲部位的铜箔，田中加另一家同行福田，占到全球市场的 90%。

与之一样驰名的还有同和矿业，1884 年创立，创始人藤田传三郎。其后人曾经十分骄傲地说：“全世界所需的氧化银，有百分之七八十是我们供货。有人开玩笑说，我们要是停止回收氧化银，全世界的钟表都得停！”

还有一家可能造成全球某一产业停产的企业，就是生产手机中必需的水晶振荡器的日本爱普生东阳通信公司。水晶有一个很出众的特点，超薄的水晶片出现紊乱的概率为一百万分之一，手机的心脏部位需要这样的纳米级水晶片。天然水晶依赖从巴西进口，不仅形成要花数百万年，而且瑕疵和所含杂质较多；而人造水晶三个月时间一次能生产出 3 吨，只是需要加工到极薄，越薄就越能获得更高的频率。爱普生东阳通信公司的石英晶体部件事业部把人造水晶加工到 20 纳米～ 30 纳米薄的产品，20 纳米只有人的头发丝的四千分之一。在如此极为精密的世界，日本精密制造非常了不起，如果停工停产，据说全世界使用的手机都会变成无用之物。

5. 工匠们给我们留下的真言值得今人珍藏

我与研究日本企业长寿秘诀的船桥晴雄先生有过一面之缘，他的《新日本永代藏——企业永存的法则》中提道：在 124 万家日本企业中，存续 100 年以上的企业有 2 万家，200 年以上的有 1200 家，300 年以上的有 600 家，500 年以上的有 30 家，1000 年以上的有 5 家。日本长寿企业在全球的占比极高。

“镰仓时代以后，掌管天下的武士都是种田人出身，包括各地诸侯自己在内，都认为干体力活是理所当然的事。此乃当今日本人重视技术培养的思想根基。”富士大学校长小山田了三在《支撑世界的日本技术》中提出了日本企业坚持技术发展的历史成因。由此，日本企业的工匠精神与历史悠久的企业同在。

前文提及的福田金属创业已 300 周年，副总经理福田诚治很平淡地说：“在外人看来，也许会觉得创业长达 300 年的确了不起，但实际上对我们来说，并没有活了 300 年的实感。这只是一种结果罢了，对吧？一天一天，年复一年，累积起来就成了 300 年。我们并没有着意去考虑传统的问题。”

就因为不用刻意，故日本企业的很多优秀经营理念被自然顺延下来，一直在教导和指引着一代又一代的企业人。高岛屋百货店是日本超大的百货商场之一，其经营理念即为：“好东西要在不亏本的情况下贱卖，这对顾客和我们都有好处；如果商品有瑕疵，一定要在顾客发现之前如实告知，绝对不能隐瞒。”既如此，只要百货业存在，这样的商场就不容易倒闭。

经营虎屋的黑川家族秉承的家训中有一条：“对顾客，不能做出不满的表情或动作。”这似乎很普通，但家训继续强调“就算是休息日在路上碰到顾客，也要恭敬行礼。”这就不是那么容易做到的。

近江商人在日本国内被称为“毒商”，即“为一分利跑遍全国”的意思，近江商人被日本人称为“商人中的商人”。丰田、日本生命、伊藤忠、丸红、东棉等大型日本商社的总部都在近江一带。近江商人提出：如果你没有钱就拿出智慧，如果你没有智慧就拿出汗水；“钱”有给人带来财富的“金”，也有夺走人命的“戈”；准时还款能提高你两倍的信誉。无一不是经典之谈。

日本长寿企业京都地区居多，具有 1000 年以上经营史的店铺京都竟然还保留下来 6 家。主营结婚用品的“源田”经营史约 1300 年，扇子专卖店“舞扇堂”约 1200 年，烤年糕的“一和”则成立于 1010 年。京都有 100 年以上历史的店铺居然有 500 家以上。

京都一企业的座右铭耐人寻味：“仿造其他公司的产品，还不如跳楼自杀；解雇一名忠诚的员工之前，社长先自尽；只有技术员出身的员工将来才能当社长。”这些都无一不紧扣工匠精神。

如何面对“老板错了”？

职场上，职业经理人常常会遇到“老板错了”。老板是投资人，他们往往有丰富的行业经验，对本企业现状的了解也往往自认为无人能及，长期以来在自己的一亩三分地里演惯了“皇帝”的角色，大有“天塌下来有高个子顶着”之架势。

职业经理人可能在某一领域比老板更专业，看问题可能更准确，加之受到职业素养和职业道德的影响，经常会觉得“对老板服从和对企业负责不是一回事”，必须据理力争，甚至会抛出最后一张牌——“你不认错，我就走人”。

这个世界如仓央嘉措所言，“世间事，除了生死，哪一件事不是闲事”。没有多少事存在绝对的对错，又因为身份地位的不同、思考角度的不同，人们对于同样的事理解不一致是很常见的；而且企业终极责任是由投资人承担的，职业经理人处理此类情况大可不必过头。

我从 1992 年起的 15 年职业生涯面对过不同性格的老板，对此有五条建议贡献给还在职场上的同仁。

1. 委婉批评，直陈建议

老板说什么，特别是决策性的内容，如果通过认真分析觉得不正确，作为“受人钱财，忠人之事”的职业经理人，当然必须有理有据地提出自己的意见。但是，提意见和发牢骚是完全不同的，在我的沟通词典里，批评的意思是指出他人尚不自知的错误，而不是一味剖析他人错误背后的动因，更不是从能力、素质的角度去指责别人，批评的同时必须带来自己的建议，充分表现出自己的善意。

职业经理人虽然是“一人之下，万人之上”，但在老板面前无论你专业能力有多强，都毕竟是受雇方，所以职业经理人提意见必须尽可能委婉，多用“这样也许是对的，但还是存在一些问题”“你的想法很好，如果从另一个角度去考虑是不是更好”“在有些情况下这样做可行，但现在情况有很大不同”之类的表达方式。但是，陈述自己正面的建议则需要坚定，不可含含糊糊，而且最好分条陈述步骤及其理由。

2. 提议上会，团队研讨

两个人讨论一个很难分清是非曲直的事情，常常各执一词，难以决断，建议提交决策委员会或总经理办公会讨论也是可以的。著名管理专家彼得·德鲁克一向很反对“委员会决策”，认为这种决策模式容易互相推诿而没有人承担责任。我曾在一些总经理的管理培训班上提出过我的思路，“征求多数人意见，找少数人商量，一个人做决定”。问题是，在老板和总经理双方均不能说服对方时，把不同意见拿到会议上议一议是有意义的，虽然不是让大家表决，但各方面专家从不同的角度提出见解，一定能对意见相左的双方产生新的影响。

需要注意的是，就某一件事而言，是否需要和能不能提交到会议上，作为实际上的“二把手”还是要征得老板同意。否则，有可能形成你拉拢一帮职业经理人与老板叫板，哪怕有可能导致这样的误解也不好，对日后的合作不利。

3. 事不过三，适可而止

做老板的固执，不要少见多怪，这点也很容易理解。成功的历史往往是一个人骄傲或狂傲的发酵材料。劝而无用，两次即止，“响鼓不用重锤”。

老板不可能真的比你傻到哪儿去。

“事不过三”完全可能是千年的总结。清晚期时，有位大臣叫陈宝琛，本来的身份就是谏官，曾为慈禧太后手下的太监打死守门的门卫多次力谏，太后完全不理不睬。陈宝琛找到曾经同为谏官的张之洞发牢骚，说太后如何固执，听不进不同意见。在湖广总督任上的张之洞已经是久经基层实战考验的一方权臣，再也不是那种简单地提批评建议的谏官了，就劝老友陈宝琛不要再对太后劝谏了。谁知一根筋的陈宝琛怎么也放不下，发誓要以死进谏。张之洞只得直言对这位昔日的同僚说：“我劝你陈宝琛都这么难劝得动，你又怎么能劝得动太后呢！”太后劝不动就算了，老板劝不动也可以算了。

4. 保留备忘，以利总结

有好斗者就有可能会质问我：劝不动就算了？那不是不负责任吗？你这哪里有一个职业经理人的操守？是呀，我可能是有知难而退的心。不过，我还会进一步做一个动作，我会把这件事的原委记录下来，把我和老板的不同意见记录下来，把最后不得不采纳老板意见的结果记录下来。当然，这决然不是为了什么秋后算账，而是为了双方日后有反省的机会。谁都有可能出错，但为错误付出的学费要花得有价值，无论对职业经理人还是对老板。

我在给一家燃气公司做咨询的时候，老板决定在工业用气业务的同时增加雇员上民用液化气项目，我和其他几乎所有的干部都反对。因为民用液化气项目实在不值得做，似乎是明眼人都能看得出来的，但老板坚持要上，而且要为此扩招 30 名员工。在众人的不解中拉弓硬上的民用液化气项目最终没有什么利润，但是因此大大推进了工业用气业务，原来民用项目的用人有效地使得工业用户的谈判便利得多，如此民用项目有多少利润就无足轻重。但是，在当初讨论的时候，老板怎么方便把这一层说透？

5. 举足轻重，特别策划

世事混沌，难以明了。有很多事，我们职业经理人跟老板也不能轻易说透。如果有非常之事需要沟通，就不能简单地约老板说说了事，特别是在老板可能一时想不明白的情况下，就需要做沟通方式的策划。

我在一家公司做经理人时，经过管理层半年的酝酿和讨论，觉得把公司转让出去是上策。因为我们的这家公司技术、设备、人才基础太薄弱，我带领的团队在两年苦战后市场形势发生了逆转，品牌影响力达到了历史最高峰，但往深处走有很多瓶颈，且是现有的管理层和董事会解决不了的，把公司“嫁个好婆家”是最好的选择。这么大的决策怎么和老板谈啊?绝大多数老板几乎都不好接受。于是，在一个阳光明媚的日子，我约请老板说“我请客”，并亲自开车接上了老板。40 分钟后，汽车开到了虎门大桥上，与老板一起下车，我严肃地跟老板说：“今天请客，不是喝茶，不是吃饭，是想在这有名的虎门大桥上跟你说三句话。”5 分钟说完了我的建议及理由，请老板重新上车：“你不用很快回复我，我等你的决策。现在请你去吃饭。”最终老板仍旧没有同意把公司卖掉，我和我的团队也先后撤出了这家公司。但是，若干年过去了，老板还清楚地记得那天我把他拖到虎门大桥上所说的三句话。

管不住一张臭嘴的老板怎么留住了员工？

而今，很多老板极为暴躁，动不动就训斥人，甚至出口粗鲁，有时还抡胳膊踢腿。这可不是“据说”，我接触到的就有三位，都很典型。

有一位H老板是清华出来的，个头很小，体重从未超过一百斤；但他训人骂人时，你会觉得他此时“力拔山兮气盖世”。没有接触之前，我总想，只要不做错事，不可能挨骂的；但是，在H老板面前，被骂的人未必有错，更不用说有大错。我亲眼见到他的司机选择的线路与他内心确认的线路不一致，就被骂了足足五分钟，实际司机选择的线路更优，至少不算错。还有一次，他手下的部门经理给客人准备好了接待用的会议室，陪客人出去参观基地回来的H老板火冒三丈地当客人的面咆哮：“你怎么安排这间，你不知道那间会议室更好吗？”经理平静地回道：“办公室主任一时没有找到那间会议室的钥匙。”H老板再次提高嗓门：“我有钥匙啊！”

不用说一个部门经理，坐第二把交椅的H老板骂起来也很粗鲁。正因为高管都被骂得狗血喷头，下属们被骂倒也心平气和了，至少心理上易于自我安慰。

H老板企业做得很大，大到我都很难说清楚他是做什么行业的，军工、机械、智能建筑、软件、动漫、教育，反正20多年前就是集团了，如今辖内的上市公司据说都有三家。

私下里，我和H老板谈心时有过这么一段话：“H老板，我觉得，你的脾气不好是设计出来的。”“新鲜。”“H老板，你想想，别人提及你，一般不会说你的其他缺点，常常这么说，‘H老板什么都好，就是脾气大’。不明真相的人听了，往往觉得脾气不太好是很容易原谅的，不是什么本质的缺陷。你说，是吗？”“呵呵。”挺好的人，怎么就管不住那张嘴？

另一位L老板是我们江西老乡，从事农业的。骂人从不留面子，从L老板口中出来的话，真的太损了：“你还是博士，都不知道博士文凭怎么混的。”“见过蠢的，没见过你这么蠢的。”“你还搞人力资源，还专家，我劝你还是养猪去，猪你也不会养。”

一直以来的顺风顺水，企业越做越大，事业蒸蒸日上，L老板内心的傲慢和外在的张狂也就日渐突出。开会从来不管是否已经到点下班，甚至不顾下属是否需要用餐。调整下属的岗位，从来不顾忌你个人有什么想法。决策一言堂以及朝令夕改，更是家常便饭。

一般的逻辑判断，我们认为这样的老板不会有人跟随，特别是人才更不可能留住。我也是大惑不解很多年，而今颇为“见多识广”，似乎悟出了一点奥妙。我梳理出管不住一张臭嘴的老板以及他们所控企业的一些共性。

类似于H、L几位老板的企业，都不在大都市，吸纳进入企业的人一开始是亲戚、朋友或同学，被说两句也不当回事，水煮青蛙，天长日久，也就习惯了。小地方，工作选择的机会也不多，几次将就一晃也就十年八年过去了，要么懒得动，要么年龄大了动不了。后面来的人，当然很难适应，但文化已经如此，总觉得“那么多人都受得了，偏偏我一个人受不了？”他们的企业即使有分支机构在北京、上海，但驻外机构的人“天高皇帝远”，被骂的机会少，也并没有长期在身边的人感受强烈，也就得过且过。

按理说，老板脾气暴，企业会因此增加人力资源成本，天天挨骂总得“多收三五斗”，但我考察发现，整体上这些企业员工平均收入未必高。深入下去，发现只有少数人收入较高或很高，这些少数就是长期被骂出了信任度而且在企业承担重大责任的人，至少是能出业绩的人。

我无意于煽动这些管不住一张臭嘴的老板手下人“起义”，只是觉得人应该活得有尊严，古人已经做出了榜样——“不为五斗米折腰”。只有站直了，才会发奋图强，才能刺激自己成长，最终也能改造这些不可一世的老板，就能推动社会大众素质的提高。

韩愈《马说》批判

宋代受过皇帝赐予谥号的才子邵雍，曾写《多事吟》，其中有句“多事招忧，多疑招闷”。今日之浔阳小子，因闷多疑，因忧多事，拿出韩愈的《马说》来说道说道。

从企业人力资源的角度，韩愈的《马说》确实是需要批判的。一开篇的两句话就是有问题的。“世有伯乐，然后有千里马。”完全颠倒了。千里马本来就在，无论有没有伯乐。这个世界在进步，一定是有一大批的千里马在发挥重大作用所致。“千里马常有，而伯乐不常有。”说法也不对。中国的伯乐太多了，或者自以为伯乐的人太多了。每每出现一位一展才华的人才登台善舞，就会有数人站出来抢功，追认“大人才，我发现”。

韩愈以“千里马”为喻引出人才问题，当然是有意义的。以《人才学》论，千里马的重要性自不待言。西方人认真地认证了出色人才的价值，甚至做出了数据分析。有一项对60多万名研究人员、演艺人员、政治家和运动员进行的研究发现：表现出色的人比一般人的效率高出400%。而且，这种效率差异是随着工作的复杂性加大而增大的。比如，在高度复杂的职业中，出色的高绩效人员的生产力可以提高800%。将顶层人士和底层人员的生产力进行比较，并不复杂的工作，顶层1%的人的生产力是其他人的3倍；而技术人员和主管之类的复杂程度中等的工作，这个数字要高出12倍；高复杂性的工作产生的差异，大到无法量化。

千里马真是各个机构都求之若渴的，但千里马的发现、鉴别和使用则是一个复杂的系统工程。欧美企业界依据高潜人才的特质做出了四个维度的“FAST 模型”，即：践行抱负（Fulfilling Aspiration），高潜人才相比于一般人才，会渴望承担更大责任，追求更多的职业发展空间，并为此愿意投入更多的时间和精力；敏锐学习（Agile Learning），高潜人才有强烈的好奇心，愿意学习新知识，并持续应用到工作中去，这些人普遍懂得科学的时间管理；人际通达（Social Influence），这类人能够洞察团队中的其他人的需求，会有效施加影响力，努力激发他人潜能，使组织效率得以提升；跨界思考（Thinking Beyond Boundary），有良好的思维习惯，具备较强的思维能力，能够从多角度、跨领域思考问题并尽全力解决之。

世界企业 500 强人才甄选的“标准”差不多已是众所周知了，包括招聘渠道的选择、招聘对象多元化、吸引人才的多因素、良好的发展空间、尊重员工的氛围、优厚的薪资福利、甄选方法与标准等。

中国第一本人才学的专著要数三国刘劭的《人物志》。全书共 3 卷 12 篇，以人之筋、骨、血、气、肌对应五行，以弘毅、文理、贞固、勇敢、通微等“五质”象征仁、义、礼、智、信的“五德”，以神、精、筋、骨、气、色、仪、容、言这“九徵”分出气质的层次。依照不同的才性，将人物分为“兼德”“兼才”和“偏才”等“三类”，又透过德、法、术三个层面把人物细分为“十二才”，建议用人者以清节家、法家、术家、国体、器能、臧否、伎俩、智意、文章、儒学、口辩、雄杰这 12 类区分用人。刘劭进而提出了“八观”“五视”等甄别人才的途径。

不知任正非是否掌握了《人物志》的精髓，华为对于人才明显讲究系统认知。华为选拔人才的面试，仅“专业素质”这一项就拆分成了 27 种，即：责任心、原则性、成就导向、目标导向、坚韧性、严谨细致、全局观、创造力、商业思维、决策能力、培养人才、团队协作、客户导向、人际理解、沟通表达、监控能力、组织协调领导能力、学习能力、系统思考、逻辑思维前瞻性、信息收集、诚实、正直、开放、包容、关系建立和审美能力。华为 CFO 孟晚舟曾在清华大学发表演讲时提道人才观，她认为：传统战争是机械化集团军作战，现代战争却是“班长的战争”，要让听得见炮声的人呼唤炮火。“班长”将有更多的作战能动性和更广的作战半径，以及更高效的炮火支援。华为打破专业界限，打破岗位界限，通过人才的有序流动，跨岗轮换，培养面向未来的“之”字形人才。这说明华为对人才要求的思考更深刻，除了素质标准之外，还要能沉到一线，并且“又专又兼”，地道的千里马。

这么复杂的千里马甄别，如果完全靠某一伯乐是不靠谱的，一言堂的做法很容易犯错误，真的会出现韩愈说的“策之不以其道，食之不能尽其材，鸣之而不能通其意”的情况。不要说真正有资格做伯乐的人凤毛麟角，就算真的伯乐再世，怎样才能保证伯乐不会因为主观意识和自己的偏重喜好而屡屡失准呢？

不过，我们无须苛求怀才不遇的韩愈。他被称为唐代杰出的文学家、思想家和哲学家，24 岁登进士第，只是官运并不顺畅，曾从监察御史任上被贬，后在宰相裴度身边工作时再一次被贬潮州。《马说》就是在这一背景下写的，完全可以理解，我们更不必以今天的人才概念去要求韩愈。

营销不是精彩的忽悠

中国约有 7000 万的营销人。我们需要这么高比例的营销人么？在我过去做职业经理人的 6、7 年中，我所认识的内资企业亿元销售额，动辄上百个业务员，而且还总是不够用；我这 5、6 年做咨询发现，企业营销人员的比例更高了，自然更觉得忙不过来。只有一个做钢铁再加工的客户企业，一年的销售额 4 亿多元，却一直只有 6 个业务员，加上另外的 9 个助理（内务人员），也不过 15 个人。在日本有一家做马戏团和体育比赛用的哨子的企业，全球知名，一共才 7 个人，而且几乎没有一个人是专职营销人员。

当然，这里存在营销岗位的定位和不同企业性质的差异，但至少我们营销人员的人均销售额太低，总是有些地方出了问题，我认为这个“有些地方”是指营销人、营销系统、营销界，甚至营销理论界。

1. 营销是一个完整丰富的系统

《细节决定成败》出版后，不少书界的朋友问我：“一本管理书卖几百万册，你们是怎么卖的呀？传授点经验啊。”我回答说：“我们没有在‘卖’上花多少心思和精力。”但几乎没有人相信。冤！

有一次，我非常认真地向一家电视台总结《细节决定成败》销售火爆的 12 条原因。

（1）题目（业内称之为“选题”）抓住了时代的脉搏，《山西晚报》

评论是“一根银针扎在中国浮躁的穴位上”；

（2）全书集中在一个小小的概念上，把细节的重要性用7个部分、38个小节说清、说透了；

（3）书中的案例有1/3是我自己经历的，比较鲜活，贴近读者；

（4）全书都是口语，没有用很艰涩的文字，没有用欧化的长句；

（5）较大开本，色彩明亮，封面简洁，能吸引注意力；

（6）前后勘误了不下60遍，错别字和常识性的错误已经极少了；

（7）定价准确，面对单位大批量的团购（中国化工集团一次12000本）有很大优惠；

（8）出版者新华出版社在新华书店系统中有很好的信用，即销售渠道优势；

（9）第二分销者北京博士德文化发展有限公司的民营书商网络遍及270多家，产品展示密度大，推广也很努力；

（10）各媒体常对作者和出版者进行采访，产生了很强的广告效果；

（11）自该书面世以来，我作为作者前后做过以“细节决定成败”为题的讲座不下500场，平均每场400人，这才是最给力的促销；

（12）有读者来信，我大多都认真回复，对读者指出错误更会真诚感谢并寄上一本别的书作纪念。

所有这些组成一个良性的系统，并不单纯是一个“卖”的技巧和门道。难怪科特勒的《营销管理》中说的道理很简单但没多少人懂，“营销不只是营销部门的事情”，“推销只是营销冰山上的顶点”。

2. 商业永远别忘了你首先要做的是为客户提供满意的产品和服务

《营销人的自我营销》中我强调说，“产品还没生产出来，营销就已经开始了”。我们做商业（指广义的商业，而不只是流通企业），首先该考虑为了谁？想做什么？能做什么？如何才会让我们有效选定的那批潜在顾客对我们提供的产品和服务满意？怎样使得这种满意持久？

在对待客户的问题上，我们应该用大智慧，而不要耍小聪明。所谓小聪明就是在说服客户以及如何减少付出上动脑筋，所谓大智慧就是在提供的产品和服务以及如何增进客户满意度上做文章。投机取巧，沾沾自喜，甚至还作为手段广为传播，这不是真正的营销，也不是很多人提出的“过度营销”的问题，而是它从根本上违背了营销的本质。即使偶有收获，也是暂时的，正如鲁迅先生所说，“捣鬼有效、有术，然而有限”。真正在产品、服务和客户满意度上下了功夫，我们的客户自然慧眼识珠。

我们常常纳闷：有些欧洲国家的商店客流量那么小，怎么挣钱？怎么活？在丹麦的一天，我似乎忽然开窍了。那天我来到一家有年头的文具商店，一靠近柜台就被一个名片夹吸引了，精美极了，爱不释手，一看价格，37 欧元，够贵的，掂量掂量，还是买了。跟售货员一交流，还真觉得值。这家公司做文具已经 170 多年了，这种名片夹已是第 39 代产品，老板追求极致，不图销量，研究产品的技术人员远远多于营销人员。但不图销量，不等于人家就没销量，他们在 120 多个国家销售，日子过得好着呢。

我曾去日本访问三菱化学集团。三菱化学集团也是全球赫赫有名的大企业，下辖 350 家公司，注册资本 1450 亿日元。当我们问对方认为管理的各个环节中哪个部分最重要时，副总裁吉村先生毫不犹豫地回答：“技术和品质”。我再问：“在市场导向的今天，难道不是营销更重要么？”“营销？当然。”吉村想了想回答：“营销，水到渠成。”“好一个水到渠成。”我禁不住击掌附和。我们两个小时的沟通，主要集中在三菱化学集团如何控制生产过程的温度、压力，如何建立准确的原始数据，如何精确地计算每种材料的消耗，如何为了保证品质培训员工，如何保证优秀员工的优势能薪火相传。吉村无意中给出的 3 组数字使我受益匪浅：每位入社（新进）员工平均培训费用为 400 万日元（约合人民币 30 万元），“1 ∶ 30 计划”（即每个制造点选 30 名重点培训）要 20 年才能真正显现效果，提前4年做产品革新计划(用两年时间论证和修订)。和吉村先生谈话给我的感觉是，营销没必要多谈。

就一个具体的消费者而言，消费者不可能样样都懂；但作为一个群体，消费者有能力借助市场这只无形的手，很快分辨出真诚的、有责任感的企业。

一流的销售会问话

在火车上，一位学生在读一本双赢销售的书，猛然抬头问我：“应该怎样向客户提问呢？”我很诧异地回答说：“说明你的这本书没说透啊。”谈销售的书，提出销售人员要学会向客户提问是很好的，但不告诉读者怎么提问，最终还是没有用。我一直认为：一流的销售会问话，二流的销售会听话，三流的销售会说话。

拜访客户一般有四个步骤。

一是暖场，也叫破冰，就是通过一些简短的交流使双方由不熟悉变成相知相近的关系，变成有讨论问题意愿的关系。我们为此设计了三种方法：回忆法、求同法、假设法。

二是提问。

三是陈述，根据提问中发现的问题，介绍能给客户提供的服务内容。一般企业都会有事先设计好的“话术”。

四是确认，了解对方是否理解介绍的服务内容，也就是对方是否认同服务能够满足他们的需求。

在这四个步骤当中，提问和陈述是核心环节，但陈述主要借助事先准备好的话术，所以提问就成了最难的部分。

拜访客户的提问要学会分析客户，分析客户一般需要考虑四个层面。

首先搞清楚客户类型，根据有无合作以及合作深度分为潜在客户、意向客户、在线客户和忠诚客户。

其次分析客户人物，如果客户是一个组织（一家企业或一个单位），需要分析下一步接触的客户出场人物，一般包括使用者、评估者、决策者和拍板者。比如空调公司去酒店拜访，面对的人物可能是使用空调的（使用者）、总经办的（代表使用空调的评估者）、工程部的（负责采购的决策者）以及总经理或董事长（真正的拍板者）。

再次，区分本次拜访的目的，一般存在四种情况：试探接触、洽谈意向、签订协议和售后回访。

最后，还得判断将要面对的客户的熟悉程度，例如陌生的、接触过的、有交情的。与有很深交情的客户沟通，可以不归入需做拜访设计之列。

四种客户类型，每一种类型有四种人物需要沟通，每次沟通的目的又有四种可能，而且客户人物交往的深浅又有三种，提问就需要针对这若干可能做事先设计。比如，面对一个意向客户的决策者的初次拜访作试探接触，怎么提问就有谱了；面对一个在线客户的评估者做售后回访，而且是有一点交情的，这类提问就比较容易设计了。

当然，最为困难的可能是对潜在客户中的陌生的决策者试探接触的提问。建议提问分以下四个层次，以一个中央空调的销售人员去酒店为例做分析。

首先是背景问题，属于客户方的基本情况，对方几乎可以不加思索地回答，但要与后面沟通的内容相关联。比如，酒店住房多少间，年平均入住率什么水平，标准间的收费等。

其次是难点问题。比如，目前空调使用的情况，客户对制冷提出的更高要求等。

再次是痛点问题。既然客户要求越来越高，目前这种分体机空调是否效果不理想，以及近期电价上升的幅度等。

最后是需求问题。是否需要改造整个酒店的制冷设备系统，是否可以考虑全面改造成中央空调，而且以模块组合式地部分开启以达到有效节电。

虽然这样一展开，似乎把客户提问的事情复杂化了，但是，一个销售人员不能怕事情复杂，只怕不知道事情到底有多复杂，知道了复杂程度，才能有效地做设计，做训练。

总之，销售就是以实现客户价值为目的的提供合理性价比的服务过程。本着这个动机出发，对包括客户提问在内的销售问题做出有效的分析并进行可行性设计，才能够有针对性地进行模拟训练。

新能源汽车如何换道超车

创新是人类进步的永恒话题，也是企业发展的持续动能。

2018 年，中国汽车产业的总产值超过 9 万亿元，对于中国税收和就业的贡献以及在社会商品零售总额中的占比都超过 10%。根据世界银行的数据，2019 年，中国千人汽车保有量为 173 辆（排名第一的美国千人汽车保有量为 837 辆），看来通向未来的“高速公路”还非常长。

1. 车企创新目前主要聚焦于新能源

2018 年，英国交通部发布《零排放之路》，明确提出 2040 年停止传统燃油车的销售。品牌车企响应更为前卫：Jeep 计划 2021 年品牌旗下所有车型均采用纯电动版本，宝马提出 2025 年新能源汽车达 25 款，大众旗下的奥迪、保时捷、斯柯达三大品牌的新能源车型计划 2025 年销量突破 300 万辆，丰田则提出在 2025 年将旗下传统的燃油车型种类削减为零。

根据国际能源署（IEA）发布的报告，2020 年全球电动汽车的保有量为 1000 万辆。我国新能源汽车保有量，据公安部交管局截至 2019 年 6 月的数据是 344 万辆，其中纯电动汽车 281 万辆。

2020 年我国电动汽车保有量达到 500 万辆，新能源汽车市场总规模超 4000 亿元人民币，与之相关的动力电池市场规模达到 2000 亿元，充电基础设施规模都会达到 1300 亿元。

于是，一个结论出来了：中国汽车产业的电动车发展有“先发优势”，发展新能源汽车是我国从汽车大国迈向汽车强国的必由之路，中国汽车行业将在电动车时代实现换道超车。

2014 年小鹏汽车成立。企业口号是提供时尚、跨界的电动 SUV，卖点是“三电一屏”，即电机、电池、电控加中控大屏。汽车的运行系统以中控大屏为核心，可控制方向盘位置、座椅位置、车灯开关、车窗升降、空调设定等，当然也可以进行驾驶风格的选择、底盘刚度的调节、制动能量回收强度等的调节，结合外围的传感器资源（如智能相机、雷达、GPS 等）将可以搭建起具备基础特征的智能驾驶平台。小鹏汽车 2018 年 3 月在广州中山大道某中心广场建设“小鹏超级充电站”成为新闻热点，该公共充电站仅可满足 6 车位充电，而 2019 年全球约有 730 万个充电桩（其中家庭充电桩约 650 万个）。

小鹏汽车的电池包虽然经过 4 次迭代开发，但最高车速仅为 170 千米 / 小时，续航里程 150 千米。紧随其后的理想汽车提出打造“没有续航里程焦虑”的中大型 SUV，首款车型理想 ONE 上市，通过搭载大容量电池组和高功率增程发电系统的动力组合，可以实现综合工况续航里程 800 千米，市区工况续航里程或将超过 1000 千米。

蔚来被称为全球化的智能电动汽车品牌，以“第二起居室”为设计理念，通过全景座舱、智能全息屏幕等交互技术，实现了车与环境、人与环境的融合。但是，于 2014 年 11 月成立的蔚来并未实现“无人驾驶的移动生活空间”的愿望，而 2019 年实际交付 20565 台，且全年净亏损接近 110 亿元。

认真琢磨一下，高度关注新能源汽车的人更多出自两个行业：互联网和投融资。当然，政府的决策价值不可低估。前不久，我在济南机场高速出口处发现，计费的显示屏不仅显示车牌号，还加上了车牌颜色的后缀“蓝、绿、黑”，应该是在做大数据的采集，统计新能源车的分布、使用率和流动情况。

2. 整车企业创新并非滞后于新锐派

与新锐派不同的是，整车企业虽然也关注新能源，并且已经参与和启动能源转型，但并没有将主要力量集中于此。整车企业当下考虑更多的仍然是：发动机更强有力，底盘能满足更高运行速度，外观更加漂亮，内饰尽可能豪华，各种辅助功能（比如空调、音乐、视频等）越来越“高大上”。

国内资深的整车企业在顾虑什么？是新能源汽车的动力电池占新能源整车成本太高（20% ~ 40%）？是单块电池的续航能力太低？是充电桩的社会化布局跟不上？是切身体会到汽车创新的不容易？或者是想得更深且更远？

汽车产业创新完全涵盖了当今科技革命的三大要素：互联网、大数据、云计算。现在人们对于手机的依赖非常严重，如果一台汽车相当于一个超大功能的手机，你可以想象一下，它是不是可以连接整个世界？因此，汽车必然会成为真正意义上的移动终端。如此一来，新能源、电池、充电桩就只是汽车业创新的局部，更加宏大的创新计划可能在实力强大的整车企业的深度酝酿中。

汽车产业的创新显然离不开互联网企业，比如人机交互就必须有互联网企业介入或协作，无论是人工智能的视觉系统，还是AI的语音系统，抑或是自动驾驶汽车的数据采集、分析、计算、决策也都是目前互联网企业大显身手的。但是，汽车企业或汽车行业，不能更多依赖目前的互联网公司（包括大牛的互联网企业）。因为汽车还是主体，可以汽车“+ 互联网”，而不可以“互联网 +”汽车。以互联网企业的思维模式和运作习惯，很难做好汽车硬件、产品开发流程和质量保证体系。而且，整车汽车企业大都具备像样的规模，必须把“智能化”这一核心系统掌握在自己的手上，而不可以把汽车的“大脑”通过采购、协作或者贴牌的方式来完成。

“不确定性”成为信息时代或智能时代使用频次越来越高的词组。汽车产业会走向何方，现在很难预测。但是，汽车的智能化是可以预见的，无人驾驶现在已局部实现。如果技术发展继续呈加速度急进的话，那么汽车业的未来有无限的想象空间。

3. 汽车业创新应对准整个交通系统

有人测算过，自动驾驶汽车本身需要的计算量相当大，如果它是电动汽车，那么大量的电能就消耗在这些计算上。只考虑电池问题，似乎颇为幼稚。如果再考虑整个交通系统，运行计算量则更大，因此未来的新能源无人驾驶汽车必然依赖云计算。而且，这种云计算一定是社会化的，不可能借助专有云（私有云）来实现。

最喜欢无人驾驶汽车的，首先是不会开车或不愿意学车的人，其次是因为各种身体原因（比如衰老、疾病、残疾等）开不了车的人。汽车企业目前主要是站在驾驶员的角度考虑汽车问题，如果人工智能汽车、无人驾驶汽车开始普及，没有“驾驶员”这个概念，汽车企业应该如何去推动创新呢？汽车“三具”：工具（解决移动问题）、面具（呈现社会地位和个人品位）、玩具(获取特别的生活体验)。但是，当无人驾驶汽车盛行的时候，人驾驶汽车还真是一种极客行为，一般人很难为之，毕竟太奢侈了。

无人驾驶汽车若开始普及，保有量的数据就失去了意义。使用中的汽车每天在高频度、高效率运行，绝大多数人根本不需要占有汽车，汽车运行服务公司买车时，因为效率特别高使得购车成本压力大大减弱，全球可能剩不了几家整车企业，甚至一个国家就剩一两家汽车运行服务商。

4. 从庞大的汽车编队中寻找创新之源

在条件具备的前提下，成千上万辆汽车完全能够以同一标准的巡航定速奔驰在高速公路上，理论上不会出任何问题，甚至现在的飞机也已经在一定程度上做到了。

江河湖海鱼儿组成编队快速畅游，几乎没人看过它们撞得头破血流，如果汽车以及运行的道路都真正智能化了，甚至完全实现了智慧城市，那么汽车就可以像海洋里的鱼儿一样成群结队地自由畅行。人们已经见过千百架无人驾驶的飞机在空中快速飞行着，并组成特定艺术造型的编队。那么，高度智能化的路网上奔驰智能汽车还会远吗？

面对将要来临的有思维、有组织的汽车编队，汽车业突破的创新必然在一个极为开阔的舞台上展开，系统创新很难来自某一个企业家，更可能来自全球合作的数家整车企业、互联网企业、智慧城市供应商、交通系统研究部门、安全专家等的高度配合，这样才有可能打造出一个全新的移动世界。车与路、与城市、与交通系统管理无缝隙对接，必将带来真正意义上的人工智能时代的汽车业的创新，或者说汽车产业链的创新，甚至是社会交通系统的创新。

晨会是化零为整的培训

故事是世界共通的语言。

——村上春树

很多人认识我，可能是因为那本《细节决定成败》，而我的第一本书却是《营销人的自我营销》，这本处女作其实是由我的海量读书笔记和工作心得经过提炼整理而成书的。

关于“学习型组织”，我们不可能真正把组织办成一所学校，因为职场很难找到大块的、完整的学习时间，因此化零为整、集腋成裘的学习显得尤为重要。

我就学习型组织的特征，总结过三个方面。

第一，大家形成乐于向团队分享新知识、新感悟的习惯。每个人都成了学习的主体，就像建立了一个内部互联学习网。互联网之所以伟大，是因为它在聚集所有网民的智慧。

第二，善于采用多种方式达成学习目标，不一定拘泥于“老师上面讲，学生下面听”，可以把每一次和部下的谈心、聚餐、布置工作都当成一次小型的培训。

第三，制定一个不低于两年的系统学习目标。知识是一个体系，内部有各种逻辑联系，如果我们能够整体规划、系统推进，将对工作产生很大的正面影响。

晨会对于构建学习型组织是很有益处的。早晨报到过后，大家立马各自忙自己的一摊子事情去了，就像飞机在停机坪短暂地停留，又飞往各自的目的地。虽属一家航空公司，但也是聚少离多，天涯相望。飞机在停机坪停留期间要做的最重要的事情就是机械检修和加油。晨会与此类似，除了接受新的工作指令外，为思想加油、为智慧充电也是最佳时机。

晨会每天 5 ～ 15 分钟，周会一般半个小时。若能善加利用，宣导一个理念、分享一个故事、推行一种简单方法、改善一点作业、提升一点形象、发现一个亮点、学习一点新规，都是非常有效的。坚持一到两年下来，是个了不起的积累。

我们常常把学习看得太神秘，我觉得把企业管理的 50 个代表性名词解释真正搞清楚，管理常识基本就懂一半了。每周搞懂两个名词不难吧？这项工作只需要半年时间。这是我经常和企业领导讲的观点，大家都觉得很有道理，但是没有多少人按这个做，他们往往还是希望能一揽子解决自己公司存在的所有问题。这也是一种浮躁的表现。管理者在批评部下浮躁的同时，自己也在浮躁的泥淖中挣扎。

从学习的角度看，“教是最好的学”，人们把新学到的东西给三个人做分享，自己就牢牢记住了，而且领悟得比自己刚学到的要深刻得多。面对不同的人做分享，每个人的理解水平和思考角度不同，可能会提出不同的疑问，可以换着角度去重新思考分享的内容，客观上对所学的东西有了更深的认识。

我江西老家有一句俗语“创业犹如针挑土，败家好比水推沙”。其实，好学就像针挑土，晨会就贵在点点滴滴的积累和领悟。

中国现时代正需要用心把小事做透的精神，每个人就一个小问题做一些深入的思考，然后整理出来去帮助别人，岂不美哉？我始终认为，“研究”一词有两个维度：研，就是把石头打开，就是细化；究，就是把洞穴钻得很深，就是深入。每个人都有能力做“研究”，只要立足于“小”。

和女儿交流人际关系

女儿让我推荐有关社会交往和人际关系的书，最具代表性的一本书是卡耐基的《人性的弱点》，非常容易懂，马上可以用到；比较深刻一点的讨论人际关系的书（当然范围也不只是人际关系），那就是《傅雷家书》；个人认为更经典的应该是《曾国藩家书》，其中的书信《与弟书》个人认为最好，这本书对于做人、做事、人际关系处理等都会涉及，既全面又深刻，更重要的是真实。

其实，我也很想跟女儿详细谈谈社会交往和人际关系处理，人在社会中不是独立存在的，一定要努力和别人相配合，何况马斯洛的“需求理论”当中提出人有被尊重的需要，在人类生存中仅次于安全需要、基本物质需求，在精神层面占很大比重。

在农业社会，一个人与社会的合作是比较少的，人际交往也就不是特别重要。那个时候谈得比较多的是邻里关系，跟邻居怎么合拍，或在家族中怎么做人，范围比较小。《曾国藩家书》中提道“书蔬鱼猪，早扫考宝”，其中的“宝”指的就是邻里关系好，把邻居当宝，“远亲不如近邻”也是这个角度。总之，农业社会的人际关系范围是比较狭窄的。

进入工业社会之后，有了规模性的城市，人际关系就变得复杂了。工业时代的合作要求很高，工业社会是大规模生产，上下游的合作、内外的配合、供方和需方的认同等变得非常复杂而重要。人的社交圈和沟通范围极大地拓宽了，人际关系问题发展成为一门科学，远不只是过去的邻里关系了。城市化之后，动辄百万、千万人生活在一起，个人的活动范围小了，社会公共空间变大了，大量的时间活跃在社会的洪流当中，社交就变得复杂起来。信息化时代人际交往的要求会降低，因为人们可以生活在虚拟世界，人际关系变得没有工业时代那么重要，但比农业社会要求还是会高得多。

其实，社会交往和人际关系严格来说是两个不同的概念。社会交往更多讲的是做人，是一种修炼过程，是内心获得平和的一个活动过程，也就是说社会交往是做人的一个反照，用社会这面镜子去照自己。社会交往具有广泛性。我认为社会交往的重点应该是以下三个方面。

第一，目中有人。要有尊重别人的意识。对苍生的怜悯之心，对他人的尊重、敬畏之心，成为社会交往最起码的标准。

第二，要从内心深处认识到对他人好就是对自己好。社会是面镜子，这面镜子由若干人拼成，所以，对外部友善就是对自己内心的友善。人在社会交往中获得了自我满足，获得了社会认同，反过来使自己的内心更加祥泰，更加平静，更加有人生的幸福感。

第三，学会不断地纠正自己。正因为社会交往是一种反照，所以要经常反思，通过不断反思，纠正自己的言行，训练自己的习惯，从而达到提高自己修养的目的。人生的价值很大程度上是通过社会交往得以实现的，这也是社会交往最终的价值。

人际关系是另外一个话题，人际关系大多数都是出于“必须”，也就是说，你需要做一些事，使你在一个小环境中去获得自己谋生的机会、发挥作用的机会、实现价值的机会，你必须在该环境中处理好周边关系。所以，人际关系范围更小、针对性更强、功利性更明确，自然困惑和障碍也更多。我觉得人际关系处理的重点应该是以下三个方面。

第一，认同。存在就是合理，不要以简单的个人好恶对身边的人抱着一种怀疑、否定的态度，人有所长，己有所短，对身边人基本的认同是必须的。

第二，包容。包容和认同不尽相同，包容是要容得下别人的缺点，容得下不习惯的事物，甚至要容忍他人对你的某些轻微伤害。有了更好的包容心，处理人际关系就更方便，也就不会受到太多心理上的影响。

第三，赞美。人都是希望被别人赞美的，不管是外在的还是内在的，不管是为了做出努力的赞美，还是为了提供帮助的赞美。当然，这种赞美不是虚伪的、简单的，比如“你真漂亮，你真有才，你非常勤奋”，这种简单的赞美其实没有价值，不会让人入心；只有从内心深处去看到别人的长处，发现他人一点点的进步，这样去赞美才真的有价值。其实这一条也适合于教育，对子女、对伴侣都是如此。

最后，我把社会交往和人际关系两个话题合并起来谈谈必须注意的问题。

第一，忌讳刻意的处理和落俗的维护，不要刻意去考虑社会交往和人际关系。当然，人生不能免俗，但绝不能俗不可耐，太俗就自我贬值了，你的交际再成功最后也没有意义。

第二，人生所有的事情都直指“三观”，即世界观、人生观、价值观。说起来好像这个话题比较大，事实上“三观”处处都存在。你需要什么样的人生？你想实现什么样的价值？不清楚这些问题，很多事情就必然不知道怎么正确处理。人生所有的一切都是由终而始，内心深处一定有个终点。我的态度就是把人生看淡一点，很多事情就处理得比较坦然，不会那么紧张，也不会那么慌乱，也没有什么恐惧。孔子讲的“君子不忧不惧”就是这个道理。

第三，人生是需要感恩的。首先要感恩大自然，比如阳光、雨露、空气、水等。这不是一句空话，当你了解一点天体物理学（宇宙学）之后，你会发现地球是个非常偶然的天体，地球上生命的形成又是偶然中的偶然。当然，这种感恩也要从自然转向人类，转向社会，毕竟这么多人都生活在同一个地方。我一向坚持真心对人，当然真心对人并不是对什么人都掏心窝子，但跟人交往肯定是真诚的。社交中少说话是通行的原则，但说的一定是真话，不说假话。说真话有一个很大的好处，不需要拿更多的假话去修饰它、去掩盖它，也不需要有很好的记忆力。除此之外还必须认识到知己难求，鲁迅说过“人生得一知己足以，斯世当以同怀视之”，一辈子把他当作一胞所生来看待，鲁迅讲的这个人就是瞿秋白。鲁迅跟他的弟弟周作人就不太合得来，但对瞿秋白特别欣赏，瞿秋白临死之前也把重要资料委托给鲁迅收存。当然，具备友谊和友情后，有的时候就疏远了，疏远就疏远了，也不需要去追究疏远是什么原因。为了自己的名利重新选择交往的范围或者深交的范围非常正常，不用追究别人为什么疏远，没有意义。看淡人生，包括少跟别人争，当然完全不争在竞争时代也做不到，少争至少不抢，包括利也包括名，名当中包括虚荣、认可、被尊重。

第四，一个人如果要建立良好的社会交往界面，或者希望比较轻松地处理好人际关系，最重要的是打造自身的实力和价值。无论别人对你是虚的还是实的，但一定首先看你的实力。一无是处，绝无社交，更不可能有良好的人际关系。

诚能洗心，果能改命

拙作《细节决定成败Ⅱ》曾经提道：“人的心在什么地方？我们人类可以说天天都在用心，但对于这个问题，可能很少有人能够回答出来。在大脑里吗？显然不是，因为那是人们进行思考的器官。在心脏吗？也不对。心脏只是人体供血的动力中枢。那么，人的心到底在哪里呢？我的回答是，心存在于人的每一个细胞中。”

我们日常每每提及的“热心、心意、心情、心愿、心心相印、心有灵犀一点通”往往指的是情感，而“决心、用心、专心、恒心、一心一意”等则常常指人的非智力因素。《现代汉语词典》解释“心”称“习惯上指思想的器官和思想、感情等”。注意，这里说的是思想的器官或者思想本身，而且特别加上“习惯上”。

人的心之所指都有可能是完全不同的，立足于不同定义的议论就成了“你敲你的锣，我打我的鼓”。在这里，我想把“心”定位在一个人的人生态度上来讨论。

有一个流传很广的历史故事。苏东坡去寺庙学打坐，学出一点模样了，就问师父“我的打坐怎么样啊？”师父说：“挺好的，像朵莲花似的。”苏东坡自然很高兴。师父顺口问苏东坡：“你看师父打坐怎么样呀？”苏东坡很不客气地说：“实在不怎么样，像一堆牛屎似的。”师父并没不高兴，只是笑了笑。回家之后，苏东坡跟妹妹苏小妹很有兴致地说起此事。妹妹把哥哥好好地数落了一顿：“你还真的以为你打坐比师父好么？只是因为师父的心里只有莲花，看你的打坐就像莲花；而你的心里尽是牛屎，你看东西就像牛屎啦！”

心境不同，即使同样的事物，看法也不一样。同样是一场不大的秋雨，心事重的人会因之而陡增忧伤，开朗的人会说“太好了，很快就不再热了，一场秋雨一场寒啊”。即使雨下得再大一些，开朗的人也会愉快地在满是雨水的道路上挑选着偶尔突出的下脚处，欢快地跳跃前行。

即使真的是不好的事，也一样可以往好处想，一样能让心境得到调整。俄罗斯著名作家契诃夫说：如果不小心划破手指，就跟自己说“还好，没有把手砍掉”；蚊帐烧着了，就跟自己说“还好，烧掉的不是整幢房子”。

我曾经把手提电脑落在出租车上，怎么也找不回来。我的爱人急得团团转，几天都心情忧郁。我知道这会给自己日后的写作和工作带来太多的不便，毕竟大量的资料一去不回了，但这又有什么呢？我想，从此写作和工作不再依赖过去的资料，也许还有助于我及时更新资料，与时俱进，不会落后。

事随境迁，境由心生。

善于调整心境，身心自然受益。当你的心田让忧郁驻足，快乐就会在别处靠岸。所以，必须学会调整心境，使自己快乐起来或者获得更多快乐，生命之旅也将因之而改变。

我觉得一个胸中装着更宏大念头的人是不应该过于被琐事纠缠的，其实没有多少事情值得我们计较，绝大多数事情都是“不过如此”。在我的内心深处确实觉得很多让我们忧郁、烦恼、生气的事，其实“没什么大不了的”，真的想放下是不难的。

人的心境分“天之惑”和“人之惑”。所谓“天之惑”是指不可控的自然因素，但这些都是无可更改的，不能改变就容忍，并且努力减少带来的影响。如同我的一个残疾朋友所言，“不是不幸，只是不便”。心境调整到这样，便有足够的勇气去迎接任何色彩的人生，有足够的能力去改变任何逆境的命运。所谓“人之惑”是指与人相处的摩擦，更是可以努力去理解并接受的。

因此，在一件事来临的时候，我会调动全部的内在心力去抵抗它、排解它。我将试图走如下思考程序。

（1）我有改变的余地吗？

（2）我改变它的消耗与能够换来的产出成比例吗？

（3）我放弃和容忍的损失具体是什么？

（4）如果损失的是可以折算成金钱的利益，我会那么需要和依赖这些钱财么？如果损失的是增加得分的名声，我会那么需要和依赖这些名声么，这些增加的名声最终解决了我的什么问题？

（5）如果损失的是减少得分的名声，有多少人关注这个事件，自己不计较是否本就没人在意呢？

（6）即使事关气节，若干年后公论不能回来吗？

（7）更多的时候，我们的情绪是否来自最亲近的人和最琐碎的事？我们跟最能容忍自己的人发泄，合适吗？

（8）除了这些最不值得关注的琐事，难道我们没有更有意义的事情要关注、思考、努力吗？

如果如此思考生活，我们的心境一定会转好，生命的轨迹也一定会因之得到改变。

“我们的理想教育，应该完全用不着文凭，应该一看那学生的脸孔，便已明白他是某某大学毕业生。倘由一学生的脸孔及谈话之间看不出那人的大学教育，那个大学教育也就不值得给什么文凭了。”林语堂先生的这段话，我在 21 年前就读到过，但当时实在无法理解。这些年读书多了，就很能理解这种说法。

人生中的遭遇是自己内心吸引来的，其人生低谷与高峰、幸福与不幸，是由内心呼唤而至的。没有理解的人，往往简单地以“唯心主义”冠之，并觉荒谬；其实更大的可能是自己一片荒芜，不能懂得却粗暴拒绝。

不仅如此，甚至一个人的外表、外貌以及其他一切的外在，也都可以由自己的一己之心决定，至少是深刻地影响。不管你信不信，我信！虽然，我不敢断定有着一张紧锁着的苦瓜脸，就一定是心事太重的人；但是，内心始终如无风之水面似的，就一定会童颜鹤发。如此说来，一个人的人生态度，就是我们今天讨论的“心”，不仅完全支配我们未知的命运，甚至都可以决定我们的容颜。

提倡“996”是开倒车

不怎么跟热点的我，猛然发现很多人在讨论“996”。原来“996”是一种工作制度，员工每天工作时间从早9点到晚9点，并且每周工作6天。我看到很多互联网界的大佬在参与讨论，就觉得有些怪异。我们根本用不着去区分“强迫”和“自愿”，“提倡”就是一种错误。

君不见，人类社会孜孜以求的进步无一不是以让人更轻松为目标的，只是经常表达为“把人从繁重的劳动中解放出来”。甚至，“不繁重”的劳动也在努力纳入“解放”的目录，比如电动牙刷的发明。至少，“科技为了人更懒服务”是成立的。

我在法国的工厂参观，看到过这样的情形：下班铃响了，箱子搬到半途，工人放下，回家。我不欣赏这种工作态度，但我必须支持工人的这种做法。劳动者在市场体制下，作为一种特定的“商品”，跟雇主之间的关系只是劳动时间的转让。

当然，我对那些为了人类的发展一如既往地拼命工作的人，对那些为了工作的连续性而放弃自己更多休息的人深表敬意；但是，这些仍然不能成为支持“996模式”的依据。现代管理技术完全可以使岗位的连续性被缜密的换岗、替岗所覆盖，很少有人需要超强度地长期连续工作。比如，一家发电厂对应一群用户的时代，发电是必须保持连续性的，而今天整个电力供应是一张网络，个别发电企业如果中断对整体的供电不会产生明显的破坏力。当然，整张电网是不能中断的，但并非在电网工作的所有岗位的工作不能有间隔，至少不能中断的岗位是可以设计换岗、替岗和顶岗的。而作家为了一本作品一气呵成必须加班，科学家为了某种实验连续工作，这些都是基于他们个人的爱好和对职业化的认同，甚至上升到了信念的层面。对于一般劳动者不具有普遍性，不能成为一种社会标准。

一个国家以延长劳动时间的方式提高企业竞争力终究是不可持续的，只有提高所有劳动者的效率才能提高企业、行业乃至整个国家的综合竞争力。提倡爱岗敬业是职业化的基本要求，但投资人、企业家和管理者倡导延长劳动时间以获得组织效率，就只能认定是资本家难以填平的欲望之壑。

前不久，几十位专家学者在茅台生产现场参观，有人就提到一种观点：茅台包装车间保留手工劳动而不去发展自动化、智能化，似乎是为了保留包装车间千余工人的劳动权利和机会。实际上，这个逻辑是不成立的。茅台完全可以通过换班、倒班、代岗、备岗的模式让所有工人每周的劳动时间缩短为 4 天，让员工有 1 天的自主学习时间，甚至可以推出内部制度，规定茅台的工人可以积攒休息日周游世界。“4+1+2”模式可以并必然成为茅台这样优秀企业的主流模式。

完全可以预料，未来多数工作就像游戏和娱乐一样，劳动应该是快乐的。人类通过数千年的努力，生产力已经很高了，如果绝大多数人还必须为了生存而工作，那就说明人类的文明没有进步。未来，就业率不应该是衡量国家经济的标志，就业率的背后是社会的二次分配在起作用。“恩格尔系数”终将改版或升级，未来衡量一个国家的先进性，不是看居民家庭中食品支出总额占消费支出总额的比重，而是看整个物质生活的占比，也就是说，精神生活消费越高的国家其发达程度越高。

家庭也需要管理？

“家不是讲理的地方。”这句话流传很广，认同者也很多。既然，理都不讲了，强调逻辑的管理不适用，似乎是必然的。

我们要重新确认管理是什么。《现代汉语词典》的解释很简单，“负责某项工作使顺利进行。”《百度百科》的解释完整一些，“管理是指一定组织中的管理者，通过实施计划、组织、领导、协调、控制等职能来协调他人的活动，使别人同自己一起实现既定目标的活动过程。”《管理学》的定义是“管理是由计划、组织、指挥、协调及控制等职能为要素组成的活动过程。”

关于管理的定义众说纷纭，至今没有统一的答案。但无论从什么角度给予定义，必然都包括活动过程、目标、计划、组织、控制等要素。家庭作为社会单元，当然每天都有活动过程或者叫“工作”；家庭目标当然也是有的，有些家庭甚至可以上升为使命；关于计划性的强弱，各个家庭自有不同，但总是有一些系统考虑或提前谋划；控制、指挥、协调等一系列活动明显存在且必须。如果以要素分析，可以下结论——家庭同样需要管理。

家庭管理与其他组织的管理最大的不同其实是成员之间的爱。爱因斯坦曾给他女儿写过若干封信，最终以《爱是一切的答案》为题发表。其中，对人生永恒的话题——“爱”给出了丰富的阐释：“这个驱动力解释着一切，让我们的生命充满意义。这是一个我们已经忽略了太久的变量，也许因为我们害怕爱，因为这是宇宙中唯一的人类还无法随意驾驭的能量。”“有一种无穷无尽的能量源，迄今为止科学都没有给它找到一个合理的解释。这是一种生命力，包含并统领所有其他的一切。而且在任何宇宙的运行现象之后，甚至还没有被我们定义。”

家庭中因亲情的存在更强调爱，这也是“家不是讲理的地方”背后的逻辑，但并不能因此回避管理的存在。反倒是，长期以来因为“情”而忽视“理”，甚至因为“理”而回避了“法”，这样使得家庭发展及其成员成长更多存在非理性的误区，影响了最终的效果。

承认家庭管理，首先就得承认家庭各成员的权利与义务，摒弃夫为妻纲、在家从父之类的理念，任何男权主义和女权主义均不得畅行。即使没有自我生存能力的孩子也同样有他的权利，即使家长再溺爱的儿童也必须有他的义务。这就是管理的理性。

比较容易理解的是家庭财务管理和家庭成员的时间管理，这与其他组织的管理逻辑是一样的，只是松紧程度有区别。家庭事务有针对方法的管理，类似于企业管理的流程和标准，这也不难理解。至于家庭的收纳则自不待言，更应该进入管理范围，而且收纳师的岗位都出现了。日本甚至出版了收纳培训师山下英子的充满哲理的专著《断舍离》。

婚姻和情感的管理似乎不太容易被正常认知，但《婚姻法》和《妇女儿童权益保障法》早就有了，那么就不难理解家庭成员之间的关系应该是有约在先的，关系处理是有底线的，比如：不能以粗口替代讲道理，君子动口不动手，强不凌弱。这些既是道德问题、修养问题，也是管理问题、法律问题。

如果把人生价值观与生活情趣也纳入管理之中，那么更多人会疑惑。表面上看这是可以根据家庭特点做出取舍的，但实际上家庭运行的过程中都已包含进去了，却并未清晰地意识到，或者没有明确把概念提出来，因而只是显性与隐性的差别。有些中国家庭明确提出家训和家规，很多都与价值观的认定和生活态度的倡导相关。沈复所著《浮生六记》就是一本典型的有关人生价值观指导与生活情趣取舍的专著，只是没有冠以“家庭管理”之名罢了。书中经典“口中言少，心头事少，肚里食少。有此三少，神仙可到。”“诗何必五言？官何必五斗？子何必五男？宅何必五柳？”“五百年谪在红尘，略成游戏；三千里击开沧海，便是逍遥。”对于当代人的家庭管理怎能说没有重要意义？

至于把家庭成员社会行为习惯和子女教育示范纳入家庭管理的范畴，也许不会有太多人反对，因为这些已经成为大多数家庭实质上的家庭活动的主要内容。普鲁士元帅毛奇在普法战争胜利后曾经自豪地说：“普鲁士的胜利早就在小学教师的讲台上决定了。”要进一步明确的是少年儿童的社会行为的习惯养成大多都在家庭教育过程中完成，并不完全依赖学校。主编《中国少年儿童百科全书》的心理学家林崇德博士指出：父母应该培养孩子其他社会行为的习惯，包括道德观、情绪控制、团队合作、和长辈相处等。

德国明确提出“家庭管理”。我在德国考察时亲历了两件事，感慨良多：一位牙医朋友，因为早上要上班，就规定 3 岁的儿子必须按时起床和吃早餐，并且必须准时去幼儿园。有一天孩子起晚了，爸爸妈妈一致决定取消孩子的早餐，把已经端上桌的早餐收走并告诉他：“对不起，宝贝，我们有约在先，不能随意破坏。”另一位金融界的朋友，女儿才 2 岁半。有天晚餐后我去他家，正好遇到小女孩发脾气，哭闹不休，朋友对我说“不必理她，让她发泄一会”，然后给她喝了几口水，平和地把她领到自己的小房间，把门关上后出来跟我聊天。见我为此心神不定，朋友反过来安慰我说：“孩子很快会平静下来，等会儿给她洗个脸，再和她好好谈谈。如果她睡着了，明天再和她谈。”很显然，这是教育的范畴，也是家庭管理的日常。

我在青年时代读书读到曾国藩的家庭管理是很严谨的。只是，当年曾国藩没有以“管理”这个词来表达。用曾国藩自己的话说，“绝大学问即在家庭日用之间”。曾国藩倡导的很多做法，看上去鸡毛蒜皮，实则都是家庭管理的要点。

“一曰饭后千步；一曰将睡洗脚；一曰胸无恼怒；一曰静坐有常时；一曰习射有常时；一曰黎明吃白饭一碗，不沾点菜。”

“可珍之物固应爱惜，即寻常器件亦当汇集品分，有条有理。”

“子侄除读书外，教之扫屋、抹桌凳、收粪、锄草是极好之事，切不可以为有损架子而不为也。”

“后辈子侄，总宜教之以礼。出门宜常走路，不可动用舆马，长其骄惰之气。”

“余家后辈子弟，全未见过艰苦模样，眼孔大，口气大，呼奴喝婢，习惯自然，骄傲之气入于膏肓而不自觉，吾深以为虑。”

“然诸弟苟有长信与我，我实乐之，如获至宝。”

“即与他人交际，亦须略省己之不是，弟向来不肯认半个错字，望力改之。”

“嗣后我写诸弟信，总用此格纸，弟宜存留，每年装订成册。其中好处，万不可忽略看过。”

海边读《老人与海》

区区两万六千字的《老人与海》，我在青年时候读过，为什么读，全然不知，仅仅慕名吧。该书获得1953年的普利策奖，海明威也因本书荣获1954年的诺贝尔文学奖。人生况味一概无知的我不可能读明白它，更多的是借助文学评论“被弄懂”了。有一次，我在三亚度假，于海边再次静读《老人与海》。毕竟年过半百，自然该真的弄懂了一些。

《老人与海》的结构真是简洁，讲的故事十分简单：老渔民圣地亚哥连续84天没捕到鱼，于是雄心勃勃地去了一次远海，精疲力竭的三天三夜捕到一条平生没有收获过的大鱼，返程中先后四次被鲨鱼纠缠，回港时只剩下鱼头鱼尾和一条脊骨。

全书的角色充其量五位：除了渔夫还有一个当助手的孩子马诺林，作为“文学人物”的那条大马林鱼，作为背景且被拟人化的大海，还有就是真正的“敌人”鲨鱼(鲨鱼有很多条，主要是第一批上来的四条，但作为“人物”可以合并算“一个”)。

大鱼是老人的对手，同时也是老人的“好友”。老人一边要杀死这条大鱼，一边替这条大鱼伤心。当抽筋的左手在他生吃下一条鱼后逐渐恢复时，他不禁在心里念叨，“这对你是坏消息，鱼啊”。因为老人对这条大鱼有宠物一般的情怀，故对买鱼的人就会这样作想：他们配吃它吗？不配，当然不配。凭它的举止风度和它的高度尊严来看，谁也不配吃它。尽管老人有时也算经济账，毕竟上帝安排他以打渔为生：鱼可能有1500磅肉，该有多少钱啊，需要支铅笔计算呢。

有一句话最能说明老人对这条大鱼的感情："在海上过日子，弄死我们自己真正的兄弟，已经够我们受的了。"于是，作者不得不把大鱼的死去写得如此美丽："尽管死到临头了，它仍从水中高高跳起，把它惊人的长度和宽度，它的力量和美，全都暴露无遗。"紧接着的一句，似乎是难得的浪漫主义描写，"它仿佛悬在空中，就在小帆船中老人的头顶上空。大鱼心脏流出的鲜血把海水染红了，一大滩，逐渐像一块礁石，然后，像云彩般地扩散开来。"

在和大鱼搏斗的过程中，老人始终在欣赏它，敬畏它，但从未蔑视它："你要把我害死吧，不过你有权利这样做。我从没见过比你更庞大、更美丽、更沉着或更崇高的东西，老弟。来，把我害死吧。我不在乎谁害死谁。"经常梦见狮子的老人甚至愿意死在这位对手的手中，就像拳击手谁打倒谁都一样，只要旗鼓相当。

老人对大海的理解如出一辙，"老人总是拿海洋当作女性，她给人或者不愿给人莫大的恩惠，如果她干出了任性或缺德的事儿来，那是因为她由不得自己。"注意，老人几次与鲨鱼斗争，但海明威并不愿意为此多费笔墨，尽管更惊险，更加生死攸关。因为老人并不敬慕这些鲨鱼。

鲨鱼最终吃光了鱼肉，老人不断对大鱼这位可敬的对手忏悔，"我原不该出海这么远的，鱼啊，对你对我都不好。我感到抱歉，鱼啊。"然而，有什么办法呢，人生一直都在习惯性地"追求"，尽管最终都是没必要的。

最后的老人，既是英雄，又是失败者，昏睡大半天之后，他还清楚地记得，"夜里，我吐出了一些奇怪的东西，感到胸膛里有什么东西碎了。"老人勤苦一生，"年纪是我的闹钟，为什么老头儿醒得那么早？难道是要让白天长些吗？"走到人生舞台的尽头，老人明白了人生，于是心就碎了一地。

作品的语言真是干净得不得了，简直不愿多说一句话，甚至不能多写几个字。其实，啰唆实在没有必要，越说越懵。多数人并不考虑人生，只纠缠生活。

《老人与海》给人生添加了一个意义。

老人不是84天没钓到鱼吗，那是人生的常态。“人生不如意者十之八九。”

圣地亚哥出一次远海获得了巨大的成功，钓到的大鱼前所未有，连当地见多识广的饭店老板都没见过这么大的鱼。人只要努力，总会收获一些利益和荣誉，让你对人生有了充实感、存在感和满足感。就连智商平平的我不也钓到过一条大鱼——《细节决定成败》么？

老人在胜利归来时，鱼肉被鲨鱼吃光了，剩下的只是骨头。要知道，这种结局是必然的。流血的大鱼搁到船上装不下，绑在船梆上，鲨鱼来袭是顺理成章的。人生没有偶然！结局再清晰不过，镇上的一位妇女指着鱼骨头说：“它如今不过是垃圾了，只等潮水来把它带走。”

人生荣华皆尘土，但人还是要活下去。老人在和大鱼斗智、斗勇、斗意志的过程构成了他的人生意义，年轻时因为掰手腕获得过“冠军”的老人在和大鱼周旋的三天是老人一生的浓缩：兴奋，斗争，坚毅，追求胜利。正如老人自己说的，“然而人不是为失败而生的，一个人可以被毁灭，但不能被打败。”多数人又何尝不是如此？成功成了人生唯一追求的目标，或者说追求的过程就是人生的全部。人们走了很远，更多是跑，冲刺般地跑，跑得没时间思考为什么出发。

3 第三章——分权

企业可以做成一首诗

集团管控：
集团化企业“脖子以上”工程

“集团公司”在我国《公司法》（最新版为2018版）中并无此一说，一般都以“有限责任公司”或“股份有限公司”等法人单位形式存在，无非全称的中间夹一个打括弧的“集团”。很多企业集团往往是先有一家相对成熟或壮大了的公司，逐渐对外投资产生了多家并不一定有业务关联的平行公司。中国实际存在的集团公司本质上是一个以资本为主要联结纽带的法人联合体，集团总部与旗下的法人单位构成实质上的控制与受控关系。

1．我们走了很远，但忘了为什么出发

欧美企业中，集团往往是公司下的业务板块，更接近于我国企业界的事业部，比如某公司旗下的医疗器械集团、风力发电设备集团、家用电器集团。因此，我们很少听到人们说“微软集团”“西门子集团”“丰田集团”。

中国企业，集团往往是上面的机构，下边有很多的子公司。

无论集团成立之初的直接因素是什么，最终目的都是明确母、子公司或集团内公司之间的责权利关系，使内部资源互动起来，使之能够市场化，以提升综合效能，减少决策风险，保证整体上的可持续发展。

具体说，企业集团化经营的主要目的大概在以下六个方面。

（1）产生协同规模效应，避免外部交易带来的高成本；

（2）提升企业形象，显示企业实力，提升市场的认可度；

（3）有利于企业的管理与利益分配，包括降低综合成本和人才统一调配；

（4）企业出现负面情形时，更能保护集团母体形象，毕竟各自独立；

（5）在财务上的可操作空间更大，尤其是资本运作；

（6）对于国有企业来说，应当有一个机构来保证国有资产的安全和增值。

既然有了企业集团，当然就得有一定范围和程度的管控。一般来说，集团管控要解决以下几大问题。

（1）制定集团战略，解决可持续发展问题；

（2）集团总部的角色定位，解决指导和服务的关系问题；

（3）明确对子公司授权的边界，解决风险控制和积极性调动的问题；

（4）确定总部和子公司的利益分配，解决子公司的激励尺度问题；

（5）调度和整合内部资源，加强信息共享，解决利益共享的机会问题；

（6）预防“大企业病”，以合并同类项来解决资源浪费问题。

投资或控股的公司多了，是否一定需要一个集团公司？不一定的。我在天津结识一位企业家，投资或控股的公司分属完全不同的领域，有百货、食品、金融、航空、互联网，各企业之间内在联系并不紧密，更多地需要在财务上管控，强调的是投资回报，具体经营帮不上太多的忙。我诚恳地建议他，用不着组合成一家企业集团来提高声望。有了集团公司，也不过每年开一两次集团和二级公司的高管会议，除了引起不同行业高管之间无法平衡的年薪攀比，几乎没有多少实际上的互动价值。最多成立一间投资公司或控股公司，只需要有一支专业性强的财务队伍，分别对所投资或控股的法人企业实施资金管理和财务指标管控就够了。

2. 只因手握锤子，于是到处找钉子砸

职场上，电工需要专业资格，护士就更是必须接受好几年的专业教育和训练。但是，很少有人意识到，需要更多专业知识和更高素养的家长却一概没有专业培训，都是靠悟性，无师自通。集团管控也是如此。

民营企业集团当然是按照最高投资者的意志运作，国有企业则是组织部门指定人员做决策。集团管控的灵魂人物当然都不是庸手，在很多方面都很出众，但在对集团管控没有系统研究的前提下，实际运作科学性不足就很难避免。

就我们的研究小组对几家企业集团的调查研究来看，集团管控普遍缺乏整体设计，集团管控之目的、原则、模式、框架、条线和抓手均不清晰，加上集团高层对此又缺少统一认识，科学推行的阻力相当大。

首先是集团整体战略意识比较薄弱，有的集团表面上有比较完整的战略规划，但在战略实施中随机性和随意性比较大。

在集团管控的具体操作上，行政化色彩较为浓厚，“人治”痕迹明显，没有形成合理的制度管控机制，缺乏流程设计，“自选动作”过多。

就对待下属子公司而言，授权不明朗，多是基于集团历史发展而自然形成的授权，母、子公司责权利边界模糊，对自主管理以及自主经营能力较强的公司授权较小，而对异地、新兴的公司反而授权较大。即使集团下派了董事和监事，因为岗位与职责不对应，故以兼职为多，董事和监事对自己的职责并不清晰，也就不能很好地履行职责。

有些企业集团下辖有上市的股份公司，理应更加合规，但实际上责权边界分割并不清晰，甚至严重存在集团对下辖上市公司的利益侵占。

有些企业集团为了扭转局面，加大集团管控力度，增设较多机构，造成大集团、大机关的格局，管理层级复杂，多头管理普遍，非正常干预和交叉指挥过多，让子公司疲于应付，集团的风险控制难度反而越来越大。结果要么统筹指挥系统运转效率不高，协调不畅；要么对子公司管得过严，导致其很难发挥积极性和主动性；甚至导致不同程度的失控，很多

事情无人负责，出了问题找不到责任人或责任单位，往往“按下葫芦起了瓢”，集团领导忙得人仰马翻，二级组织的管理层或无所适从，或有劲无处使。

正因如此，集团公司管理高层压力甚大，那么多下属公司，那么多板块、条线，仅仅是熟悉二级单位高层负责人可能都需要好几年时间，如果还是像管理单独一家企业那样事无巨细、亲自过问，时间和精力根本分配不过来，势必导致战略思考不足，反而丧失了更多战略资源调度的机会。最后导致熟悉的模块多管、生疏的业务少管，人员了解的多管、接触困难的少管，名利收益大的多管、没有多大收益的少管。集团职能部门对下属企业也并不研究该管什么，而是根据上级领导的偏好管。如此，企业集团的不确定因素甚多，产品质量的风险、品牌受损的风险、投资回报的风险、项目失控的风险、环境保护的风险和安全稳定的风险等随时都有可能发生。

3. 动车属于轨道交通，而且是多车头组合

现行的《公司法》（2018 版）明确了无论哪一级的法人企业，最高权力都在股东大会产生的董事会手中，意味着母公司（集团公司）对子公司的管理和控制也必须通过子公司董事会来影响其决策和制度安排，从而对子公司运作产生规则和源头上的影响。董事会行使的职权包括：决定公司的经营计划和投资方案，制订公司的利润分配方案和弥补亏损方案，制订变更公司形式的方案，决定公司内部管理机构的设置，决定聘请公司经理及其报酬事项，制定公司的基本管理制度等。法律是国家管理的“规则”，规则是企业管理的“法律”。一系列系统化的规则就是集团管控模式下的一系列方案，而这些方案只能通过子公司的董事会来推进实施。

我们的集团管控专题研究小组对某知名企业集团的董事会建设做过一次全面的调研和分析，在下属 17 家直系控股子公司中，一个年度开过 1 次以上董事会的有 12 家，也就是说有 5 家 1 次董事会都没有开。一年开过 3

次以上董事会的有 4 家，其中包括直接控制的主体公司——股份公司，还有一家董事会由 2 人组成（《公司法》明文规定“有限责任公司设董事会，其成员为 3 人至 13 人”），有 5 家董事会成员完全由外派董事构成（即完全由集团派出人员出任董事）。

很多企业集团二级公司的董事会作用不明显，要么大的事情都是集团说了算，事事先报上去坐等集团领导指示；要么先斩后奏，只要没有出现极端情形，上面也就不了了之，进而助长了擅自行动的习惯；更多的情况是，每一家子公司都有集团分管领导，于是分管领导越俎代庖，不仅子公司董事会起不了作用，集团管控意图还无法以组织形式贯彻。

于集团管控，集团公司的高层往往更容易选择高度集权。就企业的属性而言，面对的是市场，远离市场的人指挥企业则必然很难适应市场的不确定性，要把以董事会为最高权力机构的子公司打造成具备自有动力的组织，从而使整个集团成为“动车组”。

集团管控要改变三个观念

《集团管控：集团化企业“脖子以上”工程》中谈到集团管控的重要性和必要性。集团管控的推进需要转变几个观念，“转变观念”需要极好的创新意识。中国改革开放的巨大成就来自解放思想，特别是“南方谈话”带来的观念改变。在信息时代，与时俱进的参照时间或时间计量单位已彻底改变：渔猎时代，重大变革“千年等一回”；农耕时代，实质性突破“百年一遇”；工业时代，重要创新依然是“三十年河东，三十年河西”；信息时代，根本观念转变完全是“只争朝夕”。

《失控》作者凯文·凯利在硅谷的一次演讲中提道：1800 年，当时世界上最盈利的企业是那些经营帆船的公司，它们已经成为全球性企业。随后蒸汽船被发明出来，没有帆，靠汽轮机发动。蒸汽船出现伊始，跟大帆船相比又小又短，制造价格昂贵，可靠性也差，是一种很糟的交通工具，各大船运公司自然没有把它放在眼里。但蒸汽船可以逆流前行，彻底改变了几千年来人类的航行只能“顺流而下”的历史。随着技术的成熟，蒸汽船变得越来越便宜，可靠性也越来越高，最后不但取代了大帆船，也使那些依赖大帆船做航运的海运公司被取代了。

2016 年春我应邀参加“中国制造 2025 和人工智能大会”，会议讨论的话题是中国制造 2025、德国工业 4.0、人工智能、虚拟现实和无人驾驶汽车等。来自德国人工智能研究院的专家大谈其技术发展和应用，让我大开眼界。我在会上的发言主题是《中国制造 2025 的三级跳》，提出我们要解决“工业 3.0”的补课问题，要加快“工业 2.0”的普及问题。这些观点后来在工信部部长的相关讲话中得到回应。

集团管控首先应该调整的是法治观念。企业法治依据《公司法》及制定的《公司章程》，具体执行就是通过规章制度，集团系统化的规则就是集团管控模式下的一系列解决方案。集团管控的规则体系的重点应该是集团层面的议事规则，它规范了集团的决策模式；然后是集团职能部门的责权界定，他们代表集团向下属子公司行使权力并承担责任，执行过程中度的把握关系重大；再然后是对子公司的授权，包括代表责任的经营和管理指标的确认方式。非常重要的一点是，规则一旦确认，就具备很强的刚性，无论任何组织和个人都不能违背，且无权更改。自然，规则制定过程的谨慎是必须的。

集团管控需要重新强调开放的人才观念。在对人才和职业经理人的态度上要依规授权，既不避亲又不唯亲。中国的集团公司或因主业突出派生出数家关联度强弱不等的子公司，或因扩展业务把很多原本不相干的小公司纳入旗下，还有的因为上级压力或出于人情考虑收购或控股并无紧密关联的公司。这样一来，集团人才结构就非常复杂。一视同仁，任人唯贤，集团首脑没有不懂的，但实际考察人、使用人和评价人就很难“一碗水端平”了。毕竟熟悉的人沟通方便，毕竟经受过长期考验的人信任度更高，用人天平自觉不自觉地就会有倾斜。但集团化企业的人才需求是多方面的，熟人未必出全才，而且多数职业经理人接受过很好的专业训练，素养更具优势。

需要调整的观念还有监督观念。授权与监督永远是两条并行的轨道，授权越大监督越严，责任越大监督越密。集团管控的监督有以下三点需要强调：一是监督必须公开，不要认为监督是得罪人，不便公开。完全透明的监督既体现了对事业的责任心，又是对干部成长的保护。内心怀疑、暗里盯梢、私下打听、鼓励告密都是非常阴暗的做法，既不利于组织执行，又严重伤害干部人格。二是系统化的监督设计，明确哪些事是事前请示的，哪些事是事中报备的，哪些事是保留事后追究权利的。子公司除了定期上报财务报表、书面述职报告，还应该有一系列管理指标的落实情况反映，不能只是有监督结果，还要有监督过程的设计。向上报告和请示必须严格遵守程序，养成组织对组织报告的习惯，不要依赖分管领导个人，要坚决摒弃公事私办的习气。三是罚则明确，必须对违规者必须承担的责任和接受的处罚做出详细规定，相关的督察系统严格依规执行，如果发现监督失职，那么执行监督的部门和工作人员要受到更为严厉的处理。如果监督条款不清晰，罚则不明确，那么子公司反而不好工作，而且加大了流程的长度，一事一请示，一事几报批，效率低下且容易误事。

集团管控只有观念调整过来了，才能做出正确的管控模式选择和路径选择。追本溯源，集团管控最终目的仍然是明确母、子公司或集团内公司之间的责权利关系，使内部资源互动市场化，提升综合效能，减少决策风险，保证整个集团的可持续发展。

“算计”的领导和“计算”的下属

先做一组词义辨析。

“计算”显然是核算数目或运算，根据已知量算出未知量，基本上没有异议。

“算计”就复杂了，长期以来多用于贬义，有用尽心思谋取不应得之他人利益的意思。但是，“算计”原本是中性词，有思考、谋划、策划和权衡之意。

查较早出现“算计”一词的古书，我发现《淮南子·俶真训》中的使用——“其道可以大美兴，而难以算计举也”，还有《后汉书·崔骃传》中的句子——“荐勋祖庙，享号中宗。算计见效，优于孝文”，稍晚的《三国志·魏志臧洪传》也有相近含义的使用——“必欲算计长短，辨咨是非。”

“计”是一种行为感知，“算”是逻辑推理。计算是以“算”为主，以“计”为手段，是为了达到某种逻辑去感知的，计算是一种功能；算计是为了达到某种感知而计算的，“算”的技术应用是次要的，重在思和谋，算计是一种能力。

善于计算的人是人才，更多是技术型人才，可以把事做正确；但把计算的功能转化为算计的能力就是领导力，更是人才，有能力判断和决策做正确的事。换句话说，能力强的人往往战胜技术强大的人，算计者往往指挥、管理和带领计算者。

如果同意以上逻辑，那么就不难从领导力的角度理解外行领导内行了。

内行、外行与领导、下属组成四象限：内行领导内行，内行领导外行，外行领导内行，外行领导外行。

外行领导外行当然一塌糊涂，因为整个组织就没有能干事的人，最终当然也干不成事；内行领导外行则勉强可以适用于企业起步阶段或者组织训练阶段，但稍微成熟一些，组织能力就相当弱了；内行管理内行初步判断是很好的，但如果领导的格局不够大或者谋略不足，则往往出现管得过细和管得过严的情形，不仅影响下属的发挥，还影响整体的效率；外行领导内行很多人不理解，觉得必然胡闹和瞎指挥，但结合前文提道的算计和计算就会觉得外行领导内行往往是可行的。

当然，外行领导内行是有前提条件的。领导不能是“此间乐不思蜀”、没有志向的阿斗，更不能是“何不食肉糜”、不谙世事的晋惠帝司马衷。领导可以是外行，但要有格局，懂谋略，善于制定和把握正确的战略，善于有效授权，善于用会“计算”的下属，反而容易成事。

诸葛亮与刘、关、张就是这种结构。以战争而论，诸葛亮不会亲自去战斗，结义的三兄弟却武艺高强、能征善战，诸葛亮工于谋略，做战略家，做指挥者，外行领导着内行，甚至包括本来是更大“领导”的刘备。

就像是否属于“计算”类人才与是不是硕士、博士没有关系一样，锻炼成长为“算计”类的领导根本不必关注其学历和出身。孔子说“君子不器”，意思是真正了不起的人才是不可能被人用成器具和工具的，应该站到更高处，做更大的事业。问题是有多少人符合孔子的“君子”标准！

做下属的必须会“计算”，也就是能干事。这也是任正非每每强调下属要能“打粮食”的道理，华为不需要那么多战略家，不需要所有员工都是“为天地立心，为生民立命，为往圣继绝学，为万世开太平”的大才或奇才。任正非于 2020 年 8 月 31 日在战略预备队学员和新员工座谈会上说过这么一段话：“对于每个人来说，适应你的岗位，提高业务技能，搞好周边协同关系，把本职工作做好，这才是最重要的。既然你是伟大的天才，为什么不能把地下的‘庄稼’种好一点？然后大家评一评，然后你跳一下，下次再种更大一点的‘南瓜’，青蛙多跳几次，就上田埂了。”

一些好高骛远的下属，常常紧紧地盯住领导的不会“计算”和没有太多的专业功能，却没有努力去琢磨领导更突出的能力，领导有更好的洞察力、思考力、谋划力、决策力。领导的优势在于“算计”；下属必须学“空杯”，学会服从，好好去做岗位必须做的事，好好发挥“计算”功能。

如果天天跟你的主管高谈阔论，他还可能在末位淘汰时给你“穿小鞋”。也许你是天才，但是他听不懂。而且年轻人要多服从领导，多与团队合作，踏实做好本职工作，小事做不好，怎么证明你能做大事呢？有大的想法，可以在喝咖啡时胡侃，听众都走光了，你是不是“梵高”呢？这还是任正非的话，如果你确实是“梵高”，而且是高瞻远瞩、雄才大略的“梵高”，你就真的无法低头去做“计算”。

这层逻辑，越大的组织符合率越高。

你的笔怎么都漏墨水？

假日，我照例在书桌前伏案读书。

发现有一段值得记录的文字，我赶紧取出一支水笔。谁知，这支笔让我双手沾满了墨水，显然取用了一支有问题的水笔，于是把它扔了，心想“反正不值几个钱”。换另一支，又是一手漆黑，再一次扔掉，内心颇为郁闷。

洗手时不得不想：“水笔怎么都漏墨？”

我把笔筒中所有的笔都取出来，发现大多数的笔朝下的一端都沾上了墨水。原来，笔筒底端有一汪墨水，只有其中的一支笔是“罪魁祸首”，它的墨水漏进了笔筒，影响了所有的笔端。于是，我心平气和地把刚才扔掉的两支笔捡了回来，洗净并安放到整理好的笔筒里。

此现象在组织管理中常常有之。

管理者经常会意外地发现有的员工做错事，是个“坏”员工，就像我取用的第一支水笔。没有耐性的管理者往往轻率地把这位员工抛弃了，或不重用，就像我一样把第一支水笔扔进了垃圾桶，反正不是骨干，就像我扔掉的笔“不值几个钱”。

实际的管理活动中，我们也会发现有很多员工“很笨”，就像我重新取用的第二支笔。管理者们恨不得开除一大批，只是招人实在不太容易，就忍了，将就着。

我倒建议管理者们借纠错的机会（如同我的洗手）好好总结一下，多问几个为什么。

员工都那么笨吗？问题在员工吗？就像我发现两支笔都漏墨，追究下来是笔筒底部有一滩墨水。企业的那“一滩墨水”是什么？往往是企业工作流程有问题，是具体的程序不细化，是依照程序的员工训练没到位，是企业的机制存在方向性的错误导致员工没有做好岗位的或手头的事。一句话，不是“这个”员工的问题，至少主要不是员工个人的问题。也许，真的有个把“捣蛋”的员工，就像我的笔筒中漏墨的笔。那支漏墨的笔也是我没有正确插入的原因，笔尖朝下容易漏墨，如果所有的笔尖都朝上，不至于有漏墨的笔，哪怕质量并不好的水笔。一些表现不太好的员工，也往往是企业的氛围和文化存在问题导致的。

进而，我想起戴明的“红珠子游戏”。在日本做过几百场企业高层干部培训的戴明每次都会做红珠子游戏：一把有若干圆孔的铲子，插进一堆大量白色珠子和少量红色珠子混杂的珠子中，抽出时铲子的每一个圆孔带出一粒珠子，因此铲子的长方形盘面上夹上了若干白色和红色的珠子，但无论以什么自作聪明的方式铲取，整个铲子的盘面都会有数量接近的红珠子。戴明告诉包括丰田、日产在内的很多伟大企业的高级管理者，企业管理的问题是系统造成的。

建议中国的企业管理者“认真清洗笔筒”，“心平气和地把扔掉的笔捡回来”，“一支支洗净安放到整理好的笔筒里”。

理念朝上，方法朝下

就企业管理培训而言，我主张企业高层管理者以理念为要，企业中层干部以方法为主，注重实践，讲究实用，力求实效。

中国的企业高层管理者，除极少数大股东安插在重要岗位或董事会层面因为某种需要提拔上来的之外，一般都是经过了较长时间的基层锻炼的，在具体管理活动的方法上有较好的基础，有的甚至在某一领域堪称专家，管理精进如果还过多立足于方法层面，既不必要又不合算。我曾对一位企业领导者朋友说：“你必须把自己看成年薪1000万元的职业经理人，虽然你没有领这么高的薪水，但是你的时间成本必须这么算，那么，你该做什么，该学习什么，就很清楚了。”

高管的管理理念所发挥的作用绝不可低估，它属于“差之毫厘，失之千里”的问题。高管在根本问题上产生的认识论的偏差，会使企业行为走上岔道，至少会使很多管理活动难以实现其初衷。曾经有一位总经理和我讨论他的企业正在推行的绩效考核。我建议他不要因为绩效考核伤了太多员工的心，受打击面应窄之又窄，利益挂钩的比重必须缩小。谈了一个小时，我觉察出他对绩效考核的基本认识尚处在“初级阶段”。他认为绩效考核就是要用鞭子抽着员工奔跑，还没有真正理解绩效考核的目的，还没有完全理解80后、90后员工打工之所图。我非常希望他调整理念，明白考核是管理的导向，并且认识到考核也是一种培训，帮助员工发现自身不足然后帮助其提高，客观上带动员工有效达成绩效。我还希望他调整理念，明白现时代的员工为金钱去打工，但未必愿意做钞票的奴隶，尊严不会比收入分量更轻。

高管的学习、培训和修炼，不仅是理念的与时俱进，还包括过去长期“一向如此”的认识进到了误区需要及时调整。如果不努力学习、适时调整，就会严重影响整个企业前进的速度，甚至因为已有的错误意识而导致企业管理阻力日渐加大。而且，高管自身的培训仍然着重于具体的管理方法，很容易限制下属放手工作，不利于干部的梯级上升。事实往往是，高层精于某一领域，这个领域的中层干部就干得特别累，处处缩手缩脚。

中层干部的培训不要坐而论道。中层毕竟属于执行层面，需要有落地的能力，讲求执行力。执行力，就是把决策转化为结果的能力。虽然说中层也需要有与高层基本一致的理念，但是更重要的是着力于落实。也可以说，中层的管理理念是通过决策的具体落实体现出来的。

我在企业做职业经理人的时候，很不喜欢我的直接下属每问到一件什么事都要再问下面，每一件决定的事项还是做一个“二传手”再往下转。有一次，一位员工在操作中不小心被皮带卷倒，好在很快脱开，没有拖到机器里面。管理干部开会讨论这个问题，会上生产部长和该车间的主任提出要处罚这个员工，提出开展安全教育活动。我很不赞成这种无论什么错误都归结到人的态度。我耐住性子跟他们说：“没有一个人想跌倒在运转的皮带上。员工差点出大事，怪他有什么用？让他受到如此惊吓，已经是一种惩罚。倒是我们这些干部应该考虑我们的责任，为什么不能提前想出办法消除这些事故隐患？管生产的干部是一线责任人，是现场的专家，不用多提口号，要想出具体办法来解决问题。”最终会议还是没有提出具有操作性的措施，更不用说举一反三地全面清理隐患。后来，还是请来了日资企业的专家帮我们想办法。专家给了我们三条建议：其一，皮带两侧做护板；其二，必须要留出的皮带边上的操作缺口做上绕行进入的栏杆；其三，女工必须带工作帽并把长发塞进去。专家还对我们其他部分存在的安全问题列出了清单。为此，我们付出了一笔费用。

企业高层有时务虚是必要的，但从上到下都是一套一套地空议论，企业还办得下去吗？中层干部如果不能自己打孔，至少要找来打孔机，而不是只会讲哪里需要打孔。企业中层管理人员的学习和培训，必须转变成一个“购买高效打孔机”的活动。

“人”是状语还是宾语？

企业管理需要研究人，然而，人在企业中到底处在哪个位置，还真的是一个问题。

我在过去写的小册子中说过，中国没有真正意义上的管理学，但管理中的人力资源问题却多有涉及。历代管理者关于如何选人、育人和用人的至理名言如果收集上来，一定也是鸿篇巨制。类似于《人物志》的专著、诸葛亮的“察人七法”和曾国藩的用人“冰鉴”更是流传甚广。深究起来，几乎所有这些都是一个目的：怎么把人用好。选人是为了便于培养，育人是为了用得顺手。

日本企业流行一个说法，“造物即造人”。记得执“造物先造人”理念的松下幸之助谈到自己培养出来的人时说：“有点优秀的就被同行挖角，有一些就流出去了，日后如果全日本电器行业大批人都是我这里出去的，哪怕我的企业消亡了也值得。”在松下幸之助看来，企业提供产品和服务的同时，也在为国家和社会培养人才，这是天经地义的。

这就带出了一个更大的话题，企业使命是什么？任何企业培养人、使用人，客观上促成了人的成长，于社会有贡献，但以终为始，企业首先必须解决出发点问题。

日本丰田研究专家河田信教授提出，日本多数企业认同企业使命是“相关者的人生幸福”，这个相关者包括股东、管理者（职业经理人）、员工、客户、供应商以及其他合作方，更有余力就该泽被乡里或社区，最高境界是惠及整个社会。总之，办企业的目的是“人”，是“更多的人”。这里，企业为人，“人”是宾语，是企业的目的，而不是把“人”当作状语，达到另外的目的。如果不讨论体制效率问题，国有企业（包括早期的一些乡镇企业）创办之初，很多就是从“人”出发的，起码是在解决人的就业问题，这才算以人为本啊。

把人放在企业的什么位置，决定了完全不同的人力资源理念，而不同的理念就会产生不同的管理方式，或者用了同样的管理工具收获的也截然不同。

培养一个敢骂你的人

很多老板，一旦把企业做大了，财富的积累成了个人未来做任何事的“拐杖”，就开始觉得自己无所不能了——不仅懂得企业管理的全部理论和实践，连人生哲学都可直追圣贤了。有一位老板，拿到了某大学为了创收开办的哲学研究生毕业证，虽然一部《论语》是一天学完的，但自那后，谈起中国古代经典来，俨然是孔子的73贤。

可是，想当年，为《易经》作注的孔子，读这“六经之首”尚且“韦编三绝”，翻原著而把竹简的皮绳弄断多次。在读圣贤书方面，谁能跟孔子比？

做企业又何尝不是如此。任老板你多聪明，也不会聪明过所有人。

我在《营销人的自我营销》一书中说过，“承认无知是有知的表现”“学习就是为了发现无知的边界”“已知的小岛越多，无知的海岸线越长”。

今日，我倒不是在作“劝学篇”，只是想让领导者们在人力资源管理方面承认自己的卑微、渺小和浅陋，因此就需要刻意培养一些“他才”来补充。在企业内部，如果领导者是权威型的，那么即使有才华的人也容易在领导者唯我独尊的环境中逐渐变得没有自我，甚至学会了唯唯诺诺。

宽容是对不同于己的信仰、思想和行为的容忍和承认。宽容做得极好的是人称“什么都没有完成，但却开创了一切”的胡适。胡适一生很少尖酸刻薄过，似乎是一个没有火气的人。每每谈及别人骂自己，语言平淡得像在转述别人的故事。胡适为此还专门谈到一个概念，叫作“正义的火气”。认定自己正确，就难免和对立者动气，全然不可能冷静地听别人骂了。所有以己之“万能”对他人之“无能”者，必然要将胡适说的“正义的火气”（或曰维护一贯正确的火气）燃烧起来。

与“正义的火气”相对应的是“谦逊的雅量”。当年唐太宗多次回到内宫发誓要把魏征那个“农夫”干掉，但次日上朝又把昨晚的气话忘了。李世民是在努力保护一个遇事换角度思考问题的人，在理性培养一个有问题敢唱反调的人，使自己不会草率决断，少犯错误。

我强烈建议，做老板的一定得想方设法“培养”出一个能对自己敲桌子、拍凳子、吹胡子、瞪眼珠子，甚至敢骂自己的诤友。被人骂，当时一定很不舒服；没人骂，以后必定更不舒服。

“副驾驶”心态

一个完全没有驾驶经验的人坐在副驾驶的位置上，不安全感往往不是十分明显。因为缺乏对驾驶常识的了解，即使驾驶员有一些违规或者不当的操作，也全然不知。相反，如果一个有着多年驾龄的人坐在副驾驶位置上，那么从一上车他就会产生强烈的不安全感，即使驾驶员的操作中规中矩，莫明其妙的担心也一直伴随着，极端情况下，往往还会产生亲自操作的冲动。

部分中国民营企业的老板是以这种“副驾驶”心态与职业经理人相处的。

现阶段民营企业的老板基本上都是创业者，曾经也都是优秀的企业管理者，否则不可能有企业的发展壮大。因此，民营企业的老板们大多认为自己是一个优秀的“驾驶员”。只是当企业发展到一定规模，需要上台阶、提升品质的时候，才借助外力，聘请职业经理人来代替自己当“驾驶员”。又因为曾经是优秀驾驶员——至少自己认为是这样，所以总是对新聘请的“驾驶员”不放心，总是坐在“副驾驶”的位置上监督“驾驶员”的工作，此为“副驾驶”心态之一。

中国的民营企业几乎都是家族式企业，创业期间家族成员都能精诚合作，同舟共济。企业发展后，这种精神慢慢地丧失了，但松散、粗放的经营管理并没有随着企业的壮大而有所改变，而企业员工之间错综复杂的亲缘关系更是让老板头疼不已。在这种情况下，引进外来力量解决问题是一种不错的选择。但当职业经理人大刀阔斧对人力资源进行治理的时候，与员工有着千丝万缕联系的老板又不甘心袖手旁观，有的时候还会插手干预，此为“副驾驶”心态之二。

中国的民营企业虽然近年来有很大的发展，但比较起来，资本还不是十分雄厚，对职业经理人最大的担心也来自这个方面，因而放权总是不彻底，此为“副驾驶”心态之三。

职业经理人大多是管理学科班出身，都有着良好的从业背景，这些都会被自觉或不自觉地带到新工作环境中来。职业经理人的这些知识和从业背景是企业老板所没有的，是企业老板本来所要借重的东西。然而，在实际中，也正是这些东西容易造成老板与职业经理人的冲突，容易引起老板对职业经理人的猜忌和怀疑，此为“副驾驶”心态之四。

由是而观之，在职业经理人与企业老板这种“驾驶员”与“副驾驶”的关系中，不是“驾驶员”没有能力，而是“副驾驶”没有安全感，对“驾驶员”不放心。在实际中我们经常看到，在聘请了职业经理人后，老板在放权之初往往怅然若失、焦虑不安，这种心理状态持续下去的必然结果就是不断地将放出去的权力慢慢收回来，有自觉收回也有不自觉收回，长此以往，二者的矛盾就不可避免。

一旦与老板产生了矛盾，职业经理人是要负主要责任的。职业经理人完全可以通过工作方式的改变最大限度地稀释老板的“副驾驶”心态：一是在做企业经营决策之前与老板沟通，让老板了解自己的思路和目的动机，消除老板的疑虑；二是邀请老板参加企业的经营会，在老板无法参加的情况下，向老板发送详细的会议纪要，让老板全面了解企业的经营动态；三是定期主动向老板述职，述职时间尽可能地长一些，力争把企业经营管理的细节讲清楚，让老板知道各个经营措施的来龙去脉；四是在财务管理上要讲程序，要公开、民主、透明，对自己在财务上的开支要近乎苛刻，让老板在财务上对自己放心。

总之，职业经理人应当理解老板的这种“副驾驶”心态，因为企业的最终责任由老板承担。

最大的安全隐患是管理者理念落后

因为工作性质的关系，我接触过千余家企业，包括安全管理要求很高的企业。很多企业管理者总是抱怨员工素质低、执行力差、容易犯错误，导致安全事故。殊不知企业员工犯错误、出事故，主要责任在管理者。我在拙作《精细化管理》中就明确指出：“只有管理者，才会破坏管理。”

当然，要说管理者希望自己的企业出事故、出工伤，那显然不符合常理，但绝大多数出事的企业最终的原因在管理者的麻痹、侥幸和松懈，有时甚至是缺乏责任感，还有一种可能——无知。如果企业管理者对安全管理认识到位了，所有管理行为也就容易到位，只要尊重科学。这就是孙中山先生讲的，“中国事向来之不振者，非坐于不能行也，实做于不能知也。”

提到安全管理，人们很容易想到杜邦公司。杜邦公司做炸药，董事会的办公室就盖在火药仓库的顶上。有关炸药生产过程隐含风险的操作都一定是家族成员先上。至于杜邦为马蹄裹上棉织物、员工住酒店低矮楼层等，完全不是什么高深的学问和技术，一切取决于企业管理者尤其是高管的理念。

1. 违章指挥多产生自科盲型管理者

部分企业管理者不是靠技术优势和专业素质提拔上来的，在企业决策和生产管理过程中常常瞎指挥，鲁莽，往往暴露出无知者的无畏。他们的口头禅大多是："我说了这样就这样。""我说了算，还是你说了算？"这样的管理者面对一件事首先想到的不是事物本身的逻辑，不是科学的规律，不是做事的流程，不是操作的规范，往往优先考虑个人的权威性，下属是否听话，自己的愿望能否及早实现，组织的目标能否很快达成。

我服务过的管理非常优秀的德胜（苏州）洋楼有限公司，他们的《员工手册》就明确规定，生产现场带班干部或项目经理若没有带领所有现场员工学习《安全生产条例》，或没有发放安全帽，任何普通员工都可以拒绝上岗，公司不会扣发当日工资。

2. 违章作业多源自管理者的"章"有漏洞

违章作业表面看与领导没有多大关系，因为各种规章制度都有了，各类操作规程和安全管理条例都发下去了。但是只要到企业去深入观察，很多组织的所谓规章制度就存在不少问题，特别是讲道理多，给方法少；看起来长篇大论，实际可操作的条款无几；有些现象已是具体化和细化了，但没有量化和数据化；甚至出现不少"远离""适当""及时"等似是而非的词语，不具备可执行性。

有一个管理学的话题特别值得讨论，那就是"设计有效性和执行有效性的关系"，管理者提供的终端操作文件往往在设计上笼统、宏观、含糊，下面的人怎么保证有执行力？"以会议表示贯彻，以文件说明执行"怎么能保证一线的工作人员能切实做到不违章操作？

还有，一些存在安全隐患的操作不是靠人员按章处理就够的，需要创造更多、更有效的条件去保证。我曾在一家钢铁企业做辅导，总长数千米的传送带均未安装防护栏，这不是"不得靠近传送带"的一句所谓规章制度就可以保证安全的。我在另一家存在多处高空作业的企业现场问及"为什么不设计留出安全带挂扣"时，回答是"工人会找一个牢靠的地方挂扣安全带的"，让专业生产员工"不违章作业"，那个"章"能保证安全吗？

3. 违反劳动纪律多是管理者的培训缺失

我们承认，员工违反劳动纪律，必须承担责任，接受惩罚。但是，一旦涉及安全，特别是重大财产损失，员工怎么去承担责任？特别是危及操作者的个人人身安全，如何让个人去接受惩罚？

日本有一家企业叫树研工业株式会社，在爱知县，生产微齿轮，也叫粉末齿轮，重量最小到百万分之一克。这样一家生产精密工业产品的公司，招聘员工实行“先来后到”的聘用原则，即首先录用第一时间过来应聘的人。我曾十分惊讶地问树研工业株式会社的老板松浦元男为什么不做甄别、考核，他说，“采用考试录取员工的企业是对自身的培训体系不自信。”

没有改造不好的员工，只有不善于改造人的管理者。安全管理也是如此，员工违反劳动纪律是入职前的素质决定的，进入一个优秀的组织，一定能通过各种方式的培训、传帮带以及企业氛围影响使之成长为一名合格的职员，最终完全做到不违反劳动纪律。

当然，科学管理承认员工存在智力、体能、态度或品德的差异，在安全管理问题上员工需要承担起码的责任，深入分析最终责任更多在管理者，否则，安全管理非常优秀的企业就没有存在的逻辑。托尔斯泰说过，“幸福的家庭都是相似的，不幸的家庭各有各的不幸。”同样，我们也可以说安全管理好的企业理念方法是一样的，安全管理糟糕的企业各有原因。只是，这些糟糕的背后有一点是相同的，那就是管理者的安全管理理念落后。

杜绝冗长、低效、无结果的会议

什么是会议？每个人理解的会议概念是不同的。上网查询“会议”，可以找到无数条相关索引。我们且以“百度百科”对“会议”的解词“有组织、有领导、有目的的议事活动”来讨论，以企业为对象来分析，以减少会议为目的来展开。

有一些与开会接近的概念，需要区分开来。信息披露与沟通和开会很相似，但不是会议，或者说不用开会。如果只是把一些资讯与一部分人分享（一般表现为单边的，不太急于得到反馈的），那么方法多的是，不用专门开个会。有很多人，特别是一些领导，无论想跟人说点什么，甚至具体内容自己还没想好却产生了说话的冲动，动不动就开个会，往往参会范围还很宽（或者说不知道范围应该多窄）。沟通虽然是双边的，需要及时得到确认或反馈，但一般范围小，也不一定要开会，简单三两个人碰个头，信息互通几个来回就清楚了。所以，能不开会的就借助各类媒介分享信息和通知事项，能少数人沟通的就别把那么多人叫到一起来。很多公司需要讨论的还不是怎么开会，而是怎么不开会。

开会的主要目的是议事，没有“议”的可能就不是会议，也就不用开会。比如教育，比如训练，就不是开会，就不用以开会的方式进行。企业的员工教育一般是指思想的统一或改造过程，基本不属于讨论具体事的范围，下属多数处于接受状态。员工训练的重点在于“练”，要动起来，而不是“君子动口不动手”，有的练还要到一线现场去，这就更不是开会的范围。我在很多培训课上提到“中国现阶段最重要的培训是立足岗位的程序训练”说的就是这一类，切实通过“练”达到会做本职岗位的事的目的。

如果承认开会是“议事”，大多数会议不应该是某一个级别的人在一起能议出来的，应该是某一个类别或某一部分相关人员集中讨论的。比如一个质量指标的分析和认定或一个质量事件责任的认定，就应该是与质量管理或事件相关的人员一起开会。企业当然存在某一个层级干部集中决策的会议，但真正的议事更多是一事一“议”，自然一事一“会”，迅速召集，短时开完，避免许多无关陪会者浪费时间。领导们很不习惯会场有人进进出出，讲究实际的会议应该允许有人进出，遇到涉及自己的问题时才进来，讨论完就离开。

我还坚决反对开综合型会议，参加人员复杂，讨论议题涉及面极广，甚至开会前都不知道有哪些事要议，有些主持人总喜欢说“哪位还有什么事”，实在是无准备之会。难怪没有必要的会议那么多，会议根本就没有进入受控状态，或者说没有会议管理。会议过程中的管理固然需要，比如“发言要简练”“允许发表不同意见”，但更重要的是杜绝“没有必要的会”和“没有准备的会”，那才是彻头彻尾的浪费。

马克思说过，人类社会一切的浪费归根结底是时间上的浪费。企业人是有成本的，企业干部有更高的成本，开没有价值的会显然是时间上的巨大浪费。日本企业的会议成本公式是：会议成本 = 参会人数 × 会议时长 × 人均小时收入 ×2×3+ 会议直接成本，其中的“×2”是指一个有用的会需要两倍的时间去消化或分解，“×3”涉及的是机会成本，指一个人开会的时间消耗，等于实际浪费了开会时间 3 倍的机会收益。领导随意决定开一个会，想过它的成本没有？

深层次讨论习惯借助会议来解决工作问题，在企业文化层面很容易破坏企业的“法治”，使之更加显现“人治”色彩。管理必须“法治”，都靠领导开会下命令，始终不习惯借助规则解决问题，不习惯以流程、步骤、标准解决问题，领导越来越忙，越来越成为“119”，领导越来越觉得企业

“离不开我”。更何况领导在开会做决定时，下达新的指示时，每一条能否与过去的管理文件相一致，哪些内容与企业几经讨论决定的管理规则是增加了、减少了还是干脆冲突了，可能根本顾不上。企业管理的规则经常被领导一次会议“踢飞”了，一地鸡毛，企业也就很难走向“法治”。

企业不开会当然会失去更多人集思广益的机会，但会议过多只会使企业效率下降，管理成本增加，离规范管理越来越远。

大企业也有“会议病”，颇有自我批判精神的王石曾回忆自己刚刚卸任 CEO 时的心情：“第一天上班，三个小时都没人进屋汇报，非常不习惯。后来郁亮进来跟我汇报，刚讲到第四条，我就说你不用说了，后面我知道。随后我就习惯性地提建议、作指示。”不开会了，习惯性的“会议病”保留了下来。

《罗伯特议事规则》（Robert’s Rules of Order）就是一本专为开会制定一系列规则的书，于 1876 年出版。专著作者是亨利·马丁·罗伯特。应该说，《罗伯特议事规则》是在洞彻人性的基础上，精心琢磨设计并最大化地实现了公平与效率的规则，对会议细节的把握堪称完美。这本书清楚地规定了有关与会者的规则、主持会议的主席的规则、会议秘书的规则、不同意见的提出和表达的规则以及辩论的规则，还有不同情况下的表决规则。

《罗伯特议事规则》还有一些细节，比如动议、附议、反对和表决。如果一个人对某动议有不同意见，他必须对会议主持者说话，而不能对意见不同的对手说话。笔者想起一件趣事：2011 年 5 月韩国国会统一外交通商委员会的会议室多了两个大瓷瓶，市价约合人民币 30 万元。如有议员在该会议室就敏感议案发生激烈争吵，委员长南景弼就会提醒说，“如果打破那件瓷器，需要赔偿！”

这本著作的根本原则有四条：一是保护包括意见占多数和意见占少数的每一个人的权利，坚持所有会议权利人整体权利的“平衡原则”；二是全体成员选出领袖，将一部分权力交给领袖，但避免领袖将自己的意志强加在集体上的“制约原则”；三是多数人的意志将成为总体意志的“多数原则”；四是每个人都有权利通过辩论说服其他人的“辩论原则”。

还有比较具体而微的原则，比如：一个提议被提出来以后，它就成了当前唯一可以讨论的议题，表决同意后搁置起来，再提出下一个提议；有若干人同时要求发言时，观点与上一位发言人相反者有优先发言权；必须分别进行正反两方表决，不可以正方表决达到表决额度要求就不让反对方表决；反对人身攻击，反对辱骂或讥讽的语言。

经常开会、参会的人，一般认为开会是信息传递、统一认识、部署工作的有效手段；但在信息社会借助开会传递信息成本实在太高，丰田公司为了少开会和不开拖沓的会坚持全体站着开会，信息都公布在墙上，墙上的不同区域标注着黄色或红色的数据。计划好的组织不必每次都要通过开会来部署工作，使用分工表、进度表和甘特图等工具比开会更为有效。

无论说多少，开会的首要问题其实是开会干什么。会议的实质是议事，是讨论一两个人确定不了的复杂事物并形成决议的过程。如果对这一根本概念不认同，以上一切都是废话，就不用再开一个会来讨论怎么开会了。

4 第四章 分利

企业可以做成一首诗

涨价不符合茅台的根本利益

2017 年 4 月，茅台的市值已超过世界酒业巨头帝亚吉欧（Diageo），跃居全球酒业市值第一；茅台集团销售收入首次在半年内突破 300 亿元关口，上缴税金 142 亿元，占贵州全省一般公共预算收入的 18.3% ；茅台酒厂招聘 337 名工人，第二天几十万人报名，因关注者拥挤而造成断网；酒业大学招生，被录取的 600 名新生高考平均分比二本线高出 29 分，就因为大学的名字叫“茅台”。

作为酒企，茅台最引人注目的是，茅台酒持续四五个月卖到断货，让人疑惑不解的是这个时间段根本不是业内认可的旺季。茅台，真是好到让人看不懂。

1. 货源紧缺，排长队，买两瓶

一家工业企业，产品也并非生活必需品，而它的供货问题还能成为新闻，成为持续的新闻热点，唯有茅台。

2017 年 6 月份，茅台酒厂主要负责人参加的“百年老店传承人座谈会”被媒体关注，因为流出茅台酒货源短缺信号。同年 8 月份，“北京茅台市场工作座谈会”“茅台集团 2017 年上半年生产经营会”和在西安召开的“茅台酒经销商如何维护消费者利益讨论会”都能提炼出新闻价值，因为茅台酒厂释放出控价信息。2017 年 8 月中旬《澎湃新闻》推出标题文章《茅台上海大面积断货：有直营店 1000 箱存货不到 1 个月卖完》。

所有的关注，源于茅台酒难买。新闻传出的全是“限量供应茅台酒”之类的信息：“库存不足”是常态，网上销售平台每次放货可以用“被秒杀”来形容，线下网点每天的限量出货均在半个小时内卖完，为杜绝炒货，茅台的酒箱子都不能给顾客……

实际情况完全符合媒体的报道，并非有意渲染气氛。2017 年上半年，茅台为了缓解市场缺货的局面，多次提高市场投放量，从开始每天 40 吨提高到每天 70 吨，8 月份更是提高到每天 80 吨，中秋、国庆前继续提高放货速度。当时预计国庆中秋双节的发货量为 4500 吨，这个数字比 2016 年同期增加 40%，远超过茅台“黄金十年”的同期水平。

但是，到我完稿之日，茅台酒的供货紧张局面并未扭转。全国各专卖店每天出售 3 箱货（即 18 瓶酒），消费者排队实名制购买，一次限购 2 瓶。

2. 饥饿营销？你太小肚鸡肠

茅台太难买到，事实确实如此。有人就自作聪明地认为茅台酒厂在玩“饥饿营销”，就像楼市火爆阶段房地产商“捂盘惜售”一样。

营销人都知道，所谓“饥饿营销”目的无非提高售价，获取更高利润。

茅台酒厂的出厂价其实是公开的秘密，2011 年“普茅”（人们习惯指认的 53 度飞天茅台酒）为 619 元，2012 年涨价到 819 元，到 2017 年已坚持了 6 年。当然，“八项规定”之后，有 4 年多时间终端市场零售价也并不高，2014 年到 2016 年一直在 1000 元左右徘徊，2015 年一度出现低于 900 元的现象。茅台稳价 6 年是经过深思熟虑的。

但毕竟终端的价格变化并不在茅台酒厂，茅台酒厂在营销线总要担心供货节奏与市场需求不平衡。2016 年夏天，我与茅台酒厂的总经理一同去仁怀市的三合镇扶贫，回程就一直在讨论立秋后（特别是元旦、春节期间）的供货量和上货速度，担心重要节假日消费者买不到心仪的茅台酒。茅台不必担心卖不出，忧虑的是没货卖；茅台不必担心价格下去，忧虑的是产量不能上来。

在2017年“多彩贵州风·黔酒中国行”郑州站活动中，出席活动的重量级嘉宾提道：贵州白酒产业以全国3.9%的产量完成了全国白酒产业11.8%的销售收入和32.9%的利润总额。很显然，个中的“一号主角”是茅台。查阅2016年的数据，茅台集团的白酒产量为9.25万吨，占白酒行业比重0.68%；销售收入为508亿元，占白酒行业比重8.29%；利润为256亿元，利润率50%，占白酒行业比重32.11%。“十二五”规划期间，茅台集团白酒销售收入累计2327.4亿元，利润总额1245亿元，利润率53.5%。2017年茅台集团实际销售收入超过600亿元，利润总额跃上300亿元台阶。

茅台无须借助提价增收，更不必惜售提价。茅台酒厂一直讳言“奢侈品”，就是不希望茅台酒价格过高。我亲耳听到茅台酒厂老总阐明的观点，“把普通工薪阶层老百姓喝得起、承受得了作为价格高低的重要鉴定标准”“要打破逢节必涨的怪现象，传统节日涨价和强盗的趁火打劫没有什么区别”。现实情况是，茅台一直在努力控价，用尽十二分力气将茅台的终端零售价控制在1299元，而且坚持不惜售、不搭售。为了限价，茅台酒厂及其主经销商可谓用心良苦：酒厂要求经销商必须建立清晰完善的进销存台账，使之不敢囤积居奇；福建经销商联谊会要求每个专卖店和特约经销商的门头LED屏必须标示“普茅”价格为1299元，且保证有酒可买；北京“茅台市场工作座谈会”更是把茅台酒控价提上高度；西安则聚集了20余位来自几个省的茅台联谊会会长，联名发出“自觉遵守市场秩序与价格体系”的倡议，确保老百姓“双节”能喝上不涨价的茅台酒。

3．价格表现三者利益的平衡

尽管茅台酒厂希望消费者能以合理的价格买到提升幸福感的茅台酒，但是市场零售价的控价手段有限，尤其对二三级远渠道显然鞭长莫及。各地超市和食品店的茅台酒售价很快突破 1300 元，几乎“一周一变”，而且逐月攀升，每月提高 100 元不止。当前市场的零售价非理性上涨，当然首先是供求关系决定的；但茅台酒与一般消费品不同，在供求关系的背后还存在以下诸多深层因素。

其一，因为多年的培养，酱香酒市场份额在迅速扩大，又因酱香酒的独特品质使消费者易于产生依赖，而茅台酒借助其酒体本身的优势更是越来越被酱香酒消费者青睐。

其二，由于茅台酒的特殊工艺要求和品质标准，茅台酒无法一年中多次投产，且除茅台镇的 15.03 平方公里之外不能生产出正宗茅台酒，因此茅台酒很难大批量地增加市场投放。根据特定的生产工艺需要，茅台酒当年可销酒量是以 5 年前的基酒为基数的。根据公开的茅台新闻稿中披露的基酒数据，2012 年是 3.36 万吨，考虑勾调成品率、储存挥发和留存老酒等因素，客观接受一定比例的“系列酒”（即茅台迎宾、王子、汉酱、仁酒等系列产品），则 2017 年可售“普茅”大约 2.4 万吨，即 4800 万瓶。“供不应求”成为茅台酒的市场常态。

其三，随着储藏年份的增加而增值，茅台酒具备了金融属性，被“茅粉”誉为“液体黄金”。目前人们无从获得茅台酒的社会最大存量数据，也很难判断购买者当年送上餐桌的茅台酒数量。中国中产阶级群体人口不下 1 亿，按茅台酒的历史数据，大约 3 人年均分享 1 瓶酒，本就僧多粥少，更难满足爱好者加大收藏。更难招架的是，如果资本瞄准茅台酒，组织百亿资金介入茅台酒的收储，市场矛盾陡然升级，零售价一定追高，如此就给炒作者创造了囤积居奇的机会，供求关系更加失衡。

我们清楚地知道，任何产品的价格政策，必然反映出生产商、经销商和消费者三者利益的关系。终端价格高企，则消费者利益受损；出厂价与终端价格差距太小，则经销商获利过低，造成市场推广和客户服务动力不足；供货价过低，不仅生产商利益偏低，品牌价值还不能合理体现。茅台所不同的是，作为中国白酒的“一哥”，以往的净利润就非常好，以我能搜集到的数据分析，茅台的盈利率中国第一、世界第五。在高利润的情况下，已深入人心的茅台若再草率提高供货价，势必会破坏茅台品牌的美誉度，可能使消费者离心离德，特别是知情的“茅粉”必心生怨怼。如因供货价提高导致终端价格飞涨，茅台将严重伤害消费者的感情，最终可能对消费者的品牌忠诚度产生较大的负面影响。水能载舟亦能覆舟，企业家不可不察。消费者对茅台的感情是茅台酒厂的核心利益，茅台不能，不会，也不敢随意施予伤害。

茅台酒的市场价如果只是虚高，必然有价格回归之日。“请神容易送神难”，在无法辨别市场假象时，如果情绪冲动地把出厂价涨上来，未来再被动地降下来，则可能形成市场灾难。作为中国白酒业的“排头兵”，茅台提高出厂价势必拉动各路“神仙”联动，整个白酒业纷纷提高供货价，消费者将别无选择，酒类消费成本升高，整个中国白酒市场都将受到伤害。

茅台进入重新定义“社会责任”的时期。企业的主要责任就是创造财富，就是赚钱，但这并不是唯一的责任，卓越的企业还要为国家实力、民族文化、创新思维、人才培育、未来预见、科技进步做出贡献。就白酒行业而言，茅台必须引领和维护整个行业的良性发展，引导中国白酒以其合理的性价比参与全球性消费循环。茅台文化的“酒香，风正，人和”不应该只是茅台酒香，而是中国酒香；不应该只是企业内部风正，而是行业风正。茅台，香源中国，香溢世界。

4. 你要哪一种茅台酒

茅台最终会不会涨价、该不该涨价，我没有答案，即使有答案也是机密。现在出厂价 819 元，终端零售控价 1299 元，实际上市场出现了 1699 元，差价 400 元，一吨酒新增利润 80 万元。巨额利润会使人疯狂，我不能制造疯子。

目前，茅台酒厂控价有很强的计划经济色彩，毕竟卖方市场的茅台是给经销商分指标的，不停招呼就减少指标。这一招比市场处罚更具威慑力，指标就是小型印钞机嘛。可以说，茅台迟早要有序放开价格，市场经济环境日渐成熟，借助行政手段管控价格是不可持续的。就现实情况看，如果市场价格上升并非人为所致，终端零售价不是虚高，那茅台酒的控价仍然是必须的吗？

2017 年，贵州省省委办、省政府办印发《贵州省公务活动全面禁酒的规定》，要求从 9 月 1 日起公务活动全面禁酒，包括私人自带的酒类，而且一律禁止公款赠送任何酒类。此规定出台，对于茅台客观上是福音。出产第一白酒的贵州彻底禁酒，茅台的短缺在本地将得到缓解，市场易于回归理性。

但是，如果贵州的文件不能得到更大范围的模仿和跟进，茅台全国市场的控价仍然任重而道远。管控茅台的战略部门和营销部门必须深入研究时局，分析价格走势，提出应对策略。至少，与“普茅”相配合的品种开发成为要务。多级次产品梯度展开，让消费者不必集中在“普茅”一款，使茅台酒的紧俏性降温。茅台人面对意向购买者，可以问一句：“你要哪一种茅台酒？”

茅台，烤着喝？

贵州地区把酿酒称为“烤酒”，但没人把茅台烤着喝，最多温了喝。

然而，茅台酒和茅台酒厂一直“被放在火上烤”：供不应求要“烤”，股票上涨要“烤”，芯片产生麻烦了也要躺着“烤”。

1．先“烤”一下成本

一位经济学家朋友在群里提出：“茅台的高粱、小麦等材料成本才占那么点儿，它的产品不应该值这么多钱。”这前半句说对了，后半句说错了。茅台确实值钱，毛利很高，茅台酒在近几年的平均毛利率 91.1%。国际知名企业的毛利率——微软是 75%，可口可乐是 60%，谷歌是 59%；国际酒业巨头帝亚吉欧的毛利率只有 61%，国内同行五粮液的毛利率也只有 65%。

其实，茅台酒的绝对材料成本是白酒企业中最高的，它的主原料是特定的糯高粱（收购价数倍于东北高粱），它的粮酒率为 5 ∶ 1（同行 2 ∶ 1 左右），它的粮曲比高达 1 ∶ 1（蒸馏酒中用曲量最大的）。因为销售价很高（2017 年 12 月前连续 6 年出厂价为 819 元），材料成本相对就低了。

何况，一瓶酒的成本除了材料成本，还有生产成本、管理成本、资金成本、市场成本、渠道成本，当然酒业还有很高的税收。茅台酒的工艺常常被浓缩为“12987”，说的就是茅台从重阳下沙到次年八月丢糟耗时 1 年，共计完成 2 次投料、9 次蒸煮、8 次发酵、7 次取酒等工序。一杯普通茅台酒必须经过 30 道工序、165 个工艺环节、历时 5 年酿造而成，生产成本远高于同行。就说茅台酒的分型贮存（即区分不同轮次、不同酒体、不同香型存放），茅台酒厂现有制酒车间 23 个，近 600 个班组，每个班组出的酒各不相同，现在的年产量 5 万多吨，贮存 5 年意味着常年贮存量在 30 万吨左右，源于仓储、保管、安全、资金积压的成本就不是一般的大了。

茅台酒应该有一系列的隐性成本，没有进入财务账目。2011 年贵州省人大常委会颁布《贵州省赤水河流域保护条例》，使赤水河成为我国唯一一条有专门法规保护的河流。赤水河水硬度 7.8 ～ 8.46，酸碱适度，pH 值 7.2 ～ 7.8，钙镁离子含量符合饮用卫生标准，是酿造美酒的绝佳水源。以茅台为代表的河谷两岸的酒厂作出了巨大的环保投入，当然不可能进入成本；国家为保护酒业主动牺牲其他产业，这些机会成本更没有让茅台这些酒企承担，但在高税收中得以弥补。

茅台镇沿赤水河而建，形成了一个酒甑似的盆地，年均气温 17.4℃，夏季温度高达 40℃，年均无霜期 326 天，年降雨量 800 ～ 1000 毫米，年日照 1400 小时。在此多种微生物得以大量繁衍并合理分布，这些微生物被充分网罗到曲醇和酒醅里，使得酿造出来的酒香气成分多种多样。我在《茅台是怎样酿成的》一书中专章“神奇的 15.03”作出了详尽的说明。这也是没有计入的隐性成本。

隐性成本还应包括茅台酒的“配方”。小批量勾调班组从 200 多个单元中选择百余种反复调制，形成大批量勾调执行方案——即俗称的“配方”，如果按知识产权计费也不会是很小的数目。陪读者做一个实验，拿 53.94 毫升的纯酒精加 49.83 毫升的水，混合物的体积不是 103.77 毫升而是 100 毫升，减少了 3.77 毫升。实验说明蒸馏酒的酒精度在 53 度时水分子和酒精分子缔合最紧密，这个 53 度为蒸馏酒最佳酒精浓度的科学追求大概也可以体现在茅台酒的成本里。

再科普一点营销知识，产品定价有三种模式：成本定价、竞争定价和消费者价值定价。茅台酒现在的价格考虑了竞争对手的价格政策，更充分借助了消费者的价值认同。茅台酒的价值除了其基本的食品价值外，还有社交价值、品牌价值、文化价值等。就说食品价值，一杯茅台酒其浓烈的酱香就让多少爱好者迷恋甚至不能自拔。茅台酒融酱香、窖底香、醇甜香等多种香味于一体，你中有我，我中有你，既有主体滋味的浓重，又兼有其他味中之味。茅台酒的酱香是“前香”和“后香”的复合香，“前香”以酯类为主，呈香作用较大；“后香”以酸性物质为主，是“空杯香”的特征成分，呈味作用较大。启瓶时，首先闻到幽雅而细腻的芬芳，这就是前香；继而细闻，又闻到酱香，且夹带着烘炒的甜香；饮后空杯仍有一股香兰素和玫瑰花的幽雅芳香，而且数日内不会消失，被誉为“空杯留香”，这就是后香。试问，茅台前香、后香相辅相成，浑然一体，它给消费者带来的体验价值在价格中占比应该多大呢?

当然，我们承认，以目前茅台的出厂价论（2018 年元旦前夕上调到 969 元），企业纯利润仍然非常高。虽然，茅台酒厂一贯回避奢侈品的说法，但茅台酒的奢侈品意义已经成为客观事实，价格偏高是顺理成章的。前提是消费者认同，而连续两三年供不应求的态势正好证明了消费者非同一般的认同。

2. 再“烤”一下科技

有段日子，人们喜欢把芯片跟茅台酒捆绑在一起。

茅台酒厂的酿酒技术人员俗称“酒师”，可以分为四类：制曲师、制酒师、勾调师、品酒师。就品酒师论，茅台酒厂拥有多位嗅觉和味觉超常的品酒师，其中季克良就被指为“有世界上最昂贵的鼻子”。2014 年 10 月，首届中国首席白酒品酒师评选，共评出 46 位，茅台彭茵、王莉等 7 人榜上有名。茅台酒厂一级品酒师（国家级专家）和二级品酒师（省级专家）共有 26 名。在 2006 年和 2011 年仅有的两次“中国酿酒大师”评定中，茅台酒厂就有季克良、吕云怀、刘自力、丁德杭等先后获得“中国酿酒大师”这一中国酿酒业的最高荣誉称号。技术力量的雄厚可以证明茅台酒厂的科学技术实力，他们已向社会公开的成就也反映出了茅台酒自身的科技特点。

茅台酒的勾调中，最核心也是最机密的环节是小批量勾调，小批量勾调实际上就是确定配方的过程。勾调师要反复勾调以确定“基准酒”的香型和味道，拿来反复勾调的酒少则三四十种，多的时候竟超过二百种，而且，这个环节是机器不能胜任的。勾调茅台酒整个过程没有公式，没有模板，靠的是经验和悟性，凭的是匠心独运，追求的是心灵感应，可感可悟而不可言，将多种酒体层层叠叠的芳香，勾兑调和成既柔和又有穿透力的醇香，形成口感上的平衡与层次感。茅台酒厂资深评酒师汪华去过威士忌酒厂参观，回来后曾发表感慨：好酒都是舌头而不是机器在发言。她发现苏格兰那些老酒厂的勾调和评酒过程和茅台基本相同。

不能说茅台就没有科技含量，只能说它与芯片相比科技特征是不一样的：茅台酒是农业时代的科技，芯片是信息时代的科技；茅台的科技多借助于工匠的传承，而芯片的科技更加依赖持续的创新，中国文化比较看重经验的传承，而西方更强调精准的数据和严密的逻辑。后者坚信任何酒只要完整分析出它的化学结构，找出它的各种元素及其比例，在有上等原料的地区就一定能复制出品质符合样本要求的酒。纳帕河谷葡萄酒的赶超发展增强了美国人的信念，1976 年纳帕河谷的葡萄酒与来自法国高端酒庄的葡萄酒一起选去参加著名的“巴黎评判”（Judgement of Paris），经过评判人们确认最好的葡萄酒来自加利福尼亚州的纳帕河谷。

殊不知，茅台还真的不是那么回事儿，中国人自己在贵州遵义复制茅台酒都宣告失败。那还是周恩来当总理的时期，茅台酒易地试验获得国家立项，并列入国家“六五”重点科研攻关项目，时任国务院副总理兼国家科委主任方毅亲自上阵组成攻关小组。攻关小组选择遵义市北郊十字铺一带作为试验基地，地形与茅台镇相似，水质、土壤等也没有明显差异，28 名技术和管理骨干连同试验用的原料、辅料、生产设备也都从茅台酒厂调来，据传连茅台酒厂的地皮灰都被作为“环境材料”带到了试制地。经过长达 10 年、9 个周期、63 轮，3000 多次化学分析的艰难探索，最后形成的《鉴定报告》虽然确认易地复制的茅台酒与茅台酒基本相同，但差异仍然存在，因而只是“具有茅台酒的基本风格”。

3. 最后“烤”的是股价

有言论认为：“中国的高价股应该是出现在科技股更为合适。”并且进一步分析说，“一个研发投入数百亿、2 万多科技人员、获得 3000 多项技术专利、部分技术全球领先的中国平安市盈率 13 倍，股价 63 元；而茅台，股价却炒到 800 元，市值上万亿。”

我从不炒股，对股市之所知仅局限于宏观经济必要数据的获取上，但涉及茅台我则可以说道说道。高科技股的股价应该高，但不能说其他企业股价就不能高过它。还是要看股价走高“存在就是合理”的逻辑性。

2018 年 1 月 15 日上午，贵州茅台股价创下历史新高 799.06 元，逼近 800 元关口，市值一度突破万亿元大关。即使近期大盘下挫，茅台也跟着价格下行，但始终是股市龙头。

茅台股价持续高企，主要原因有三。

其一，股票的背后是企业盈利，盈利的背后是产品认知。茅台已经不是一般的快消品，而是特定国度的特定社交产品。茅台酒在很大程度上成为中国社会一定阶层社交的典型润滑剂，真正的消费者对价格不太敏感，产品毛利空间自然超大。随着社会总财富（特别是中产阶级财富）的显著增加，茅台的终端售价应该还会上涨。何况，茅台产量极为有限，2017 年普茅的产量 5400 万瓶，面对超过一亿之数的中国中产阶级，供不应求是一个相对较长时期的基本事实。访茅台电商公司相关人士，谈到去年“双 12”茅台酒的供应，云商投放 20 万瓶对付“双 12”，出现火爆抢购，被识别出来并成功拦截的黄牛即达 8.7 万名。2017 年全年，茅台电商公司直接拦截黄牛用户 48.7 万人，预约拦截黄牛用户 7.3 万人，关闭异常订单 5.32 万笔。如此，茅台酒的市场能不好吗？茅台厂的利润能不好吗？

其二，茅台企业利润好，茅台股东分红高。茅台酒的价格稳中有升，而茅台综合管理成本（尤其销售费用率）逐年下降，企业利润持续向好。看贵州茅台 2017 年年报：营收 582.18 亿元，同比增长 49.81%；归属于上市公司股东净利润为 270.79 亿元，同比增长 61.97%。在 2017 年全国近 1500 家上市公司年报业绩中，贵州茅台以每股收益的最高值 21.56 元，雄踞资本市场盈利之冠。从 2009 年以来茅台净利从 38 亿翻到 2017 年的 271 亿，茅台自身的经营和发展始终“不差钱”，年年稳定高分红，上市 17 年来茅台共给股东分红 500 多亿元。2017 年年报公布了新的分红方案，每十股派发现金红利 109.99 元（含税），达到了其历史分红额度的最高点。

其三，茅台酒的金融属性给投资者带来了时间增值机会。“八项规定”全面执行的 2013 年，茅台当年的销售反而增长了 3%。喝茅台酒的绝对人数可能收缩了，但买茅台酒的人数并没有减少，因为茅台酒“存放陈化可升值”是市场高度认可的，有“液体黄金”之称的茅台成为一部分人保值和增值的工具。去年，茅台酒产地的贵州禁酒令比全国其他任何地区严格，中国军队对禁酒令的执行都“严格过了头”，茅台酒仍然持续旺销，因为中产阶级意识到自己“有权”成为茅台酒的消费者和收藏者了。

以我分析，茅台自己无意于把股价做高，不过顺其自然而已。反倒是，茅台频频面对股民发出提示音：“资本市场主要是让投资者基于自身判断，预支和兑现心理预期。欢迎投资者以理性和专业的态度，以务实和长远的眼光看待茅台、投资茅台。”茅台总经理李保芳说得好：“茅台的股票是投资者分享茅台价值的载体，而不是短线博弈的筹码；茅台的股票是茅台价值的真正体现，而不是因情绪化跟进，甚至投机性冒进而促成的走高。”

钢材，为何一日一价？

企业产品价格调整应谨慎地选择合适的窗口期和合理的幅度。当下，钢铁企业按年或按月反复调价亦属正常，但有些产品不得不按日调价，而经销商和钢材使用量很大的直接用户都接受这一“不合常理”的价格模式——这显然有些不正常了。

商品定价的常规模式有三种：成本定价、消费者接受度定价和竞争对手定价。由于中国钢铁企业比较特别，三种定价模式皆无法直接借用，一般选取市场、成本、竞争对手三元结构定价，再加入时间维度进行频繁的浮动定价，实在太过麻烦，但却必须如此。

先说市场。钢材供给是各钢铁企业供给之和，社会需求来自下游各行业的需求之和，但我国钢铁行业市场的现实是供应远远大于需求之和（少数特殊钢材除外），至今仍然是产能过剩。钢铁企业不像鞋帽服装企业那样可以随时停产，高炉一旦停运，损失相当严重。既然工厂减产太吃力，不得不用价格拼市场。

如果钢铁企业必须保生产，原辅料、能源动力、人工和制造费用等成本控制就成了核心竞争力。最大成本当然是铁矿石、煤焦和合金等主要原材料。受国内外环境影响三种主要原材料价格波动较大，钢铁企业相对被动。

钢铁行业大进大出，运输、仓储和资金也都大概率地决定自身的成本。比如仓储存在产区仓储、销售仓储、客户委托暂存仓储等，任何一个仓储控制环节出问题，都是不小的成本。如细究发货条件也足以令人倍感头疼，若中间商因其下游客户资金未到，无法确认发货，就要占用免费仓库；若客户工程生产延期则会导致暂不收货，被迫更改发货计划；有时开出较大提单但现时收货能力较小，造成未收货，库内翻堆倒垛（厚板翻堆极为困难）……这些都是数额不小的成本。

为了降低成本，钢铁企业想方设法，包括减员增效。但工人工资在总成本中占比并不大，减员很难带来成本优势。

钢铁企业的规模化生产与边际成本关系异常密切，零散订单、小钢种、新产品等订单对应的是炼铁、炼钢、轧钢、热处理和离线的剪切、喷涂、打包等各工序的成本增加，还有钢种的成材率、非计划附带、检试验费用等成本的增加；大订单和规格整齐的订单便于安排生产，自然成为钢企追求的“好单子”，于是，争抢“好单子”更加剧了同行业竞争。

钢铁企业把战胜竞争对手当作企业的首要目标时，最常用的“方法”就是以低于生产成本或低于国内市场的价格出手，以占领市场，获得主导地位，或借此切入某一行业、某一客户、某一工程项目的供货商。

大钢厂过去拥有强势的定价权，但现如今，价格的制定不仅要参考市场总需求，还要参考自身生产成本的实际控制能力，以及要顾忌后来追上者的虎视眈眈。而且，诸如汽车厂、船厂、建筑公司等下游用户的行业竞争也逐渐白热化，价格敏感。随着许多特钢企业成长起来，不同品种的优势掌握在不同的中小钢铁企业手中，谁能取得全面优势？

钢厂的钢材定价不仅受国家政策、供求关系、综合成本、主流钢厂报价、用户心态等影响，还受到电子交易市场，特别是期货市场的影响。钢材期货市场一方面吸引投资者把众多影响钢材价格的供求因素集中反映到期货市场内，另一方面客观上又能够帮助钢铁企业规避现货市场价格风险。长期来看，期货市场与现货市场价格存在相对稳定的关系，使得钢铁企业面对锁定价格的长期订单有了套期保值的可能，但钢厂的产品定价又加大了难度。

无奈，现货市场钢材价格仍然暴涨暴跌，不仅给国内为数众多的钢材生产、流通、消费企业带来巨大压力，还深刻影响着与钢铁产业密切相关的采矿、能源、机械制造等产业的发展。正确引导用户采用相关方法共同防御市场风险才能实现双赢，而不是单靠运气。钢铁企业和钢材采购企业为了共同规避风险，必须采用浮动定价，共同承担市场风险。

受信息不充分的制约，钢厂即使浮动定价，结果也往往滞后于市场供求变动。像螺纹钢和中厚板当中的低端产品，由于市场竞争过于激烈，钢铁企业和经销商无奈之下只好每天盯紧主流钢铁网站挂牌价做日定价。日定价也并非钢厂随意出价，而是按照包括重要客户在内的行业参与者约定的规则进行浮动，以锁定订单效益，保证各方的公平。选取对应时间有一个下单指数，通过计算指数变化，再加上基准价格，即为最终价格。也可以选取某一时间的网价为基准价格，选取下单对应时间的网价变动情况，再加上基价，即为订单最终价格。

聊聊新“差价”

差价是指不同等级、不同交割月份、不同商品、不同交割地点的期货价格差异，也指同一商品因各种条件不同而产生的价格差别，如批发和零售的差价、地区差价、季节差价。进货与卖出货的差额是一些商人盈利的主要部分。

1．掌握差价规律，商人盈利的必要条件

差价是客观存在的，只是存在的原因比较复杂：地区不同、经营环境不同、供需关系不同、服务标准不同、服务者价格不同、消费文化不同都是产生差价的因素。而掌握差价的规律，恰恰就是商家盈利的必要条件。

当然，由于互联网的发达，信息化时代来临，如改革开放初期的那种供需信息很难获得导致“信息灵通”的商家轻松获得高额差价确实在逐步消失。今日的差价，其实更多来自中间商服务的升值，除了提供供需双方所要的信息之外，搭建的交易平台、对产品的专业认知、交易信用的背书都是增值服务，有的甚至包括延伸的售后服务或金融服务。增值部分提供了价值就可以获得收益，就可以获取合理的差价，并以此合法成为中间商的利润。

在提倡发展“三产”的后工业时代，社会鼓励和发展这一类的中间商或服务者。很多新兴的服务业需要更多人去开拓，比如医疗中间商。病患对各类疾病的形成原因和治疗方法以及对应的资源所知甚少，非常希望专

业且了解资源的服务商介入，为此付出一部分服务费是心甘情愿的。出国留学、国外移民的中间商服务也是情理之中的存在。未来这些新兴服务业定然如雨后春笋。

2. 马克思承认，人的劳动创造价值

“在商品生产制度下，这种学说实际上是说物与物之间的价格关系所反映的是人与人之间的生产关系，因为后者是以人们在商品中所具体化的不同的劳动量表达出来的。在资本主义的商品生产制度下，事物之间的这些价格关系是经过修改的，但是这种修改本身就是人与人之间生产关系中所发生的变化的一种反映，它在量方面也是确定的。”

马克思的《资本论》似乎比较艰涩难懂，但就价值、劳动、商品、时间等概念及其相互关系而言，倒是说得很透彻，至少我能读出马克思承认“劳动创造价值”。我在学生时代接受的一直是“商品价值是由社会必要劳动时间决定”的观念教育，至今还记得“社会必要劳动时间”的解释——“在现有社会正常的生产条件下，在社会平均的劳动熟练程度和劳动强度下，制造某种使用价值所需要的劳动时间。”还学过相关公式：商品价值W=C+V+M，其中C是不变成本（*物化劳动*），V是可变成本资本（*劳动者的必要劳动*），M是劳动者创造的剩余价值（*剩余劳动*）。

我不是经济学者，但我理解的马克思是承认劳动的，承认商品的价值是由劳动决定的。建立网络并提供买卖双方所需要的信息服务和专业指导显然是劳动，当然创造价值，也自然可以获取回报——差价。赚取一定的差价既符合经济学逻辑，也不违反道德标准。

3. 赚差价，确实存在法律问题

法律意义上，存在不合理甚至不合法的差价。比如，一个人在甲公司服务，但借助现职务的资源从乙公司采购货物卖给甲公司的客户，如果从中赚取了差价，将构成民事侵权，就违反了《合同法》和《反不正当竞争

法》。比如，帮自己服务的公司卖出货物或服务，超出公司规定售价的差价没有交给公司而被工作人员私吞，这也认定为违法，或构成刑事犯罪，涉嫌触犯《中华人民共和国刑法》第二百七十一条之“职务侵占罪”。

实际经济活动中，如果数额不是特别大，各类经济组织一般不以法律方式解决。中国社会对这一类行为常常以道德标准来约束，用“义”的概念来框定，所谓“不义之财”。由于“义”的标准很不明确，也不统一，因此对一些经济行为和一些获利方式的正当性判断不准，对“差价”的认知也是如此。

4. 免费，互联网经济的特别现象

放弃获取差价或放弃应得利益的经济行为是现实存在的。免费作为一种推销手段存在由来已久，但作为商业模式出现则是近十年的事，如克里斯·安德森的《免费：商业的未来》。

有人很夸张地提出：“免费”作为一种商业模式，既可以统摄未来市场，又可以挤垮当前市场。“免费”商业模式是一种建立在以电脑字节为基础的经济学，而非过去建立在物理原子基础上。在原子经济中，随着时间的推移，我们周围的物品都在逐渐升值。但是在字节经济的网络世界中，物品变得越来越便宜。

但是，人们都知道“天下没有免费的午餐”，真正意义上的“免费”是不存在的，只要它是商业行为而非公益事业。因为各种“免费”只是另一个维度或另一个时间收费的预设或铺垫。比如一些网站，前期的免费培育出了大批的忠实粉丝，意向消费者被这种“免费”圈定，后面的商品销售就水到渠成。

《免费：商业的未来》一书中有一段分析很清晰：世界是个交叉补贴的大舞台。用付费产品来补贴免费产品，用日后付费来补贴当前免费，用付费人群来给不付费人群补贴。可以认为，这就是“免费”的实质。

“头回客”
如何转身“回头客”？

2020 年 4 月 8 日，武汉解封。这个日子或成为中国新冠肺炎疫情阶段性的转折点。压抑已久的消费需求开始释放，包括吃、住、行、游、娱、购，而这些正是旅游的六要素。

1. 中国旅游业回温可期

武汉解封后，复工呼吁已久，从相对发达的江浙沪地区的统计情况来看，复工复产率均达到 90% 以上，但是复工复产后所产生的“效益”却远未达到理想状态，加之国外疫情普遍严重，多数“地球村”中的供应链极易中断。如此一来，提振内需，特别是给服务业加温，成为短期迅速拉动经济的必然选择。于是，政府对旅游业倍加关注，理所当然，包括江西在内的很多地方出台了“周五下午与周末结合”的 2.5 天休假模式，鼓励人们出去旅游，至少满足了近距离自驾游的时间需要。

此次疫情对中国旅游业打击甚大，约等于中国旅游业“休克”两个半月。2019 年整个春节假期，全国旅游接待约 4.15 亿人次，实现旅游收入 5139 亿元，而 2020 年春节假期，旅游业几乎颗粒无收。一旦全面开放旅游景点，旅游业回温可期。而且，原计划春季境外旅游的消费者，部分会“转移支付”到境内，继而又会产生一笔不菲的旅游消费。

2. 创造“回头客”新思路

“世界那么大，我想去看看。”一位郑州教师10个字的辞职申请化作了旅游业的一句广告语。旅游业的市场确实太大了，有些国家将旅游作为主要的战略产业；还有些国家的领导人决定将旅游写入国策；在中国，旅游业也是非常重要的发展板块，尤其对于新冠肺炎疫情后的经济回升更为关键。

那么，从经营层面如何让旅游业对“回头客”引起重视，以下梳理出培养“回头客”的必要性和呵护“回头客”的可行性。

表面看，一般很少有人重游或反复游同一个景点，但口碑是永久的“回头客”。从商业角度看，“回头客”是不连续的，但影响却是深远的，可对其梯度开发、持续经营。

如果旅游产品经过精心打造，不断升级迭代，增加和提升服务内容，观光游可以催生深度游、精细游、专业游（指游客为一个知识点或一个领域的疑惑做研究，必须反复进入同一个景点或景区，如摄影爱好者）；初次游可以带动分享游、聚众游、团队游；国内游可以升级为国外游、互动游（指通过相同或相近的主题，开发国内外的产品互动，让游客能接触和解剖一个系统）、虚拟游（指借助虚拟技术，就同一主题，与世界任一地区联动，实现远程观光）。

不知旅游业专家是否认同，社会发展到现在这个阶段，人将成为或已经成为旅游产品的重要组成部分，接触人、认识人、结交人将成为旅游目的。明星效应完全可以为旅游产品创新以及创造旅游“回头客”打开新思路。除了明星效应外，现在也出现了文化达人按既定设计路线带着自己的拥趸外出旅游的成功案例，粉丝们跟随着自己的“达人团长”，不仅能感受共处的快乐时光，同时还能随时获取新知识和独特观点，也就是“文化的力量”。

由于旅游业的产品设计链很长，价值共享和转换的机会也很多，并且免费经济模式正扑面而来，这给提升旅游业的服务品质带来了极大的创新空间。消费者已经或者正在接受打赏模式，理解小费逻辑和服务创新价值。一个景区往往积累了海量的粉丝群，借助大数据，通过服务创新和迭代升级，可以产生极高的引流价值和大量再消费的机会。

当然，即使不关注“回头客”问题，旅游业也要从行业提升出发关注行业信誉，保护和提高信誉是旅游业加快发展的必要前提。耍小聪明地从旅游市场赚点钱当然可以，但终究不能成就一个健康的产业和有光明前途的企业。

企业也要“靠脸吃饭”

既然，人类社会已经走到了全面追求美的时代；那么，美的资本怎么就不能拿来消费呢？

乔布斯从大信封里抽出薄薄的 ipad，一台可以作为办公设备的电器竟然从一个薄薄的信封里抽出来，让我十分震撼。苹果手机之所以风靡全球，显然是因为它创新的刷屏模式和机身一直在追求薄一点，再薄一点，为了降半毫米的厚度付出数千万美金的开发成本也在所不惜。乔布斯深深地懂得，苹果手机必须“靠脸吃饭”。

我想起 20 年前刚刚做职业经理人时，在木业公司当总经理。当时我们生产、销售装饰板，把珍贵木材刨出十几个丝的木皮贴在三合板上，用于家具、门窗、墙面的装饰。但那个时期整个行业售出的商品普遍没有包装，只是作为一种材料简单用一些破木板和铁丝成捆包扎起来，通过各地装修材料经销商卖到千家万户。我们开创了装饰板商品的包装时代，用刷过白色乳胶漆的 6 块厚板，把 200 张一包的装饰板严严实实地包裹起来，里头套上厚厚的绿色塑料套，外面的护板上印有产品名称、尺寸标准、木皮厚度和生产厂家，并且在一侧的上方贴上彩色的宣传单。产品刚一面市，就引起了消费者和经销商的高度关注，毕竟颜值是客观存在的。

纵向看中国的工业产品，似乎经历了四个时代。第一是耐用消费品时代，全社会追求的是产品的使用寿命。随着市场的开放，中国社会进入性价比时代，消费者需要货比三家。随着企业竞争的加剧，商品进入功能细分时代，消费者可以接受较高报价的产品，但需要产品符合特定的需求。因为中产群体队伍扩大，今日中国市场进入颜值时代，很多消费者对价格并不敏感，甚至对产品的性能和品质都未予足够关注，重点放在对产品外在的直观感知上。

颜值时代，消费者的追求更大比重地从产品的实用性转向了工艺性或艺术性。为功能和使用价值创造的产品被称为实用品，而在实现使用功能的基础上，设计效果突出了其观赏性，让消费者看着就愉悦，使用的过程更是得到了工艺品的感官舒适效果。这种工艺品让消费者通过感官感受进入想象的时空，极大地满足了其审美需要，很接近艺术品了。颜值时代，实用品、工艺品和艺术品三者的界线变得越来越模糊。当商品作为艺术品被购买的时候，最多是工艺品，而绝对不可能是实用品。美是人生追求的实现，看来美学思想在当代易于被接受和认同。

当然，艺术并非美的代名词。同类信息的反复作用一定会产生审美疲劳，而审美疲劳又分三种——作品的、风格的和时代趣味的。因此，颜值时代即使可以“靠脸吃饭”，也不可能“一劳永逸”。

在颜值时代，企业产品创新的周期在缩短，而且产品开发必须特别注重“外貌”的标准。中国社会综合消费力的快速上升有赖于少子化背景下成长起来的消费大军，他们的少年和青年时期流传最多的口号是“再穷不能穷孩子”；这一代人的“爱不释手”不因为功能，更不因为耐用，而是基于“颜值担当”的消费观。

包括水晶、玉器、翡翠乃至钻石在内的消费，本质上更多出自对颜值的吸引。几天前，朋友拿出一个据说出自某大师之手的镂空雕花的紫檀木装饰盒，一下抓住了我的小助理的眼球，恨不得“夺人所爱”，实际上这个盒子根本不适合储物，就算用来装首饰存取也都极为不便。装饰盒的“靠脸吃饭”遇上“颜值控”。同样的情形在我自己身上也发生过。一位经营家具厂的学生约我去看看，在展厅我看到他们把奢华的牛皮皮箱加上了整排闪光的铜钉，做成茶几的面板。真是太漂亮了。我没有问价钱，也深知并不实用，但如果送我一定笑纳，实实在在的喜欢，我竟然爱上了这款“靠脸吃饭”的茶几。

工业时代产品淘汰速度越来越快，被淘汰的因素也越来越多。日渐强化的竞争、细分市场越来越小、新技术日新月异都极大地缩短了产品的生命周期，更重要的是无法避免消费者的“见异思迁”，包括对颜值的高要求。这样，企业的产品经理、新产品开发部长、新产品委员会的确“压力山大”，企业未来的产品研究不仅要牢牢抓住消费者的欲望，还要追踪消费者包括审美在内的偏好，重新对焦产品创意的起点。有一种可能是，提高产品颜值将成为新产品开发中的最小风险模式。

很多年以前，索尼公司开发新产品时成立三个小组，并联运行，即把开发出的新产品当作竞争者的产品进行分析对比：第一组立足小的改进，第二组考虑大的变化，第三组则彻底地破旧立新。当消费者支持“靠脸吃饭”时，老牌的索尼公司需不需要增加一个第四组，产品开发不做根本性改革，只是着意于颜值的提高。

人心柔软与市场残酷

的确有很多地方提出了最低工资标准，出发点显然不用怀疑。但是，如果最低工资标准不符合当前人力资源的实际，造成人为抬高劳动力价格，其结果必然是供给过剩、需求不足，大比例的失业率随之产生。欧洲就出现过此类现象，新制度之后的 2015 年，西班牙、希腊的青年失业率接近 50%，意大利也超过 40%。由此，最低工资制度的受害者反而是最需要保障的弱势群体。

著名经济学家彼得·希夫曾做过一个实验：那段时间，有人提出将沃尔玛工人的薪水上调到 15 美元 / 小时。于是，彼得·希夫亲自到沃尔玛门口蹲守。他拦住顾客问："你同意沃尔玛的工人涨薪吗？"绝大多数顾客都表示"当然。"接着他又问："你自愿额外支付 15% 的商品价款来支持沃尔玛的工人涨薪吗？"结果遭到了全面拒绝，无一例外。

人心柔软而规则不免僵硬。置身于社会层面思考，正因为规则残酷才可能构成市场的魔力，从而推动经济社会的发展。人们在不考虑自身利益时，绝大多数人是大方的：扶贫济困，照顾弱小，给予公平，维护正义。但是，一旦置身其中或者需要付出时，人们就有可能先维护好自己的利益，至少降低自己的损失，表现出"私"的一面。私，不是错。正因为如此，约翰·洛克才说："权力不能私有，财产不能公有，否则人类就进入灾难之门。"

"有限责任公司"是从 1862 年英国颁布《公司法》开始的，它对"公司”做出的定义是“以盈利为目标的市场主体”，并明确指出开设公司是每个英国公民的基本权利。以法律上的基本权利保护公司以盈利为目标，这就是现代社会的理性。

当然，现代文明光照下的公司制，还是提供给了它更多的激励和契约，不至于为利益而不顾一切。激励有三大驱动力，荣誉、恐惧和制度。契约也分为三类，不仅有以《公司法》为代表的基础设施型契约，还有其他书面契约，更有心理契约的提倡。这样一来，普通公民在“私”的路上努力奔跑，对于他人和社会就做出了更大的贡献。

企业要“盈利”更要“情怀”

日本的富良野是我知道的唯一一座靠农业立身的城市，整座城市大部分是农业和配套的农产品加工业。我在富良野考察时，来到一家比作坊稍大的葡萄酒厂，主人取出非常精致的酒杯倒酒给我们品尝。我实在是不懂葡萄酒，只是顺手买点带回去给亲友尝尝。一问方知，它的上品价格也并不高，但只有上门才能买到，不识货的人出高价也不卖。真是“酒逢知己饮，诗向会人吟”。

联想到中国的茅台。茅台酒之于中国消费者近十几年从来就没有走过下坡路，包括“八项规定”之后。今年茅台更是供不应求。有人为茅台出主意——提价，但茅台酒厂没有采纳，而且一直在努力限制着终端零售价。茅台最近 4 年，成功实现了市场的转型升级，从过去的党政军消费为主过渡到了今日的中产阶级个人消费为主。茅台酒厂必须读懂真正意义上的消费者对茅台的感情，保护终端消费者的利益。如果借助供需矛盾提高出厂价，终端价格会乘机快速追高，受到伤害的必然是终端消费者。作为茅台集团多年的顾问，我深刻理解——茅台要卖给懂茅台酒的人。

生产者如何对待自己的产品？企业如何对待自己的消费者？企业家如何对待自己的企业？答案并非“显而易见”，不同的企业、不同的企业家，认识并不相同，有些甚至对立。

中国步入市场经济近三十年，总体上经历四个阶段：品质提升阶段、成本控制阶段、规模发展阶段和产融结合阶段。市场是有一杆秤的，企业必须认真做好产品，中国企业进入品质提升阶段。企业理解了必须做出符合消费者质量要求的产品，随着饱和竞争的出现，仅仅做出合格的产品是不够的，“物美价廉”成为核心竞争力，中国企业进入成本控制阶段。“为消费者省钱”一时成为主旋律，从原材料和零部件采购入手，层层追溯使整个产业链“向管理要效益”。企业有能力做好产品并且实现了比较理想的性价比，得到市场认可，有了品牌，也有了资本积累，扩张和复制就提上日程，企业开始走上“多元化”之路，中国企业成批进入规模发展阶段。当大批企业家完成了原始积累，中国资本市场日趋活跃，很多企业家和投资人开始认识到企业是可以买卖的：分拆了买叫参股、控股，整体买下叫收购、兼并，中国企业快速进入产融结合阶段。

企业没有情怀就谈不上事业。什么是事业？古人云，“举而措之天下之民，谓之事业。”比尔·盖茨确实挣钱了，但更重要的是他推动了人类科技的进步，他在引领整个社会进入一个全新的时代，他借助视窗软件实现了让全世界都能用上计算机的使命，这就是事业。我较早接触到他的著作，从《未来之路》到《未来时速》，在他的书里我读到了科学家对人类科学技术迅猛发展的预测。

显然，要求所有人都有事业是很难的，但中国这么庞大的企业家群体如果只是会挣钱不免让人觉得悲哀。企业在以产品和服务换取利润的同时还能留下一点别的什么吗？至少，要对自己的产品有感情，对自己的客户有敬爱，对自己的企业有香火连绵的期待。

我对日本企业有所了解，试举数例以论情怀。

日本首家被允许佩戴 FSC（森林管理委员会）徽章的企业——速水林业经营山林 1000 公顷，其中 99% 为人工扁柏林。因为市场环境恶化曾考虑过以裁员的方式来削减成本，领导者却说，“不和大家一起致富又有什么意义！”林场持续受到进口木材的冲击，以木纹美受到欢迎的扁柏木价格一路下跌，到 2000 年一立方米价格下降到 2 万日元，只有 20 年前售价的一半。林场只好出售 20 多米高的 120 年树龄的扁柏林维持企业生存，领导者很无奈地说："说真的，这样的山林，我真是永远都不想砍伐。"这是对产品的感情，产品中融入了主人的绵绵爱恋。

我曾造访一家日本酒企——1755 年创立的市村酿酒厂。老社长鸿山生前曾遇上大饥荒。鸿山一面在屋门前架起大锅施粥赈灾，一面花大钱造庭园兴土木，目的是可以雇佣一批建筑师和泥木工，间接地救了好多个家庭。他后任市村社长，说出了这家酒企的宗旨："我们为什么要进行企业经营？那是因为企业的存在能让社区的人们感到希望和快乐。"这是企业对社区的感情。同样的案例在中国平遥也有出现，钱庄老板在大灾荒年竟投资建造大戏台，任何人到了工地哪怕搬了一块砖都可以吃饭，为了让接受救济者保持尊严和体面。

走向世界的日本名牌龟甲万为了推广纯酿造酱油的理念，曾将技术和专利免费公开。这家企业的企训第 9 条是"仁心应扩展至所有生物物种"。这是对消费者的感情，龟甲万的这份感情已经超越了一般的商业价值观念。我深信，这一信条对于"即使是对只买 100 日元口香糖的客人，也会对其深深鞠躬表示由衷的感谢"的日本企业家来说，是比较容易理解的。

1616 年诞生的森野吉野葛药园，400 年来从未间断对上百种药草的精心管理，根据种类的不同区分土质、水分、肥料予以照料，包括开花后的不同处置。因为他们的家训是"致力增添稀罕之物，补足灭绝之种"。企业显然不只是挣钱。我在京都访学时，曾结识一位老企业家，他家能在白色瓷器上成功地烧出了柿子红。但是老先生的儿子执意去做动漫了，他听说我是中国景德镇一带的人，于是很诚恳地拜托我在中国寻访一位有志于该类瓷窑的后生，去继承他的财产和事业。当时他几乎要流出眼泪。有些老板把公司不负责任地卖给毫无瓜葛的陌生人，只要出个好价钱，看到这里会有怎样的感慨。

我一直认为，没有情怀的企业是不容易长寿的。《日本长寿企业的经营秘籍》的作者船桥晴雄先生调查日本企业，124 万家企业中存续 100 年以上的企业有 2 万家，200 年以上的有 1200 家，300 年以上的有 600 家，500 年以上的有 30 家，1000 年以上的有 5 家。

世界古老企业的俱乐部叫汉诺基协会（the Henokiens），会员 30 家左右。汉诺基协会的入会条件是：企业必须拥有两百年以上的历史；创业者的子孙是公司经营者；企业充满活力而且财务状况良好。

考核不是打分扣钱

多数企业是要搞考核的。

太小的企业当然用不着全面展开考核。太大的企业，考核不宜太细化，不同部门或事业部对企业的贡献率悬殊太大。倒是百人以上、两千人以下的企业，考核往往更细致。

搞好企业考核是很不容易的。太粗则流于形式，太细则占用太多管理资源，尤其有些企业是上级给下属打分，然后交给财务扣下面人的钱，弄得太多人非常不满，似乎弄巧成拙。

过年放假前，在一位好朋友的企业中和核心管理层讨论考核问题，多谢朋友做了记录，不妨在此挂出来，以利相类似的企业来年参考。

1. 岗位考核是由本部门考核，还是集中由一个部门来考核？

基本原则就是：各负其责，下管一级。考核应该由直接上级负责，对考核工作本身执行情况（*即工作质量*）的检查应该由监督部门来进行。谁安排工作谁考核，如对考核质量有疑义，可由监督检查部门对考核人的考核工作进行检查，对不客观、不公正、走过场的部门负责人（*即考核人*）进行责任追究。

2. 班子成员的考核应由谁负责？

对总经理办公会成员的考核原则上应由总经理负责，也可以将考核权力上移到董事会负责，当然董事会可以委托他人行使考核权力。

3. 我们把考勤确定为 30% 的考核权重，可以吗？

高层不应该考核出勤，如果考核，权重最多不要超过 5%。多出的权重可加到产量及其他职责上去。其他人的出勤考核比例也不能超过 20%，出勤占比太大意味着管理基础太差。

总经理应该增加管理考核，管理考核可以通过专家评估的办法认定，例如流程的完善，程序的可执行性、可操作性，还有安全管理体系、设备管理体系等。可参考我的博客文章《总经理考核的 17 个指标》：（1）总产量；（2）销售总额；（3）税后利润总额；（4）员工人均收入额；（5）人均产销率；（6）流动资金周转率；（7）成品、半成品、原材料库存量；（8）安全生产；（9）资产安全；（10）制造不良率；（11）产品质量投诉率；（12）退货总值；（13）员工流动比；（14）客户稳固率；（15）购、产、销、储、运周期；（16）技术、市场等资料的收集、整理；（17）员工对公司的满意率。

对高层的考核不能全靠利益驱动。考核的目的是推动，如果起不到推动作用，就没有意义。

4. 岗位职责是由本人写还是由公司规定？应以多少条为宜？同一岗位因不同人任职造成考核内容不一样的问题如何解决？

相同岗位自己做，关联岗位监督做，专业岗位指导做。

一堆人做同一件工作，选出优秀员工写出岗位说明书，指导的范围不是内容而是格式。

岗位说明先确定工作任务，条数可多可少，但不一定都去考核，许多岗位都具备的条款也可以不考核。

原则上应因事设岗，中国企事业单位应掌握三条原则：一是核心标准不能动；二是如果人的能力有差异，岗位收益应当有变化，不同的能力就应当有不同的收入；三是不具备能力的，应设定学习标准，学习也是考核指标。

5. 同一部门不同岗位职责的内容有简单和复杂之分，如何考核？

工作复杂程度应在薪酬设计中体现。工资构成包括：复杂程度、责任大小、工作压力、工作量、技术难度、忠诚度、工作强度、工作环境等很多因素。

通过考核可以倒推其他方面的改进，如薪酬设计的改进。在考核中，不论工作简单与复杂，只要干得好就可以是优秀。

6. 对股东如何考核？由谁考核？

原则上不能对股东考核，因为他们是出资方。如果他们介入管理，进入哪个领域，就考核哪个股东，谁布置谁考核。

7. 监事会、督查科等监督检查部门由谁考核？

法律意义上的监事长应该有权监督董事会，但监事会其实是与总经理办公会并列的监督部门，监事长可由董事会评估，督查科负责人由总经理评估，也可以由董事会评估。董事会可以授权，用流程来保证监督，评估标准要明确。

高管的检查应该注重结果，不应过多关注过程的检查。高层重结果，低层重过程。

8. 行政后勤系统是否与成本考核挂钩？比重多大？是否考核产量？权重多大？

不相关的尽可能少挂钩，即使挂钩权重也非常小。考核的因素是员工能做到的、有联系的，否则就不考核。心态、表现、思想等不应列入考核。

行政后勤系统即使对产量考核，权重也应尽量小。

9. 中层、高层等后勤管理人员的工资，平时与年底应按照怎样的发放比例？

考核到位，年终比例就要高，否则应该低些，一般应该掌握在20%左右。

算不清楚的和相对平均的奖金等于福利，算得清楚的和有差异的收入即便是福利也等于奖金。奖励可以起到推动作用；福利可以提高公司形象，增强凝聚力，但不能起到推动积极性的作用。

10. 对岗位职责的考核，公司刚刚启动一个部门做典型，在这个过程中，应该注意哪些问题？

考核是管理的后段，后段必然带出前段管理基础工作的不足。一个系统做得不好，局部是很难成功的；相反，如果一个系统做得比较好，操作部门就比较容易成功。从现在的材料可以看出，目前作为试点的财务和销售的考核工作已经起步，回头我再给出一份参考性的考核表。

11. 同一部门中，没有重点工作的得高分，有重点工作的扣分多的现象如何解决？

承担重点工作的多少，在收益总体设计时就考虑进去了，考核时该扣分就扣分。

一家企业重点工作多是计划性差的表现，应将重点工作转化为平时的工作重点，引导管理层找管理重点，而不是重点工作。高管对自己熟悉的领域应该尽量做到“知之为不知”，尽可能多地关注自己不熟悉的领域。

12. 在考核实践过程中，部门负责人优秀率太高的问题如何解决？

这就要重新评估部门岗位职责考核细则的质量问题，判断对部门负责人的考核方法是否有问题。职务越高考核优秀率越高，往往说明高层对考核不够负责。

13. 考核工资部分有两种办法：一是定高一点工资，考核后扣减；二是不用定太高，考核后加收入。哪种办法更科学？

有两个要点：一是通过考核，要让多数人涨工资，而不是降工资，具体讲，通过考核应该让 70% 的人收入增加；二是再差的员工也要让其保住生活的底线标准。两种办法各有利弊，前者好处是容易招人，缺点是员工可能认为考核只是扣工资；后者的好处是员工感觉到考核能够让多数人涨工资，缺点是由于工资基数低影响招人。我个人倾向于“正激励”，不喜欢通过考核扣钱的做法。

14. “10855”原则与考核高分员工较多的矛盾如何解决？

“10855 原则”指的是考核结果的比例，不讲考核分数的绝对值。我个人多年的实践证明，10% 的员工优秀率是比较适当的。考核过程中，高分多是正常的，但必须排出顺序，10% 优秀，85% 合格，5% 较差。

15. 安全管理以预防为主，排查隐患在安全考核中应占多少权重？

安全体系建立、安全培训、安全意识提高等都是安全考核的内容。加大安全考核力度应是总经理的重点工作，但下达安全隐患排查指标的做法不妥。

排查安全隐患，有些岗位是普查性的，有些岗位是抽查性的。对一线的采矿、选矿人员及安全检查专职人员是普查性的，对其他安全管理人员是抽查性的。

监督检查的人，需是铁面无私的人，应特殊对待，增加奖励比重。

监督检查人员、矿山安全分管人员，包括总经理都应是抽查人员，在抽查时，总经理也是安全员身份，履行安全员职责。

16. 如何选拔监督检查人员？是否要选择专业人员进入考核队伍？

如果考核办法制定得完善，标准明确，就对照标准去检查，不一定需要懂专业，重点要选择公正的人执法。当然因为监督检查人员的公正会得罪人，公司也要为他们的公正多付出成本。德胜洋楼公司开除一名督察官要付出 5 年工资的补偿。

17. 岗位职责与岗位工作描述的区别？

岗位职责应该转化为工作描述。工作描述是指该岗位具体做哪些事，要结合岗位相关程序展开。

18. 推行考核后得不到招录员工时承诺的工资，如何处理？

科学管理否认承诺工资。工资是由工作时间、工作标准、工作质量三方面组成的。每个人可以有不优秀的结果，但要给每个人提供优秀的通道。

最后，强调几个要点。

第一，考核本是一种培训。考核的目的不是上级打分，扣下属的钱，而是发现不足、及时补救或增加训练和培养。

第二，考核是管理的导向。你希望员工做什么、怎么做，就考核他什么，并加大这部分的考核力度。

第三，员工自己努力能产生成效的才考核。有些企业希望提高的目标，一个具体岗位根本对它起不了任何作用，考核意义不大。

第四，考核指标不宜过于烦琐。指标太多、太细则没有主次，被考核者无法在某些方面去加强。这样，就失去了考核的引导作用。

第五，考核项目须落实到具体指标，考核指标尽可能数据化，能量化的测量，不能量化的测评。测评数据的准确性最能显示出考核者的公正性。

第六，考核必须配合考核面谈。考核者评价他人必须能清楚说出得分依据，能指导被考核者纠正不足或训练提升。

第七，考核工作也需要考核。考核容易流于形式，容易回到“大锅饭”。

附件：财务部经理绩效考核指标

序号	类别	绩效指标	指标描述	指标值及计算方式	权重	自评分
1	资金管理	预算控制	启动全面预算管理，逐步提高计划符合率			
2		理财收益	带动投资方的理财意识，提供沉淀资金的月度收益			
3		资金调度	前瞻性融资、保障性高度、合理化收付			
4	会计核算	凭证制作	保证每月的凭证完整无误差			
5		账务处理	财务科目合理及计算准确			
6		报表编制	外报表合规、内报表真实			
7		纳税筹划	合法降低税赋			
8	财务分析	财务分析	发现管理缺失，支持企业决策	测评		
9	团队建设	知识培训	对各管理部门及其主要管理者进行财务基础知识培训			
10		会计电算化	提升财务系统工作效率，为企业整体信息化做准备			
11		组织管理	部门全体人员计划、组织、监督、指导团队文化等相关建设	测评		
12	其他	重大贡献与重大失误	由分管副总进行提名奖惩			

天大的小事员工餐

一天朋友把我拉进一个“吃货群”，进去就看到一段文字——

> 今天（10 月 23 日）晚餐评价：
> 鸡汤 5A；
> 小青菜 5A；
> 萝卜炖咸肉 4A；
> 带鱼 4.5A；

感觉：优良。

一打听，是该公司的老板对员工食堂的伙食作出的点评。公司老板偶尔去吃员工的食堂我是见过的，或者找来食堂管理员交代两句倒也常见；但煞有介事地一一公开点评，我也是“醉”了。

第二天，继续上去浏览，老板今天的点评看来不如昨日——

> 10.24 中餐评价：
> 咸水鹅面：4 ★；
> 牛肉炒饭：3.5 ★。

有员工“不识时务”，跟了一段——

口感：今天中午牛肉炒饭味道挺香，但有点干，不喝汤很难下咽。

后来才发现，德胜食堂每周出菜谱，每天不重复。每周都提前把准备好的菜单公布出来，供员工讨论。而且，这种“众口难调”的议论每天都有。有人贴图提出了自己喜欢吃的菜，食堂负责人回话：“谢谢。蕨菜炒肉丝已经在上周菜单中执行。”“地木耳、黄花菜肉丝已经在上周菜单中执行。谢谢。”“收到，谢谢。大骨架准备在下星期菜单中执行。”甚至有人提出要吃“炖黑山猪肉”，也太“主人公”了吧。

这家企业就是盖木制别墅的德胜洋楼。这家建筑施工企业没有设立战略委员会，却把“德胜吃货菜谱计划常委会”建起来了，人员构成：食品采购员、供应负责人、总裁、供应商代表、赛奇工作室（设计的分支机构）志愿者代表，财务、人事、督察、管家中心（热心于食堂伙食者自愿参加）。

1. 我很愿意在“食为天”吃饭

德胜洋楼在公司苏州本部建有三家厨房，我经常去吃的一间厨房名为“食为天”。我毕竟是客人，吃饭从不交钱。德胜的食堂初创时，对员工也不收费。后来，为了大家吃喝节约，改为自觉投币交费：荤菜一份 1.5 元，半荤 1 元，素菜 0.5 元，米饭免费。德胜的菜价十几年没变更。粗略算了一下，仅食材成本，公司需要补贴员工每人每天 40 元左右。因为公司的菜便宜，晚餐回家吃的员工也可以在食堂把饭菜买回去，但必须登记。

我愿意吃德胜的食堂，首先是比饭店放心。2003 年入职在快乐生活保障部工作的老员工巴耀辉跟我说：“公司饮食标准高于我们的家庭标准，我们在自家都做不到。久而久之，公司的生活理念对员工的家庭生活产生了很大影响，员工在老家盖房明显区别于村镇的其他邻居，厨房和厕所比客厅重要。”德胜的食堂，买菜、洗菜、摘菜、做菜均分工明细，所有环节都可以追溯。

房屋施工企业的工地并非都在生活条件成熟的市区，但德胜对工地上的员工生活提出了非常明确的要求：工地必须保证提供安全可口的饭菜和舒适的住处。每个工地，无论大小必须自建厨房。条件差的工地搭建彩钢板速建房，不让员工住工棚，更不敷衍住帐篷。一年四季24小时提供热洗澡水。无直饮水条件的工地必须配有饮水机，选择当地销量最大的桶装水品牌。干部带队进入新工地，第一要务就是考察菜场，采办二手空调。督导上工地监督的内容首先是员工的吃住条件，当然还有员工安全保障，有一条与众不同的是员工不被干部穿小鞋。

德胜员工总是很骄傲地反映，工地上有数支工程队，其他工程队伍无一例外地羡慕德胜的员工生活。

2. 为员工吃好绞尽脑汁

厨师长李胜足2002年进公司，现在是德胜在苏州工作的7位固定厨师中的厨师长（7位厨师中有一位负责给员工理发，每人每次5元）。外地工地聘用临时厨师，一般在多数员工的老家安徽黄山的熟人中选用。

李胜足厨师长跟我讲了很多他们公司员工饮食管理的细节——

食材采购：工地上的食材采购视为与生产采购同等重要；大宗采购且不易过期的品种，从苏州本部调过去，工地上的就近采购选择“最小采购”；厨师轮流协助采购员一起去菜场；采购人员采办食材回来，医官要去食堂检查验收；逾期食品必须报废，绿叶食品不得过夜；青菜必须清水浸泡一小时再加工；监督人员怀疑鸭血可能加入了凝固剂，提出警示以后不再购买；厨房不用加碘盐；被认定转基因的食品，一概不用；食堂买菜，洋葱、西红柿、黑木耳是必买的；淡水鱼虾（重金属污染可能性太大）、反季节蔬菜、干菜、卤菜、熟食、半成品食物、冰冻肉类，不得采购；腐竹、火腿肠、黄山和千岛湖的水产，明确渠道来源可以购买；允许向员工家里采购自制的咸菜、自家宰杀的猪牛肉；大米和食用油，在大超市选择大品牌采购；苏州本部一律用“洞庭山牌”桶装水，外地则采购本地销量最大的桶装水，不论价格；员工出差，车上路上则由公司统一配小支的“冰露”瓶装水。可能有人会问，食堂采购吃回扣，导致员工饮食品质下降，怎么办？在德胜是不可能的。这需要另外设定题目讨论，在此不浪费笔墨。

厨房管理：夏末秋初，苍蝇众多，食物必须加盖防蝇罩；北京工地有一次发现猪肉有异味，医官命令埋掉；炒好的黄瓜，厨师自己先尝，发苦，不正常，全部倒掉，另外加做新菜；萝卜切开，内心发黑，找供应商无条件退货；食堂员工由每年一次体检增加为两次（区别于一般员工）；发现有手癣的厨房工作人员立即强制换岗。

员工生活管理：禁止员工出去吃火锅、烧烤和麻辣烫；在炎热天气，员工将上工时间提前下班推后，中间多留出时间室内休息；极高温，医官有权决定停止所有室外施工。

当我要求厨师长给我讲一件最开心的事时，李胜足骄傲地提及今年上半年去美国旅游的机会。德胜公司规定，满五年工龄的员工可以报名去国外旅游，第一次费用全部由公司付，包括酒店小费。如果获第二次机会，费用由公司和个人各承担一半。

3. 小公司却有三家指定医院

德胜洋楼迎来了公司 20 周年庆，这家 1000 人的企业没有一人得癌症。这显然得益于公司对员工生活无微不至的安排，尤其是几近苛求的饮食标准。我吃过很多大机关、大企业的食堂，投入比德胜高的不少，但管理标准比德胜更高的没见过。

当然，健康不全在吃。德胜的保健和医疗也是有精心设计的。

我专门拜访了今年 71 岁退而未休的付国明先生。他在 2002 年入职前是安徽某县医院的院长，现在德胜当专职医官，主要工作任务有五：

员工安全、卫生、健康的教育与训练；

饮食卫生的安全监督；

小伤小病的及时处理；

工地常用药的准备和使用指导；

对患病或受伤的员工指导送医。

德胜公司出于对医疗技术和长期合作的信任，选择了三家员工就医医院：一般伤病，就近送苏州金山医院；骨伤送黄山 532 医院（部队医院，同时也是德胜员工的定点体检医院）；重大疾病送知名的上海长海医院。曾有员工在鄂尔多斯工地不慎受骨伤，公司在当地作初级处理后，即派专车远送黄山 532 医院就医，因为担心“处理不当，影响一生。”

公司的专职医官和督导官一样，经常巡视工地，巡视时间完全由医官自由决定。非典那年，老板亲自带车从上海工地把医官接回苏州，要医官组织全公司的非典预防。

员工健康的另一关键因素是心态与情绪，忧郁者易患癌，尤其肝癌。在德胜公司或德胜人的工地，如果有人说话声音太大，那一定是外边来的人。德胜的员工，更不可能有别的建筑公司常有的打架现象。员工中的文化人吴志和先生跟我介绍过德胜普遍认同的“瞬间亲情论”：远水不解近渴，远亲不如近邻，员工必须学会对身边人好，“只有身边人才能在关键时刻救你的命。”长期的宽容、友善、互助的企业文化，培养出了亲和、敦厚、平静的德胜人。

4. “食堂不亏损，就会亏心”

德胜食堂和员工生活品质调查是不需要访谈老板聂圣哲的，因为接触每一个德胜员工都能透过他们“看见”聂圣哲。我在德胜接触过很多 20 年工龄的老员工，唯一的营销人王中亚，知识产权经理赵雷，财务总监张永琴，做过好几任工程总监的凌添足，能工巧匠巴阿八，从纯粹的农民成长为总设计师的周学明。聂圣哲不经意说出的很多话，都让员工不知不觉地记下来了，出口如同孩子背诵“白日依山尽”。

“丑话说透，爱心送够。”

“工作的第一属性是枯燥。”

“贪婪是人的劣根性。”

“让员工像人一样生活。”

“癌症是吃出来的。”

“食堂一定亏损，否则一定亏心。”

《人力资源》杂志曾刊登了我的朋友曹永刚先生的文章《聂圣哲：从常识到思想的距离》，这样分析聂圣哲：“就像在外人眼里聂先生涉猎了很多不相干的事情，但在他而言的都是一件事情：率真地活着，让理想之光照亮脚下的道路，永远做高尚的领路人。”员工吃饭，就是脚下的路，也一样需要理想之光。

德胜就员工生活品质做出的细节是绝大多数老板不想学的。比如，德胜规则认可十年工龄的员工为终身员工；比如，德胜人“放寒暑假”，一次休假 21 天，员工在这个阶段可以休假去陪孩子，去各地走走，包括国外。

对于那些只会做表面文章，时不时搞些煽情的举动，背后尽是那些虚伪、肤浅的文化的企业，德胜管理只能成为茶余饭后的谈资，即使管理一间厨房，管理一个员工餐，都不可复制。因为，一个企业领导者首先要把自己的员工写成一个大写的“人”字，像聂圣哲一样用真心书写。

"彻夜长谈"供应部

某大型企业集团供应部部长陈先生（以下简称陈）：中国企业供应部门的管理远远落后于营销部门。中国企业对营销的重视超过了对产品的重视，但供应则落后于生产管理。

汪先生（以下简称汪）：一般企业的供应队伍基本上没有经过严格的训练，而绝大多数企业的销售队伍至少要经过 3 个月训练才能上岗。就因为销售队伍是要低头去做销售的，而供应却是抬头做采购。狼失败一次只是吃不饱，兔子失败一次就没命了。供应和销售的关系也如此。

陈：老师认为，供应队伍应该朝哪个方向学习、提高？

汪：丰田的采购就是制造业学习的典范。多数供应商在丰田工业园园区内设厂，因为长期的合作逐渐靠拢过来，因此丰田需要的物资基本上能在生产线需要之前 15 分钟直接到达现场。中国的格力空调现在很多零部件已经到达或接近这个水平，他们叫作"线边物流"，就是不需要进自己的仓库，供应商直接送到生产线边上。

陈：我国制造业采购管理为什么整体落后那么多？

汪：我们回到采购定义和中国企业采购的发展历程上来。什么叫采购？采，就是选择；购，就是交易。采购是集技术可行性、经济合理性、满足需求有效性于一体的技术经济行为和价值增值过程。中国企业的采购有三个历史发展阶段：第一个阶段是保证供应阶段，就是把东西买来了就算完成任务。第二个阶段是价格竞争阶段，拼命降低成本。将要到来的第三个阶段就是价值贡献阶段，后面再详细讨论。中国企业在短缺时期，采购人员都是“有门路的”特殊人才，企业不可能对采购人员提什么要求。市场经济初期，出于成本压力，采购者凭着与供应商不对等的竞争关系，拼命压价，获得价格优势就是成功，不可能综合思考。这个领域整体落后，也就理所当然。

陈：我们在具体的采购过程中压价，其实是没有依据的，更多的在打心理战。

汪：这正是我们的悲哀。采购者本身至少应该懂两点：第一，你懂技术，即懂得标准；第二，你懂经济，即懂得商务。采购的价格谈判，不仅是商务，也是技术。丰田汽车的零部件采购，采购小组对上游供应商的利润算得非常清楚，你的材料成本、管理成本、财务成本都跟你的老板一样明白。营销成本？因为我给你足量的订单，营销成本就可以忽略不计。近年的丰田，通过管理前移指导供应商的品质、成本和效率控制，提高长期合作的供应商的成本优势，共同分享压出来的利润。价格基本上不需要艰苦谈判的，更不存在随心所欲地压价。

陈：这些，是我们的企业望尘莫及的。

汪：我们很多企业的采购相对是比较简单的：一单一询价，一单一谈判，一单一签约，一单一结算。我们采购团队的大部分时间都消耗在日常事务上，非常忙碌，没有效率不说，根本没有机会和时间提高业务素质，恶性循环，后面的工作就更没有专业性。

陈：听说，国际上有些知名企业采购都可以外包了？

汪：我到过德国汉堡的空客飞机制造厂。空客的所有的采购全部包给了斯杜特公司——专门为空客服务的物资供应商和物流服务商。空客的任何一家工厂开工，斯杜特就一定会建一个分公司在空客工厂的旁边，绝不会超过 40 分钟的车程。空客生产线需要任何一个品种，斯杜特都能保证 48 小时供货到位，紧急需要 2 小时可送达。汉堡的斯杜特每天对空客工厂发货 40 ～ 60 辆车。空客的零部件非常复杂：有易燃易爆的，有冷藏冷冻的，有异形件怎么放都不方便的。斯杜特物流仓库物资摆放都让我大开眼界：有的像我们的屠夫挂猪腿一样倒挂着的，防止它变形；有的塞在孔槽里面，保证不被挤压；有的放在高冷的冷库里，高度密闭；有的放在易燃品的专柜里。这么复杂的供应，空客和斯杜特一起算采购和物流成本，最后给斯杜特留下 5% 的利润，其中包含未来技术的研发费用。

陈：中国企业的供应，未来应该怎么走，能给我们画出一个路线图吗？

汪：我算不上这个领域的专家，就我自己的职业经历和学习心得谈谈吧。

供应部门首先要从简单杀价提升到科学评估“性能价格比”上来，努力以“性价比”最优作为衡量标准。世界上任何产品的销售，并不存在价格的高低，只有性价比是否合理。衡量产品的性能一般有三个维度的考量：品质指标、适应性和服务。品质指标和服务是老生常谈，适应性被讨论少一些。比如，你给一位海轮的船长一份奖励，奖励他海上的豪华游艇一周游，船长得到奖励后可能会哭，因为他本来天天就漂在海上。这种适应性与品质标准、价格高低关系就不大了。

深入下去，供应部门要学会计算和分析“全生命周期总成本”，全生命周期总成本最低才是真正的赢。讲一个你自己的例子。我们的最后工序是不是 BZ 车间？车间有一条副 12 米的生产线，假定当初采购这条生产线价格是合理的，但现在看来有很多必须补充的部分，时间过去四年了一直没有补充到位。如果说，当初是因为压价的需要迫使设备供应商砍掉了很多的配套和服务，那么我们以全生命周期分析成本就很不合理。你现在要修补不仅难度很大，而且即使补到位整个产线系统的平衡性也无法保证。更重要的是，有这么多缺陷，又强撑了四年，期间出了多少的不良品，耽误了我们多少生产工期，对我们生产的流畅性的危害有多大，总成本能低得了吗？还不说因为残缺需要增加工人带来的成本增加。

我曾经也当过制造业的总经理，在一家民营化工企业。我们当时的营销有大量的包装物、宣传品和促销品，这些印刷品都需要设计，当然要请广告公司协助。我发现过去和广告公司的协议按单件计价，比如一个单页 500 元，一个折页 800 元，一个 12P 的画册 3000 元。我觉得这种价格计算方式很不合理，因为广告公司设计不好，很快就得改版，就不得不反复做。我接手就要求广告公司做成经典，你一次设计可以用三年。我的做法是，过去两年中我们每年这一类的设计费是 50 万，现在我给你 80 万，但有一个条件——不管你做多少份，这一年这一类设计全由你一家全包下来，如果不理想再改版我也不另外付费。广告公司提出：如果你不断做新的，我就忙死了。我回答他说：如果不停地做新的，我的印刷损失大还是你的设计损失大？我一定是想你出经典，很多种类一次设计使用很久，甚至多种设计同一方案更好。你保证成为经典，我就愿多给你付费。从此，这家广告公司非常关注我的企业、产品和市场，几乎全面列席我们营销系统的大会和项目讨论会。他要了解我们的营销思路，了解我们的产品卖点。我认为我多付了 30 万，全生命周期总成本反而低了：值。

陈：性价比能理解，全生命周期总成本概念过去没有接触到。

汪：再往前进，成熟的制造企业的供应，未来一定要走向供应链模式和第三方物流方式。

陈：你前面举例谈到的空客与斯杜特的合作就是第三方物流吧？但中国企业供需双方最基本的互信都没有建立，根本不可能实现第三方物流的全面委托。

汪：不能这么说。20 年前我在清华同方工作。这个行业有一个非常大的麻烦，就是我们的主产品计算机受“摩尔定律”的影响，存放时间稍微长一点就一定降价。因为计算机的价格不断下降，我们对零部件供应商的要求就非常高。我不接受你的大量供货，哪怕先不用付钱。我希望的是“随要随到”，提前和退后都不欢迎。如果你送多了，贬值了，降价了，谁承担呢？谁担都受不了。那就倒逼供应商提高供应管理水平，第三方物流应运而生（当时并不这么叫）。比如你是主板供应商，我就让你组合其他插接件的供应商一起搞物流园，设在我身边，我什么时候要你就什么时候给我，你的生产计划、采购计划、资金计划都紧紧跟住我的市场预测。

陈：在思维模式上，大多数企业跟不上，尤其传统制造企业。

汪：今日供应部门必须建立竞合思维，不要把谈判对象的供应商理解为竞争对手，不一定是你赢我亏或你亏我赢，要理解供需双方的非零和博弈关系，即双方合作利益之和不应该是零，也就是说完全可以双赢。不断学习，与时俱进，接受挑战，创新发展：企业之路，没有便道，没有捷径。

机器，人，机器人

机器的大面积使用显然是工业革命以后的事，人类与机器的关系先后形成了四个阶段：人开始接触机器，不断学习使用机器；机器逐渐成为“劳动”主力，企业员工必须学会机器应用；企业希望把人“变成”机器，达到人机合一；机器逐渐具有复杂的“思维”，机器自身正在“变成”人。大致与工业化的几次升级相匹配：工业 1.0 机械化，工业 2.0 自动化，工业 3.0 信息化，工业 4.0 智能化。

尽管中国早在公元前 1000 年就发明了冶铸用鼓风机，并且距今更近的 265—420 年杜预发明了由水轮驱动的连机碓和水转连磨；但是，中国使用工业角度认定的机器则至少在曾国藩时期，1861 年曾国藩创办安庆军械所，应该算是中国人自办的第一家机械类工厂，但当时的机器更多还是简易的工具，到 1865 年曾国藩、李鸿章等创办江南制造总局（1953 年更名为江南造船厂），这才开启了中国近代的机械工业，中国人才开始接触和使用机器。

欧洲比我们早 100 年左右。1698 年英国的萨弗里制成第一台实用的蒸汽机，被人称为“矿工之友”的机器用于矿井抽水，这也是人类首次将蒸汽用作工业动力；1705 年还是日不落帝国的英国，纽科门发明大气活塞式蒸汽机，取代老蒸汽机；1776 年詹姆斯·瓦特成功制造第一批新型蒸汽机并应用于实际生产。1774 年英国的威尔金森发明较为精密的镗床，人类工业史上第一台机床产生了，这种加工机器的机器面世的意义更加巨大；直到英国的埃德蒙·卡特赖特发明动力织布机，人类终于完成工场手工业向机器大工业的过渡。

人类进入机器时代，谁大面积学习、制造和使用机器，谁的生产力就高。

1800年代，蒸汽船被发明出来。此前，世界各国尽皆“孤帆远影碧空尽”，帆船是主要物流工具，最盈利的企业也是那些经营帆船的公司，有的甚至成为全球性企业。一种没有帆的机器船出现了，这种被称为“汽船”的运输工具靠蒸汽轮机发动，汽船逆流而上彻底改变了人类数千年来“顺流而下”运输史，随着汽船技术的成熟，很快消灭了大帆船，颠覆了海运行业。机器对于人类意义非凡。

机器的优势集中表现为“力大无比”，远胜于人；因此，机器的发明始终围着动能，电的出现更加广泛地改变了动力问题。1832年、1834年和1836年，法国必柯锡、德国赫里蒙和英国丹尼尔分别制成发电机、马达和电池。更具代表性的是爱迪生设计出白炽灯和直流电力系统以及特斯拉完成感应电动机并发现交流电，成群的科学家使得电成为第二次工业革命的主要动力。

解决了动力问题，人类在“更懒”的理念支配下，对机器形成依赖。

1903年莱特兄弟制成世界上第一架被工业时代认可的飞机，美国才在机器史上正式登场。同时，美国的福特建立了以自己名字命名的汽车公司，开始量产汽车，特别是1908年福特研制出的T型汽车投入市场，人类的工业化才有模有样。因为福特提出了工业流水线，生产工人分工大大细化，岗位工作变得相对简单，企业对机器逐渐有了依赖。“我只需要一双手，为什么给我一个人。”福特的不被人们接受的名言，客观上使得“把人变成机器”的观念应时而生，说它是工业时代大生产管理的精髓并不为过。

生产方式的革命，不仅强化了机器的作用，而且对工业生产线上的劳动力带来极大冲击。人们常常发问：人是不是越来越不重要了？

科学技术仍然不断进步。1952年数字控制机床诞生，由美国帕森斯公司制成；1958 年加工中心面世，还是美国研制成功，卡尼特雷克公司的贡献；同年美国研制出工业机器人，虽然比捷克斯洛伐克作家卡雷尔 · 恰佩克在科幻剧作《罗素姆的万能机器人》中首次出现的“机器人”晚了 38 年，但机器革命再次启动。很快，18 年后日本发那科公司（FANUC）展出了由 4 台加工中心和 1 台工业机器人组成的柔性制造单元。

触发第三次工业革命的是信息通信技术（ICT 技术）。据悉，澳大利亚的公司 5 年前就研制出了瓦匠机器人，一小时能砌 1000 块砖，当然也是 24 小时轮轴转，要知道最厉害的工人一天只能砌 500 块砖。日本软件银行集团创始人孙正义认为，“到 2040 年，全世界机器人的数量将会超过人类人口数量，达到约 100 亿个。”也正是这个孙正义，是第一个把机器变成人的企业家。2014 年 6 月软银推出专注于交流功能的人形机器人 Pepper，它让人的思维、情感和精神需求可以被量化、记录、存储、识别、交流和交易，让人愉快享受第二类（种）人生。孙正义自豪地说：“300 年后人们可能会说今天是个转折点，这是人类历史上首次赋予机器人情感的挑战。”

曾经有一本专著《2040 大预言：高科技引擎与社会新秩序》，作者是英国的彼得 B. 斯科特－摩根，书中提道，高科技的五个相互促进的趋势所驱动——数字化、网络化、微型化、仿真以及一个全新的趋势（人民力量），他们都在以爆发式的指数方式增长。

人类在 2040 年将出现“奇点”，即人工智能将超越人类智力，从而彻底颠覆对“人类”这个词的定义。

有人说：技术是科学的儿子，科学是哲学的儿子，哲学是思想的儿子。如今，科学技术的超高速发展，机器具备了智能，而且机器之间可以学习，未来而且是不远的未来，因为机器有巨量的计算能力，会不会因之产生思想乃至哲学呢？

如果机器人大面积取代劳动者……

1. 未来的工厂只有两名员工

狄更斯说的“最好的时代”“最坏的时代”，我这一代人算是赶上了。我自农业时代出生，作为劳动者在工业时代谋生，在快要离开主舞台时却要去适应信息时代。就经历的丰富而言这是我们的幸运，但就竞争压力而言这又是我们的不幸。信息时代的标志是计算机和互联网的发明和普及，但其根本的变化是人类从工业时代的可以借用动力发展到可以借用“大脑”，即人工智能（Artificial Intelligence，缩写为 AI）。

天性“好逸恶劳”的人类，既借到了动力又借来了大脑，不需要出力还不用烧脑。那么，人类将会走向何方？比尔·盖茨和埃隆·马斯克这些伟大的科技公司创始人都曾公开提醒人们，要关注人工智能可能带来的黑暗一面。科学家史蒂芬·威廉·霍金生前在英国的《独立报》上还曾撰文，特别提醒人类：“成功研发人工智能，将成为人类历史上犯的最大错误。不幸的是，这也可能是最后一个错误。”但是，人工智能仍然凭借着其“让人更懒”的优势，在加速进入人类的生活和工作的方方面面，势不可挡。

南加州大学教授沃伦·本尼斯做过前里根总统与约朝翰·肯尼迪总统的顾问，他以一段幽默来形容人工智能的扑面而来——“未来的工厂只有两名员工：一个人一条狗。人的职责是喂养狗，狗的任务是让人不要碰机器。”

“人工智能”研讨会的第一次是1956年，在美国达特茅斯学院召开，科学家约翰·麦卡锡、马文·明斯基、罗切阿斯特和香农等参与的，它标志着“人工智能”作为新兴学科正式诞生。AI元年过去20年左右，ABB研发出电力驱动工业机器人，接着推出工业喷涂机器人。起始，智能机器人只是为雀巢等知名工厂拾取、包装和堆垛食品，后来就是为宜家这一类企业完成家具和地板的雕刻、磨光、喷涂、包装和堆垛。

就是这个宜家，从人工智能的应用者快速转向开发方。宜家2015年在米兰做展览，推出未来厨房计划。“未来厨房”没有灶台、冰箱，厨房只有一个架子（柜子）和一张桌子。桌子上面是投影显示设备，桌子里面有电热丝类加热设施；在这张桌子上不仅能直接热锅做饭，还可以称重、计时；厨房的智能保鲜盒秒杀冰箱，通过读取电子标签（贴在食物上）来控制容器的温度；厨房的水槽里面有一个搅拌器，所有残渣都被搅拌、脱水，压缩成饼状的干垃圾，无臭无味。

“未来厨房”还只是设想，而纽约首批无人驾驶班车已开始运行，每天运送500名乘客。而更震撼的是，机器人将可能进入医生和律师这些人们认为门槛很高的职业。美国人发明的一款机器人，用了17秒钟，阅读医学著作34689本、浏览医学论文248000篇、查阅临床报告106000份，最终为一病例找到69种治疗方案，并优选出3个方案。剑桥大学法律系的学生们则展开了一场与“机器人律师”的竞赛，总共提交了775份预测报告，结果剑桥学霸的准确率为66.3%，而机器人的准确率却达到了86.6%。

传统制造业，更是纷纷大规模使用智能机器人。从2013年起，制造大国的中国已成为全球最大的机器人购买国，购买机器人数量超过日本、美国和德国。德国库卡中国CEO孔兵表示，中国机器人应用市场每年都在以15%到20%的速度增长，远远领先于全球平均的机器人装机量。

2. 47%的工作将被机器人取代

人工智能与基因工程、纳米科学一起被科技界称为“21世纪三大尖端技术”。但它离我们越来越近，近到文盲都可以感知到。2017年底“人工智能”即入选“年度中国媒体十大流行语”，流行起来的已经不只是“人工智能”的词语，而是智能机器人的广泛应用。而这种广泛应用带来的最令人不安的变化是，大量的劳动者失去工作岗位，人工智能带来的生产力的快速提高，人类实在用不着这么多劳动者了。

我的一位学生在高速公路系统工作，他们管理着800公里的高速公路，聘用了2700名收费员。从技术角度看，高速路收费员被ETC收费站取代还存在疑问吗？以我的老家江西为例，全省5800公里的高速公路，将近19000名收费员的岗位很显然将随时消失。

银行业也如此。论银行客服的工作量，一个机器人相当于9000人工。高盛在线交易员现在仅保留了3人。美国银行总部理财咨询师从500人降到2人，而这2人还是特别牛的大客户强烈要求留下来的。德国推出了“商业银行4.0计划”，在2020年以前拟裁减9600个全职岗位。中国四大行2018年6月底与2017年年底相比，减员3.2万人。客户办理开户，普通柜员在柜台办理平均耗时9分钟，而银行自助发卡机平均耗时只需3分钟。普通柜员年平均人力成本支出约为10万元，而且不断上涨；而一台自助发卡机每年的运营成本仅4.5万元，并且在持续下降。

中国企业连续好几年的“转型升级”“提质增效”，认真琢磨一下是什么意思？“转型”就是以智能机器人代替人，“升级”就是企业用人越来越少。靠强化管理“提质”的空间越来越小，靠降低成本“增效”绝大多数企业已接近天花板。只有一个地方空间尚存，那就是“减员增效”。2004年到2013年的十年间，中国制造业从业人员平均工资增长了3倍，年平均增幅达15%；而机器人价格则每年下降30%。一位大型制造企业的CEO告诉我，如果上一台20万元的机器人能够顶替一个人的工作，将毫不犹豫地买一机器人而减员一个。

在非常接近的未来，劳动者必须学会和习惯与机器人做同事。“人类员工”的概念正在形成，政府逐渐将立法保护其合法权益；操作规范、技能培训、安全防护、伤害责任都将改写。

牛津大学预言：20 年后，47% 的工作将被机器人取代。

前些年，很多专家“出主意”：劳动力向三产转移，更多人从事服务业。殊不知，服务业的机器人更轻松地面市。美国专家预测，被淘汰岗位的可能性顺序是：电话营销人员、会计与审计、零售、技术文档撰写员。没几年，法律机器人已出现。翻译机器人比普通人提前 7 年达到专业水平。2018 年韩国冬奥会参与工作的机器人有 85 位。

我在一个县级市的饭店入住，早餐端茶送水的就是机器人，虽然并不敏捷，但从不偷懒啊。难怪全球机器人（未含手臂式机器人）出货数量增速明显，2009 年 6 万台，2019 年急遽上升至 48.4 万台。

丰田汽车的社长认为未来多数是全自动驾驶汽车。早上上班，你可通过网约系统约上一台车，智能车将自动开到你家门口，把你送到上班的地方。然后，它到物流公司的仓库里去上班了，商品配送。中午，车不休息，去办公区卖工作餐送盒饭。下午也许去机场接客，傍晚再送白领回家。华灯初上，它又装上啤酒出发了，带着各种小吃开到热闹的街头，成为一家移动商铺。

生活方式的改变带来消费结构的改变，更深层次影响着生产结构的改变。人工智能不仅使工作的人大为减少，而且使人类的生活的消费单元都将减少。

消费结构、生产结构、就业生态都在发生深刻变化，人工智能使很多传统岗位没有存在的价值，而机器人上岗强势挤占人员就业的机会；目前世界各国经济统计和社会分析都以失业率作为一个重要指标，如果机器人大面积取代劳动者，就业率越来越低，越是发达国家失业率越高，不是 3 ～ 4 个百分点的讨论，而是 20% 或 30% 的记录，国家统计失业率还有意义吗？

有人立马就紧张起来，首先是担心社会动荡不安。事实上，这种担心是多余的。毕竟人类社会生产力水平更高，创造财富的能力更强，社会资产积累丰富，不劳动者也可以得到生活的所需。真正应该引起警惕的倒是各国二次分配的公平性，是权力所有者的仁心。

当然，“无所事事”的人群如此庞大，对社会管理提出了新要求。这是另一个题目，以后专题讨论。

3. 雷·库兹韦尔提出的“加速回报定律”

科幻小说大师阿瑟·克拉克说：“如果一个德高望重的老科学家说：‘这件事情是可能的’，那他可能是正确的；但如果他说：‘某件事情是不可能的’，那他也许是非常错误的。”这句话适用于本文对失业率的讨论。

人类进入工业时代，发展速度比农业时代简直快得惊人，但对于今人来讲则算不上日新月异。以船为例。1787 年英国的威尔金森建成第一艘铁船，到英国的富尔顿建成第一艘明轮推进的蒸汽机船“克莱蒙脱”号是 20 年后，再到英国的史密斯建成螺旋桨推进的蒸汽机船“阿基米德”号则是 22 年，等到 1879 年世界上第一艘钢船问世则近百年。

而信息时代的发展速度真是让人头晕目眩。传播之父威尔伯·施拉姆有一段著名的类比：“如果人类的历史只有一百万年，假设这等于一天。这一天的前 23 个小时人类传播史上几乎全部是空白，一切重大的发展都集中在这一天的最后 7 分钟。”说的正是信息时代的加速度。

1956 年 5MB 的硬盘用飞机运送，1979 年 250MB 容量的硬盘小型汽车的后备箱就可装运，到 1994 年光盘存储出现，2005 年新生了 128M 的 SD 卡，再过十年 SD 卡尺寸没变但容量增长了一千倍——128G。

打自“信息社会”一词出现以来的 50 ～ 60 年里，信息化（特别是集成电路）一直受“摩尔定律”的“指挥”，单位成本的性能每 18 ～ 24 个月就增强一倍；而今，我们手中的手机，计算能力是当年的阿波罗飞船的 1.2 亿倍。人类进入了雷·库兹韦尔提出的“加速回报定律”的时代。

“我们离复制人类大脑解决问题的能力和信息处理的能力已经不远了。”拿过 9 个博士学位的计算机和心理学教授赫伯特·西蒙（1975 年荣获计算机科学最高奖的图灵奖，1978 年又拿下诺贝尔经济学奖），早在 20 世纪 60 年代就如此预测。这一预测，被 60 年代出生的我们先后亲历并证实。

人们往往会低估科技进化背后的革命性和颠覆力，在一次大潮来临之时。

企业可以做成一首诗

“企业可以做成一首诗”是我前些年在韩国科技部的一次论坛上演讲的题目。演讲结束就有一个法国专家赶到后台来交流，他说：“我不支持你的观点，但对你这个观点很有兴趣。”

是的，很多人不赞成这个观点；但是，我认为时下流行的“做大，做强，做久”的观点才难以支持。“做大”意味着垄断或局部垄断，就一定会杀伤或消灭众多的同行和竞争对手；“做强”意味着有竞争优势，有杀伤力，同样是排他性的；“做久”意味着有持续创新能力，而同时竞争对手完全不具备创新方面的竞争力。这都是一种佯谬或诡局，是一种导致矛盾的命题。通俗说，如果承认它是真的，经过一系列的逻辑分析，却得出的结果是假的；如果承认它是假的，经过一系列的正确推理，却又发现它的道理是真的。

前些日子听投资家的演讲录音，演讲者李录说过一句话：“再伟大的公司，也可能在‘均值回归’的作用下变得平庸。”他拿出数据说，美国投资界做过“漂亮 50”股票组合的分析，在这 50 只漂亮的股票里，5 只在 21 年的时间里实际上亏钱，20 只跑输滚动投资于 90 天美国国债，只有 11 只跑赢标准普尔 500 指数。因为，“没有物体能够真正摆脱地心引力。一个不能永动的物体，在充满摩擦力的现实世界，早晚也会停下来。”这个道理，企业家应该明白。

但是，任何一家企业都可以做得很美，突出的企业可以做到如诗如画。就像一个人不一定长寿，人生也不一定有很大的作为，但是，他可以度过快乐而优雅的一生。或者说，就像一个国家，它不一定多么强大，也不一定有充分的力量当出头鸟，但它可以获得极高的幸福指数。

联合国曾发布了“全球幸福指数”评价标准，它包括了九大领域：教育、健康、环境、管理、时间、文化多样性和包容性、社区活力、内心幸福感、生活水平等。每个大项分别又有 3 ～ 4 个分项，比如教育领域下有读写能力、学历、知识、价值观等，总计 33 个分项。排名前五位的是芬兰、丹麦、挪威、冰岛和荷兰。美国排第 19 位，中国则位列第 93 位。

同样，企业“做成一首诗”也存在分类标准，或者说实现的主要方面，我把它概括为 7 个同音字：市（定位）、势（归核）、事（流程）、释（岗位）、师（培训）、饰（持续改善）、世（文化）。

1. 做市

“市”就是市场战略，是产业目标，是产品或服务方向，是客户与用户定位。

聚焦对多大的企业的市场定位都是必须采用的原则。无论企业实力有多强，市场都不可能是漫无边际的，一定存在细分市场的聚焦。2020 年年底，访问一家著名的汽车企业，他们正在排兵布阵，准备上电动商用车（即用电池的大卡）并向无人驾驶方向靠拢。我们开了一个市场的讨论会，分析它的市场（没有包含投融资）也至少有 6 个大块：商用车制造、（核心部分）电池的生产、（电池）充换电站、无人驾驶汽车的信息化系统、社会交通和智能化城市的交通网络、电池的退役及处理。一家企业或一个集团公司，全面推开显然是不可能的。

我的另外一家顾问企业仕高玛，虽然有兵器集团的大股东优势，有意大利的知名品牌，还有 20 年来香港企业家打下的地基；但他们只聚焦于混凝土搅拌机，于搅拌站配套的其他部分坚决不涉入。现如今，在这一细分市场一家独大，连续七八年市场占有率在 50% 左右。其他竞争对手，包括三一重工、中联重工、徐州工程机械等，尽管更为家大业大，至今在该领域仍然不敌仕高玛。

细分市场的定位当然也包括区域概念。要知道，我国共有 337 个地级单位，就居委会都是 10 万 +，有 109620 个，村委会个数更达 533073 个。布局一块，愿不愿深耕是非常值得考虑的，既是成本考虑的需要，也是夺取市场效率的需要。听说大象的细胞数是老鼠细胞数的 10000 倍，但大象的进食量只有老鼠的 1000 倍，也就是说，就单个细胞的能耗而言，大象是老鼠的 1/10。其灵活性就不言而喻了。

往下考虑产品定位。微信的创始人张小龙对此理解非常深刻。张小龙指出，“功能是做需求，定位是做一种心理诉求，是更底层的一些心理供给。”所以，微信页面写的是“微信不只是一个聊天工具”。早先，产品设计想写的一句话是“微信不是 QQ”，然后再翻一页“微信真的不是 QQ”，再翻一页“微信确实不是 QQ”，翻到最后“微信是一个生活方式”。用户体验不好。

张小龙深有体会地说：“我们要冒出一个想法来，太容易了；我们要知道它是一个正确的想法，就太难了。”产品设计关乎企业命运，很多企业却率尔而就，灵机一动就认为有把握克敌制胜。做企业这么简单？

补充讲一个故事。一些专家很想了解飞机到底哪个部分最容易被击中，于是就到飞机修理厂现场调研。专家们发现飞机机翼部分弹孔最多，于是贡献出高招，加强机翼部分。后来，有一个不是专家的人说，被击中机头的飞机都没机会飞回修理厂，只是统计修理厂的飞机有意义吗？

2. 做势

但凡做得很漂亮的企业，总是在某些方面有特定的优势，或者说它总有一些“绝招”。没有金刚钻，揽不了瓷器活。这种优势可能在产品设计上，也有可能在服务的细腻度上，或者在全员积极性的调动方面，甚或是在某个行业深耕几十年对市场了如指掌。当然，不突出于某一个方面，而是整个系统很整齐，形成的合力超强，这也是一种势。

企业一旦要在某些方面有所突破，或者说努力蓄势，就必须坚定信念，培养核心能力，以使竞争对手很难模仿。比如前一部分提道的仕高玛，他们在全国的 15 个地区进行了紧贴搅拌站的布局，外派服务人员高达 300 人，行业内只有他们能够随叫随到，召之即来。搅拌站的搅拌机连续高强度运转，必然会出现过快的损耗或者无法预测的故障，紧急维修和及时更换配件就变得非常重要，工地上等待的浪费远远超过修理费的成本。仕高玛通过 20 年的努力形成的一线服务布局，其他竞争企业要想跟上，绝非易事。我服务的茅台当然是众所周知的知名企业，茅台的核心竞争力在于“坚守工艺，做足陈酿，不卖新酒”。数十年的积累，绝对不是一般的同行能够在短时间追赶上来的。

就像梁山聚集了 108 将一样，有些企业的优势是核心团队。网络流传《一位浙商的 22 条规矩》，来自一线，真知灼见。其中有一条针对“亲密战友”，提出了 5 条标准，很值得借鉴：一，他和你一定需要在一个战壕里一起战斗过至少一年；二，在你没有负他的前提下，他对你所说的每一句话他自己都能负责任；三，他必须是个实在而且能踏实干事的人；四，他考虑得更多的是你们之间共同的利益（无论是短期的还是长期的），而这个共同利益高于个人利益；五，关键时刻他没有躲开更没有出卖你，即使是在他能获得比合作利益还大的利益情况下。有一支铁军般的核心团队，其势能将更加持久。

3. 做事

漂亮的企业当然要把事做得漂亮，事做漂亮人们很容易想到精益求精和工匠精神等。企业把事情做好，基础条件却是IE设计、流程打造和程序细化。

就像中国历史上没有真正意义上的管理学一样，中国改革开放前管理者很少去研究怎么做事，大量的与管理有关的书信、笔记也都只谈怎么做人、怎么带队伍，流程、程序被完全忽略了。各位一定记得，2020年新冠肺炎疫情突袭而至，全社会才开始认真讨论、宣传、介绍“七步洗手法”。

“医生手术前应洗手”，这一最简单的常识最早由奥地利的妇产科医生伊格纳兹·塞麦尔维斯在19世纪中叶提出，提出的当时被认为是对医护人员的侮辱，提出者被当成了精神病人关进了维也纳的疯人院。伊格纳兹在试图逃跑时被发现，遭到毒打，结果两周后死去，终年47岁。可见，做事的变革需要付出代价。

中国何尝不如此！仅仅一个开门，就学习了近半个世纪。打开旋转门和弹簧门，进门之后没有扶住，活动着的门不知撞坏过多少人的鼻梁。打开汽车门（*尤其左边门*）总是风风火火，根本不考虑后面有没有汽车和自行车上来，造成了多少人的头破血流。我们很少有人学习过或自觉遵守“荷兰式开门法”——开汽车门，左侧门用右手开。2017年2月16日的《新华每日电讯》专门刊载文章《安全开车门讲技巧更要讲规则》，就为教会国人如何讲究安全法则地打开车门。

在工业社会，尤其是群体性活动和团队配合的企业，如何做事仅仅靠这种零星的倡导是完全不够的。要把企业所需要做的所有事情，全面梳理成不同级别的流程，给操作者以明确的指导。流程细化到岗位即“末梢流程”（*我们区分称之为“程序”*）一般以SOP文件的方式来表达，细化了每一件具体而细微的事情操作的步骤及其标准。

当然，我并不赞成把所有操作的每一个细节都程式化地做到尽善尽美，或者说对程序标准的要求提高到病态的程度。虽然罗素说过，“你能在浪费时间中获得乐趣，就不是浪费时间”，但企业在超越用户标准的产品生产和服务中是有成本考量的，不能为了少数人在体会细微差异的敏感性上得到乐趣和满足，让所有从事该项工作的人去浪费大量的创造价值的时间。有些设计师以形式的雕琢掩饰内容的贫乏，对形式美的过度追求以达成某种品味和格调，都是在精美与成本之间的度没有把握好。当然，服务于极客的情形不在一般性讨论的范围。

中国企业在做事的问题上，亟待加强的是 IE 设计。Industrial Engineering 即工业工程，IE 设计的目的无非是制造型企业寻求最经济有效的工作方法，研究确定相应活动的操作方式、材料标准、工具规格、设备要求等，包括可支撑厂房利用、物流便利、人员安全，并进行动作分解，以此制定工人完工所需的标准时间。中国企业在这个方面花心思不够，系统性就更差，特别是中小民营企业多数是简单地向同行抄作业，IE 工程师也十分缺乏。

4. 做释

工作分解之后，就需要把流程、程序中的每一个具体的操作落实到岗位中去，要向操作人员解释清楚怎么才能把事做到位。企业管理的设计是从客户需求到产品，再到制造活动的流程，然后通过程序分解到具体的岗位。

如果说 IE 工程师十分稀缺，那么人力资源师就有些过剩（不考虑是否合格）；因此，关于岗位设计、岗位工作描述、SOP 手册，遍地都是。在这里只想重点谈两个问题：一个是岗位操作人员是否一定需要“知其所以然”，另外一个问题是人工智能的普遍使用带来企业岗位的革命。

法国社会心理学家古斯塔夫·勒庞 1895 年出版的社会心理学著作《乌合之众：群体心理研究》指出：个人一旦成为群体的一员，他所作所为就不会再承担责任，这时每个人都会暴露出自己不受到约束的一面。故此，在非创造性的岗位上，人员操作并不一定都需要理解该操作的来去，只是管理设计要到位，流程、程序和标准要清晰、准确且具体。设计的有效性大于执行的有效性。

人工智能的大面积应用，可能使得不仅岗位工作不需要说清楚为什么，甚至怎么做也因为提前设计到软件和设备程序中，留在工作现场的少数岗位人员没有多少操作了，岗位消失和“无人工厂”正在向我们走近。德勤财务机器人的上岗使开票流程由 20 分钟缩减到 5 分钟，一个“小勤人”3 小时完成熟练财务人员一天的增值税发票管理的工作量。高盛向金融数据服务商 Kensho 加大投资，开发分析程序，分析师需要人工 40 小时完成的工作 Kensho 开发的新程序只需 1 分钟，对金融模型的分析量子计算机更能在眨眼之间完成。并不特别先进的秦皇岛，“无人化水饺加工厂”也有了，以前 200 个工人的工厂，现在用工在 20 人以下，生产相同的东西出产相同的数量，而且质量相同。

大胆猜测，不远的将来，更多企业人员的岗位说明书，大量的篇幅不是解释流程和程序以及标准，而是提示怎样配合机器人工作，学习与智能化设备做同事。就思维模式的转变，可能都是极难说明白的。

5. 做师

显然要说的是培训。

在日本考察得知，多数企业很少把新进的大学毕业生看成人才，一般都是先归零，然后根据企业需要从头培训，让他的知识、技能和思维方式能够满足岗位的需要。

也不只是日本企业家对大学生不看好，近几年出现了“大学破产论”。2020 年 5 月的英国《经济学人》杂志，援引教育咨询公司 Parthenon-EY 对 2000 所大学的研究，判断其中 800 所可能会破产。《创新者的窘境》作者哈佛教授克莱顿·克里斯坦森在 2017 年就预测，未来 10 ～ 15 年一半的美国大学将破产。

6. 做饰

借用这个“饰”，想说的是持续改善。

非常善于持续改善的日本，造就了一批研究改善力的专家，产生了“改善力”的理论体系，关于持续改善有一整套的方法论，在此不做详述。

企业的市场和产品定位已经明确，流程和岗位的设计也比较成熟，组织就会按部就班地像车间设备一样持续运转，再求新求变并不容易。在中国企业，如果要让全员保持持续改善的热情，就需要在激励措施上多琢磨。

激励措施设计的失当，不仅不能推动员工的积极性，反而出现负向牵引。话说文艺复兴前的意大利，总是借雇佣军打仗。雇佣军的佣金按天领取，当然首先是人得活下来。这种分配机制带来的问题是雇佣军贪生怕死，而且认定打仗不能赢得太痛快，磨洋工现象极为普遍。如果双方的雇佣军都是意大利人，一场战役打个半年，雷声大雨点小，难分胜负，总共才损失一两个兵。打仗为了挣钱，仗打得持久并且伤亡极小钱才挣得多。

7. 做世

世，世风，文化。

文化问题特别不容易说清楚，但“企业做成一首诗”往往就反映在文化上。我在很多场合分享过贡献出《德胜员工守则》的德胜公司，这家公司的优秀就充分表现在文化优势上。专做美式木质结构洋楼别墅的施工型企业，德胜公司并不参与更挣钱的房地产，甚至不强调做大，10 多年来始终保持员工人数 1000 人左右、销售额七八个亿的规模。但这家企业从来不需要员工打卡、签到，反倒是员工可以申请“因公睡眠”，而且最长时间可以请三年事假。一个建筑施工性的企业员工住宿都必须是有空调的房子(包括在工地上)，普通工人用餐坚决不吃国内的淡水鱼和来源不明的深加工食品，旅途用矿泉水也由公司统一提供。员工尽可以“占公司的便宜”，子女读书可以拿公款买书包，回家过春节可以代表老板请直系亲属撮一顿回公司后报销，任何人因私用公司的汽车一天只需要交 20 块钱（包括油钱在内）。公司的董事长从来不上班，总经理连办公桌都没有，员工到财务报账从来不需要经任何人审查、签字。20 年来公司从不开除工作满一年的员工，员工退休不仅可以领到国家规定交“五险一金”后的退休金，还可以领到大致一倍的企业内部设计的养老补助金。很多人认为，德胜达到了无为而治的境界，也就是我说的“文治”，文化治理远超法治，更超越人治。这样的企业如诗一样美妙。

松下幸之助说：“到一个企业，只要几秒钟的接触，从接待人员、办公室、车间的工作神态、情绪和秩序，就可以捕捉到一种精神、一种气氛、一种感染人心的力量，这就是‘公司文化’。每一个环节都会充分地体现出来，从企业的哲学、企业的精神、企业的战略、企业的追求、企业的管理方式、企业的形象以及员工风貌、管理的风格等方面都可以看到，它体现在每一个环节、每一个角落。”

关于文化，萨缪尔·亨廷顿有一个“番茄汤理论”。这位以“文明冲突论”闻名于世的哈佛教授这样描述美国文化：英国人煮了一锅番茄汤，其他国家的人往锅里甩个鸡蛋、加一勺奶油、切了三个土豆……内容是丰富了，味道可能也有变化，但它仍然还是一锅番茄汤，本质并没变。原汤就是 1620 年坐着“五月花号”在波士顿登陆的那帮英国人熬出来的，1776 年美国建国时不过 300 万白人，就是这些人构建了美国的价值观并形成美国三百年不变更的宪法，这大概就是番茄汤里的番茄吧。

企业文化是一种客观存在，是企业成长过程中自然形成和沉淀下来的。不需要为了文化而做文化，没必要搔首弄姿，不必要无快感而叫床。正如美国学者罗斯·韦勒在《文化与管理》所言，“文化是某一群体的生活方式，所学到的所有行为或多或少定型了模式的结构，这些行为以语言和模仿为载体传给下一代。”

文化不要花架子，虽然，文化需要提炼，但绝对无需制造，更不在于“装修”。

糊弄人的文化最终不可能把企业做成一首诗。据说，1095 年教皇乌尔班要招募十几万人马当十字军，要他们从“异教徒”阿拉伯人手中把圣地耶路撒冷抢回来，二世没有多少实惠给战士，于是就发明了“赎罪券”，给招募来的战士一人一张券，声称凭这张券就可以抵消所有的罪罚，死后直接到天堂。也许教皇可以这样，企业却不能如法炮制。无从兑现的承诺，无论多么美丽，也不可能让企业员工主动放弃一个年假，不可能以之代替年终奖金。

记得美学专家蒋勋有过一段话，“不断地在口味上刺激自己吃到饱，在衣物上满足，或者在居住条件上买更昂贵的房子，不断地投资赚钱，其实这种爽的感觉未必是美感，而是快感。”很多企业在发展的过程中，可能获得了做大的快感，但也许从来没有收获美感。就像很多人喝酒，总是把美酒当敌人消灭掉，在大杯“一口闷”的过程中可能获得了豪气散发的快感，但从来未曾领略品味琼浆玉液的美感。

“企业做成一首诗”分解为 7 个“shi”，但这 7 个“shi”必须是一个整体。就像水分子是波浪的一部分，波浪是海洋的一部分一样。机器可以被拆开、分解和再次组装，包括人在内的更复杂的机体则不能随意拆装，作为生命体的企业也一样。时至今日，在医学领域人们在讨论过去普遍存在的割裂的运作方式，并称之为“筒仓式思维”，即将一个个专业学科和领域加以分解和隔离。企业的各个子系统不可能是乐器的独奏，一定是交响乐队的和谐共生。

附录

《民企老板的“一聚三分”》

选自《企业管理》2021年第5期

《牛奶继续倒进大海？》

选自《企业管理》2017年第8期

《“内循环”的佛山启示》

选自《企业管理》2020年第10期

《做“企业的企业家”》

选自《企业管理》2019年第9期

《契约精神仍在“震荡下滑”》

选自《中欧商业评论》2013年第12期

《德胜，你不想学》

——在“德胜：中国企业管理模式高端论坛”上的主题演讲

会务组根据会上发言录音整理而成

《慢下来也是一种成长》

选自《企业管理》2019年第12期

《我们为什么研究战略？》

选自《南京钢铁战略文集·序》（2017年10月）

《战略选择还是战略圆场？》

选自《企业管理》2017年第6期

《企业复苏指南——战略重启》

取自《企业管理》2020年第6期

《微时代品牌长什么样》

——《创品牌：移动互联网时代的品牌转型、打造与传播·序》

取自《创品牌：移动互联网时代的

品牌转型、打造与传播》蒋晓东 宋永军著 机械工业出版社 2016 年 10 月出版

《“公事私办”是一种企业文化病》

取自《企业管理》2017 年第 5 期

《2019 中国去霾：强化知识产权管理》

取自《企业管理》2019 年第 1 期

《保护生态是人类对众生的承诺》

选自《新疆林业》2013 年第 2 期

原题为《莫要自私自利的生态观》

《掌门人与企业管理风格》

——以茅台集团前任负责人李保芳为例

选自《企业管理》2020 年第 4 期

《业、企业、企业传承》

——写在刘靖民老师《家族企业传承》之后

注：取自《顶层设计决定传承成败·序》刘靖民 刘春波 杨宗岳 著 新华出版社 2015 年 8 月出版

《做案例不易，管理哲学案例更难》

《中国管理学案例选辑·序》（第一辑）胡海波 著 浙江大学出版社 2016 年 3 月出版

《商学院课程或缺个人成长案例》

——黄少车《商学院师兄》序

取自《商学院师兄》黄少车著 机械工业出版社 2015 年 5 月出版

《思想工作如何做？》

取自《企业管理》2020 年第 8 期

《谁来破解互联网思维》

选自《中欧商业评论》2014 年第 2 期

《汪中求对话黄一新：让每一个人跳出“战壕”拼“刺刀”》

取自《企业家》2021 年第 1 期

《“隐形冠军”仕高玛，“聚能”显现大智慧》

（无出处）

《总经理必须做的事》

作者 2001 年在广东做职业经理人为自己制定的规划

《老板，第一客户》
根据《营销人的自我营销》（新华出版社2003年7月出版）第9章《自我营销无绝招》之第3节“把老板当作第一顾客”改写，曾发表在《销售与市场》，未向该杂志查证

《制度都有？哪有那么简单！》
——以某企业集团董事会文件汇编为例
取自《企业管理》2016年第12期，原标题为《“制度都有”为何执行不力》

《一个中国人不认识的汉字》
取自《企业管理》2016年第2期

《屁大的事和天大的事》
取自《企业管理》2015年第2期

《透过细节看日本》
选自《中国商业评论》2006年第12期

《中国雪乡何日逼平北海道？》
取自《企业管理》2018年第3期

《一次典型的阳光招聘》
取自《企业管理》2016年第11期

《户籍政策松动对人才流动的影响》
取自《企业管理》2020年第2期，题目为《让人才通畅流动》

《用女秘书不能用太漂亮的》
取自《汪中求新浪博客》2007年1月26、27日

《90后员工思想长什么样》
——60后老司机给90后童鞋的回信
选自《企业管理》2017年第2期

《学会欣赏 习惯鼓励》
——汪中求致顶固员工的一封公开信
顶固集创于2018年9月25日在深交所上市，股票代码300749

《青春被手机撞了一下腰》
选自自媒体个人朋友圈

《以宽度补长度，以空间换时间》
——为《寻美足迹——细人游学记（上）》作序
《寻美足迹——细人游学记》杨耀防 著，百花洲文艺出版社2020

年 1 月出版

《对“工匠精神”热点的冷思考》
——以日本企业为例
本文原载于《企业管理》杂志 2016 年第 8 期

《如何面对“老板错了”》
本文原载于《企业管理》杂志 2016 年第 8 期

《管不住一张臭嘴的老板怎么留住了员工》
选自《企业管理》2016 年第 5 期，原题为《老板骂人与员工挨骂》

《韩愈<马说>批判》
选自《企业管理》2019 年第 10 期，原题为《从<马说>谈用人》

《营销不是精彩的忽悠》
选自《销售与市场》，题目为《回到营销的本质》

《一流的销售会问话》
本文原载于《企业管理》杂志 2014 年第 8 期

《新能源汽车如何换道超车》
选自《企业管理》2021 年第 1 期，原题为《汽车业创新要回到更阔大的舞台》

《晨会是化零为整的培训》
——马国柱《中国式晨会》序
取自《中国式晨会》马国柱著 山西人民出版社 2012 年 10 月出版

《和女儿交流人际关系》
此为给女儿汪阳的信，觉得有用，发在自媒体公众号《精细化管理》上

《诚能洗心，果能改命》
——林 A《洗心改命》序
取自《洗心改命》林 A 著 中国社会科学出版社 2009 年 5 月出版

《提倡“996”是开倒车》
转载自《企业管理》杂志 2019 年第 6 期

《家庭也需要管理？》
转载自《企业管理》杂志 2019 年第 2 期

《海边读<老人与海>》

取自《解放日报》2021年2月13日第4版

《集团管控：集团化企业“脖子以上”工程》

选自《企业管理》2018年第2期

《集团管控要改变三个观念》

选自《企业管理》年2018第5期

《算计的领导和计算的下属》

转载自《企业管理》杂志2021年第2期

《你的笔怎么都漏墨水》

取自自媒体公众号《精细化管理》

《理念朝上，方法朝下》

取自《精细化管理》（公众号）2014年9月24日

《人是状语还是宾语》

选自《企业观察报》2013年9月9日 原题为《人始终是个工具？》

《培养一个敢骂你的人》

转载自《企业观察报》2013年10月14日

《“副驾驶”心态》

取自自媒体“汪中求新浪博客”2010年9月6日 豆丁网2017年5月28日转载

《最大的安全隐患是管理者理念落后》

取自《中国安全生产报》2014年4月17日

《杜绝“夜总会”》

转载自《企业管理》杂志2016年第6期，题目为《会议越多，企业离规范管理越远》

《涨价不符合茅台的根本利益》

转载自《企业管理》杂志2017年第10期

《茅台，烤着喝？》

转载自《企业管理》杂志2018年第6期

《钢材，尴尬的一日一价》

选自《企业管理》2018 年第 8 期

《磕“瓜子”，聊“差价”》

转载自《企业管理》杂志 2019 年第 4 期

《“头回客”如何转身“回头客”？》

选自《企业管理》2020 年第 5 期

《企业也要“靠脸吃饭”》

选自《企业管理》2020 年第 9 期

《人心柔软与市场残酷》

选自《企业管理》2020 年第 11 期

《哭着嫁女，笑着卖猪》

选自《企业管理》2017 年第 9 期

《考核不是打分扣钱》

取自《精细化管理》（公众号）2015 年 6 月 17 日

汪中求老师

十大培训课程

一、精细化管理

二、集团管控

三、管理设计与执行

四、管理文化与文化管理

五、解放管理者

六、数据化决策

七、企业风险防控

八、管理回归常识

九、工业品营销的章法

十、契约精神

专精特新

小巨人成长

高级研修班

6-9天

一、专精特新企业的战略路径

二、精细化管理原理及实践

三、专精特新企业强势品牌打造

四、企业家创新思维与实践

五、专精特新企业跨量级发展

六、专精特新企业高绩效改进

七、专精特新企业国际化路径

八、专精特新企业数字化转型

九、专精特新·小巨人企业上市流程

项目简介

专精特新·小巨人成长高级研修班是《企业家》杂志·企业管理促进中心精心为中小企业打造的精品项目，可以一次 3 天完成，也可以每个月 3 天、半年完成，每门课也可以单独内训讲授。为国家发展扶持专精特新·小巨人企业战略服务。

担纲主讲老师

主讲老师全部为有理论水平、实践经验及国际视野的名师担任：刘红松老师、林惠春老师、汪中求老师、包·恩和巴图老师、刘秉君老师、祖林老师、丁晖老师、顾立民老师、熊向清老师、呙飒英老师、战飞扬老师、张可亮老师。